本书获得中央高校建设世界一流大学学科和特色发展引导专项资金资助
本书获得中央高校基本科研业务费资助
本书获得上海国际金融与经济研究院资助出版

公共财政责任视角下的政府预算体系改革研究

徐曙娜 ◎ 著

The Reform of Government Budget System

from the Perspective of Public Finance Accountability

上海财经大学出版社

图书在版编目(CIP)数据

公共财政责任视角下的政府预算体系改革研究/徐曙娜著.
—上海:上海财经大学出版社,2021.5
ISBN 978-7-5642-3694-6/F·3694

Ⅰ.①公… Ⅱ.①徐… Ⅲ.①国家预算-财政管理体制-经济体制改革-研究-中国 Ⅳ.①F812.3

中国版本图书馆 CIP 数据核字(2020)第 260114 号

□ 策划编辑　刘光本
□ 责任编辑　林佳依
□ 封面设计　张克瑶

公共财政责任视角下的政府预算体系改革研究

徐曙娜　著

上海财经大学出版社出版发行
(上海市中山北一路 369 号　邮编 200083)
网　　址:http://www.sufep.com
电子邮箱:webmaster @ sufep.com
全国新华书店经销
江苏凤凰数码印务有限公司印刷装订
2021 年 5 月第 1 版　2021 年 5 月第 1 次印刷

710mm×1000mm　1/16　16.5 印张(插页:2)　301 千字
定价:78.00 元

前 言

2013年11月党的十八届三中全会提出：财政是国家治理的基础和重要支柱，科学的财税体制是优化资源配置、维护市场统一、促进社会公平、实现国家长治久安的制度保障。必须完善立法、明确事权、改革税制、稳定税负、透明预算、提高效率，建立现代财政制度，发挥中央和地方两个积极性。财税体制改革主要涉及改进预算管理制度，完善税收制度，建立事权与支出责任相适应的制度等。从那时起，预算管理体制改革一直是我国现代财政制度建设的核心内容之一。党的十九大报告提出：建立全面规范透明、标准科学、约束有力的预算制度，全面实施绩效管理。十九届五中全会再次提出深化预算管理制度改革，强化对预算编制的宏观指导；推进财政支出标准化，强化预算约束和绩效管理。

合理科学的政府预算体系是建设一个科学的预算制度的基础和核心。好的政府预算体系可以为预算资金高使用效率提供技术基础，可以事半功倍；而不那么科学的政府预算体系就会事倍功半。所以，任何一个高效的预算制度都必须有一个科学合理的政府预算体系。

预算资金是公众让渡给国家，由政府代理国家使用的资金，预算资金的使用必须为公众负责，这种责任就是公共财政责任。我们认为，"公共财政责任"就是公共部门及其公职人员接受公众委托的财政权，在执行政治、行政、法律等职能的过程中，必须负有的对公众报告财政信息、追求财政绩效、回应民众、管理控制财政资源等的责任，以求达到透明、效率、公平的目的；最后对没有达到目标、完成责任[①]的公共组织及其公职人员按照法律进行惩罚性问责。其关键内容是公

---

① 本书在此处用"完成责任"是为了强调公共组织及其公职人员对其责任承担的全面性和责任履行的完整性。

共部门及其公职人员行使财政权的最终目标——财政资金的透明、效率、公平。也就是说,公共财政责任的核心是透明、效率和公平。而科学合理的预算制度就应该为实现公共财政责任服务,科学合理的政府预算体系也应该以实现公共财政责任为目标。本书研究的目的是提出一个能实现公共财政责任的理想政府预算体系,为政府预算体系的理论研究提供一个思路;同时,为优化我国政府预算体系提供具体可操作的建议。

为了更好地实现这一研究目标,本书很好地将经济学(尤其是公共经济学)理论、会计学理论与公共行政学理论有机结合起来应用到政府预算体系的研究中,并完整地定义了"公共财政责任",创新性地提出了公共财政责任的核心内容,建立了一套全新的分析政府预算体系公共财政责任实现程度的理论框架;运用这一理论框架分析了美国、英国、日本三国以及我国政府预算体系的公共财政责任实现程度;最后以理论为基础、借鉴国外经验、密切结合我国国情,提出了优化我国政府预算体系的具体建议。因为学术界很少有学者从公共财政责任的视角研究政府预算体系的建立,所以本书具有抛砖引玉的作用,以此促进学界多角度、多学科融合地研究政府预算体系,为我国政府预算体系的改革添砖加瓦。

2010年本书作者经过申请获得了国家哲学社会科学规划基金面上项目(项目批准号:10BJY097)《公共财政责任视角下的政府预算体系改革研究》的立项。从2010年起,经过近6年的调研研究,2016年10月完成这一项目并申请结项,最终于2017年成功结项。本书就是由这一国家社科项目成果改编而来的。2018年本书获得上海财经大学学术著作培育项目立项,准备在上海财经大学出版社出版。但由于2016年到现在,不管是我国还是美国、英国、日本三国,政府预算制度都进行了或多或少地改革,所以从2019年起,作者对美国、英国、日本以及我国中央政府和地方政府的相关实践内容重新进行了调研研究和更新;2020年1月到8月,对原来接受访谈的全部人员通过网络进行了回访。经过这次更新和完善,本书比结项时的研究报告更加成熟。最后,感谢上海财经大学出版社为本书的出版提供的帮助。

徐曙娜
2021年4月

目　录

前言/1

第一章　绪论/1
　　第一节　研究的实践意义和理论意义/1
　　第二节　相关概念的界定/3
　　第三节　国内外研究综述/9
　　第四节　研究目的、思路、方法、创新和不足/16

第二章　公共受托责任与公共财政责任/20
　　第一节　责任、政府责任与公共受托责任/20
　　第二节　公共财政责任/35

第三章　政府预算体系与公共财政责任/45
　　第一节　政府预算体系与财政透明度/45
　　第二节　政府预算体系与效率/68
　　第三节　政府预算体系与公平/82

第四章　典型国家政府预算体系的公共财政责任分析/95
　　第一节　美国联邦政府预算体系的公共财政责任分析/96
　　第二节　英国中央政府预算体系的公共财政责任分析/116

第三节 日本中央政府预算体系的公共财政责任分析/134

第五章 我国政府预算体系的公共财政责任分析/152
　第一节 我国中央政府预算体系公共财政责任的一般分析/152
　第二节 我国中央政府预算体系公共财政责任与美国、英国、日本三国的比较/178
　第三节 我国地方政府预算体系的公共财政责任分析/196

第六章 公共财政责任视角下我国政府预算体系的优化/212
　第一节 我国政府预算体系具体架构的优化/212
　第二节 我国政府收支分类的优化/231
　第三节 我国政府预算体系的透明度、效率与公平的优化/236

附录/246
　财政干部调查问卷/246
　财政干部访谈大纲/248
　行政事业单位财务人员调查问卷/249
　行政事业单位财务人员的访谈提纲/250

参考文献/251

第一章 绪 论

第一节 研究的实践意义和理论意义

一、本课题研究的实践意义

预算资金是公众委托给政府为他们提供公共服务的资金,政府必须为预算资金的使用效益负责。而预算资金的使用效益就是实现公共财政责任的核心——透明、效率和公平。为了更好地提高预算资金的使用效益,我们必须建设一个科学的预算制度,而预算制度的基础和核心就是政府预算体系。好的政府预算体系可以为实现预算资金使用效益提供技术基础,可以事半功倍;而不科学的政府预算体系就会事倍功半。所以,任何一个高效的预算制度必须有一个科学的政府预算体系。

2014年9月,我国颁布了《预算法》修正法案(简称新预算法),并于2015年1月1日开始执行。新预算法明确规定我国的政府预算包括一般公共预算、政府性基金预算、国有资本经营预算和社会保险基金预算四大预算,这意味着我国实行多重预算体系(即多重复式预算体系)。但我国实行的这种典型的多重预算体系,由于缺少四大预算的合并信息和全国合并的具体预算信息,整体性较差,宏观政策效率、预算资金整体配置效率和营运效率都受影响。同时,因为缺失按流动性分类的预算和债务预算,严重影响了债务风险的控制和管理效率,所以也不利于代际公平的实现；单独设立国有资本经营预算，将其他三大类预算与社会保险基金预算放在同一个层次上，不利于对真正由政府委托代理使用的财政资金的监督，也会导致用国有资本经营预算资金优先保障于国有资本经营预算相关利益方的利益，从而不利于代内公平的实现。另外，我国现行的政府支出分类因为种类少、不完善等原因也影响了我国预算资金使用效率的提高。所以说我国的政府预算体系需要进行重塑和优化，从而进一步实现公共财政责任。

不仅仅是政府预算体系本身存在问题。实际上，各地在按照新预算法执行的过程中也存在着很多问题。新预算法只是规定"政府全部收入和全部支出应该纳入预算"[1]，并没有规定什么是政府全部收入，什么是政府全部支出，而且对政府预算体系的其他具体内容也没有作出详细的规定。这使得很多地方在执行上口径不一、做法不一。预算外资金的存在非常普遍，如很多地方部分事业单位的事业收入、部分事业单位的其他收入、部分行政收费、从四大预算（主要是从一般公共预算）调出到财政专户的资金都没有纳入政府预算，不受立法机构监督。另外，很多地方的国有资本经营预算并没有涉及所有国有企业，有些国有企业（特别是委托其他部门监管的国有企业）没有纳入国有资本经营预算的范围。我国政府财务报告制度和部门财务报告制度还处在试编阶段，很多地方存在着资产负债信息不全面、不真实、计量不科学的现象。这些问题都导致我国现行的政府预算体系还不够科学和完善，导致财政预算管理透明度不高、效率较低、公平性不是很理想。所以，我们必须重新改革我国的政府预算体系。为了改变这种情况，我们从理论入手，结合美国、英国、日本三国政府预算体系的具体内容，分析我国政府预算体系在财政透明度、效率和公平方面的实现程度，并在上述分析比较的基础上提出了改革我国政府预算体系的具体建议。

二、本课题研究的理论意义

完善我国的政府预算体系必须要有理论支撑。我们认为，既然预算资金是公众让渡给国家，由政府代理国家使用的资金，那么预算资金的使用必须为公众负责，这种责任就是公共财政责任。研究公共受托责任的学者很多，对于公共财政责任的研究就很少有学者涉及。将公共财政责任与政府预算体系结合起来，将公共财政责任的核心——透明、效率和公平作为设计政府预算体系的依据和

---

[1] 中华人民共和国预算法（2014修正）[EB/OL]．（2014-09-01）[2020-09-02]．http://www.mof.gov.cn/mofhome/fujian/lanmudaohang/zhengcefagui/201501/t20150108_1177747.html.

目标的研究几乎没有。更多学者只是单一角度(即透明角度或者效率角度)研究政府预算体系的改革。

为了更好地从公共财政责任角度研究和分析我国政府预算体系的改革,首先,我们结合行政法学、社会伦理学、契约学、会计学、行政学、公共管理学等各学科对公共受托责任进行研究,定义了公共财政责任,提出了"公共财政责任"就是"公共部门及其公职人员接受公众委托的财政权,在执行政治、行政、法律等职能的过程中,必须负有的对公众报告财政信息、追求财政绩效、回应民众、管理控制财政资源等的责任,以求达到透明、效率、公平的目的;对没有达到目标、完成责任的公共组织及其公职人员按照法律进行惩罚性问责"。然后,将经济学(尤其是公共经济学)理论和公共行政学理论紧密结合起来,论述了公共财政责任的核心内容。接着,将经济学(尤其是公共经济学)理论、会计学理论与公共行政学理论结合起来,分析理想的政府预算体系该如何设计才有利于公共财政责任的核心内容——透明、效率和公平的实现,并建立了一套分析政府预算体系公共财政责任实现程度的理论框架。最后,我们按照这一理论框架分析比较了我国与美国、英国、日本等国的实践,并最终按照这一理论框架提出了完善我国政府预算体系的具体建议。

所以,本书很好地将经济学(尤其是公共经济学)理论、会计学理论与公共行政学理论有机结合起来应用到政府预算体系的研究中,完整地定义了"公共财政责任",创新性地提出了公共财政责任的核心内容,建立了一套全新的分析政府预算体系公共财政责任实现程度的理论框架,并运用这一理论框架为我国政府预算体系的优化提出了具有实际操作意义的具体建议。正如前文所述,因为学术界很少有学者从公共财政责任的视角研究政府预算体系的建立,所以本书具有抛砖引玉的作用,以此促进学界多角度、多学科融合地研究政府预算体系,为我国政府预算体系的改革添砖加瓦。

第二节 相关概念的界定

在进行相关研究以前,我们必须界定一些概念,因为学术界对这些概念的应用比较混乱。比如,将政府预算体系与政府预算制度混为一谈,将预算分类与支出分类混为一谈等。所以,我们必须明确相关的概念,才能进行下一步的研究。

一、政府预算体系的概念及其种类

(一)政府预算体系

政府预算体系的概念有广义和狭义之分。广义的政府预算体系又有两种不同的观点：一种认为，广义的政府预算体系指的是政府预算组织和政府预算内容的形式及结构；另一种观点认为，广义的政府预算体系就是与政府预算相关的所有制度即政府预算制度(不仅包括政府预算组织、形式及结构，而且包括政府预算编制审批、执行、决算监督全过程的管理制度)。狭义的政府预算体系仅指政府预算内容的形式和结构。本书中所指的政府预算体系特指狭义的政府预算体系。

狭义的政府预算体系一般有综合预算体系和分类预算体系两大类(我们把这两类称为政府预算体系的种类)，另一种表述为单一预算体系和复式预算体系。综合预算体系(又称为单一预算体系)是指政府把每年度内的所有收支项目全部纳入统一的预算来进行编制、报告和管理等，也就是只有一本预算，最早的预算就是这种预算体系。分类预算体系(又称为复式预算体系)是指政府把每年度内的收入和支出按不同分法，分成两个或两个以上预算进行编制、报告和管理，形成两本或两本以上预算，例如我国就实行一般公共预算、政府性基金预算、国有资本经营预算和社会保险基金预算四本预算。

这里需要指出的是，有些国家会将综合预算体系和分类预算体系紧密结合起来，典型的代表就是美国。美国既分预算内(On-Budget)和预算外(Off-Budget)两本预算(两者都要议会审批)，又有包含两者的统一预算，而且统一预算是主体预算。本书将这种预算体系称为混合预算体系。

(二)分类预算体系(复式预算体系)的种类

分类预算体系(复式预算体系)是顺应20世纪30年代资本主义经济危机的需要而产生的，它适应了凯恩斯主义的"预算平衡"理论的要求。这种预算平衡理论反对国家预算整体收入与支出的逐年消极平衡，倡导在一个经济发展周期内的预算平衡，以预算收支来调节国民经济、刺激经济发展。把政府预算分为经常性预算和资本性预算，是最早的分类预算体系(复式预算体系)。

分类预算体系(复式预算体系)按照预算的数量分为双重预算体系和多重预算体系。双重预算体系就是将预算分成两大类预算，最早的复式预算体系就是双重预算体系。双重预算体系也有多种，如英国的经常性预算和资本性预算，法国的经常性业务预算和临时性业务预算，中国香港地区的一般收入账户预算和基金账户预算等。但最普遍和最早产生的,就是按流动性分类,将预算分为经常性预算和资本性预算,如英国。经常性预算主要反映政府经常性收支项目,收方以各项税收为主,支方为各种公共服务方面支出,以及政府行政经费支出。这一预算实际上体现了政府的社会管理和国家机器职能,也是一国政府的最低活动界限。经常性预算一般不能有赤字,否则就意味着一国政府的财政收入已经陷入极度困境,以至于最基本的支出都无法满足。资本性预算的含义在不同的使用国是不同的。广义地说,资本性预算的收入方反映政府投资及财产出售收益,同时包括经常性预算的结余收入以及收不抵支时的借债收入;资本性预算的支出方以营利性资本投资为主,但有的还包括不能创造盈利的非生产性投资和固定资产的简单再生产。当然,双重预算体系还有其他形式,如法国分为经常性业务预算和临时性业务预算两部分。经常性业务又称固定项目,这类收支是无偿的;临时性业务又称临时性项目,这类收支是有偿的。

多重预算体系就是把预算分为两类以上的预算,如日本、韩国、菲律宾等国,由于预算分法的不同,各国的多重预算也不一样。例如在我国内地分为一般公共预算、政府性基金预算、国有资本经营预算和社会保险基金预算四本预算;在日本分为一般会计预算、特别会计预算和政府关联机构预算等。[①]

二、分类预算体系(复式预算体系)下的预算分类模式

既然分类预算体系(复式预算体系)是指政府把每年度内的收入和支出按不同分法分成两个或两个以上预算进行编制、报告和管理,形成两本或两本以上预算,那么分类预算体系下势必会涉及预算的分类方法。预算的分类方法主要是按照不同管理目的进行的分类。目前有按流动性分类、按固定性分类、按收入性质的特殊性分类、按所有权分类等,不同的预算分类方法形成了不同的预算分类模式。

按照流动性分类,预算可以分为前面提到的经常性预算和资本性预算。经常性预算的收入和支出是流动性较强的税收收入和行政管理及社会服务支出,而流动性较弱的债务收入和投资性支出构成了资本性预算。按固定性分类,就是法国的经常性业务预算和临时性业务预算(前者是固定性的,后者是临时性的)。按照收入性质的特殊性分类也是非常普遍的做法,收入性质普通、没有特

[①] 徐曙娜. 我国预算体系创新研究[M]//钟晓敏. 公共财政评论 2011(2). 杭州:浙江大学出版社,2011:125—137.

殊指定用途、统筹统用的资金形成一般政府基金预算;收入性质特殊、有特殊指定用途、专款专用的资金形成了特殊政府基金预算,如我国香港地区的一般收入账户预算和基金预算、日本的一般会计预算和特别会计预算等。按照所有权分类,一般将社保基金预算与其他政府预算分开,由于前者一般认为是信托基金,是投保人的资金,所有权归属社保投保人;而后者的所有权归属国家,如美国将前者归为预算外、后者归为预算内。

有些国家的预算分类是为了满足多种管理目的,将不同预算分类结合起来,形成一些复杂的分类,如我国将按收入性质的特殊性分类、按经营性分类和按所有权分类结合起来,按照所有权分为社会保险基金预算和其他预算,其他预算又按经营性分为国有资本经营预算和非国有资本经营预算,非国有资本经营预算又按收入性质的特殊性分为一般公共预算和政府基金预算(前者是一般性质的,后者是特殊性质的),至此形成了一般公共预算、政府性基金预算、国有资本经营预算和社会保险基金预算四大预算。

三、政府收支分类的概念及其分类方法

不管是综合预算体系(单一预算体系)还是分类预算体系(复式预算体系),在预算中都需要对政府收支进行分类,以便按照各项收支的性质进行科学的管理。所以,政府收支分类是指在预算管理中,按照一定的标准(或方法),对政府收支进行划分和归类,准确体现各类收支的性质、运行规律,为政府收支的预算管理提供服务。

政府收入的分类各国较统一,一般按照强制性和经济来源等,分为税收收入、非税收收入、社会保障收入、债务收入和其他收入等。但政府支出的分类方法就比较多样,且与本书研究的公共财政责任的实现息息相关,所以本书对政府收支分类的研究主要集中于政府支出分类方法。政府支出分类方法主要有按部门分类、按功能分类、按经济分类和其他分类方法,具体分析见第三章第二节。

这里需要特别说明的是:有学者把政府支出分类中的流动性分类看作按经济性质分类。我们认为,也可以将经常性支出和资本性支出看成按经济分类的大类,而在经常性支出下再分为工资、福利、水费、电费等,在资本性支出下再细分为经济建设支出、设备购置费等。但很多国家在进行政府支出的经济分类时并没有形成经常性支出和资本性支出的大类,而是直接按投入要素(成本要素)的细项进行了分类,如我国将经济分类分为工资福利支出、商品和服务支出、对家庭和个人的补助支出、基本建设支出等。所以,本书中提到的按经济分类特指

按投入要素细项的分类。

四、预算分类与政府收支分类的联系和区别

前文我们已经将预算进行了分类,为了满足不同管理目的,有不同的分类,如按流动性分、按固定性分、按收入的性质特殊性分、按所有权分等。这些分类与政府收支分类有什么联系和区别呢?第一,我们认为预算分类只有在分类预算体系(复式预算体系)下才会存在,经过分类形成两个或两个以上预算,综合预算体系(单一预算体系)是不存在预算分类的;但政府收支分类不管是综合预算体系(单一预算体系)还是分类预算体系(复式预算体系)都需要,也都存在。第二,预算分类,更强调的是收支的对应,如非经营性收入对应非经营性支出形成非经营性预算,经营性收入对应经营性支出形成经营性预算;政府收支分类,虽然收入有分类,支出也有分类,但不强调收支的对应。

前面是两者的区别,但两者也有联系,即政府收支分类有方法,预算分类也有方法,方法可能一致,也可能不一致。如预算可以按流动性分为经常性预算和资本性预算;政府收支也可以按流动性分类,分为经常性收支和资本性收支。如果分类预算体系(复式预算体系)下,先将预算按收入性质的特殊性分类,分为一般政府基金预算和特殊政府基金预算,那么在一般政府基金预算和特殊政府基金预算下也可以再按照流动性将政府支出分为经常性支出和资本性支出(也就是一般政府基金预算支出可以分为经常性支出和资本性支出,特殊政府基金预算支出也可以分为经常性支出和资本性支出)。另外,预算分类在同一种分类方法下一般只分成两类或几类预算;但政府收支分类即便是同一种分类方法,也可以分成十几类或几十类收支。我们可以将预算分类看成政府收支分类层面上更高层面的收支分类,而且这种分类强调收支的对应。

五、政府本级预算与部门预算之间的关系

从一级政府看,本级政府预算体系包括政府本级预算和本级的部门预算两部分。也就是说,从省一级看,省级政府预算体系包括省级政府本级预算和省级部门预算两部分;从中央一级看,中央政府预算体系包括中央政府本级预算和中央部门预算两部分。

为了反映整个地区或者整个国家的预算信息,往往需要对上下级政府的本级预算进行合并。目前我国将上级与下级的预算汇总在一起,称为政府汇总预

算。但我们建议上级与下级、中央与地方的预算不能简单地汇总,应该是剔除重复因素的合并,所以应该称为合并预算。如果将其称为政府合并预算,又会容易误解为政府本级四大预算的合并预算,所以我们认为中央与地方的合并、上级与下级的合并应该称为"中央与地方合并预算(上下级合并预算)"。

部门预算指的是本级政府部门的收支预算,该预算是以部门为单位编制的。上下级政府的部门预算不进行合并,这是国际惯例。因为某一级政府部门是属于某一级政府的,某一级政府的部门预算是某一级政府预算体系的组成部分,如省级部门预算是省级政府预算体系的组成部分,中央部门预算是中央政府预算体系的组成部分。上下级政府预算的合并是通过上下级政府的政府本级预算的合并进行的。所以,本书所称的部门预算特指某一级政府的部门预算。

美国、英国、日本等国部门预算的收支都是政府本级预算收支的组成部分。所以,部门预算是包含于政府本级预算中的,政府本级预算的范围大于部门预算的范围。但在我国,政府本级预算与部门预算的关系是交集关系,而不是包含或者被包含关系。我国部门预算的收支有一部分没有包含于政府本级预算中,政府本级预算的部分收支也不是通过部门预算执行的。但我们设计的政府本级预算体系与美国、英国、日本等国相同,将部门预算的所有收支放入政府本级预算中,实现了真正意义上的全口径预算。图1.1就是我们设计的中央与地方(上下级)政府合并预算、政府本级预算和部门预算之间的关系图。我们这里再次申明一下,本书研究的政府预算体系指的是一级政府的政府预算体系,所以其包括政府本级预算和部门预算。因为部门预算不进行上下级政府的合并,所以这里的部门预算就是指本级政府部门的收支预算。

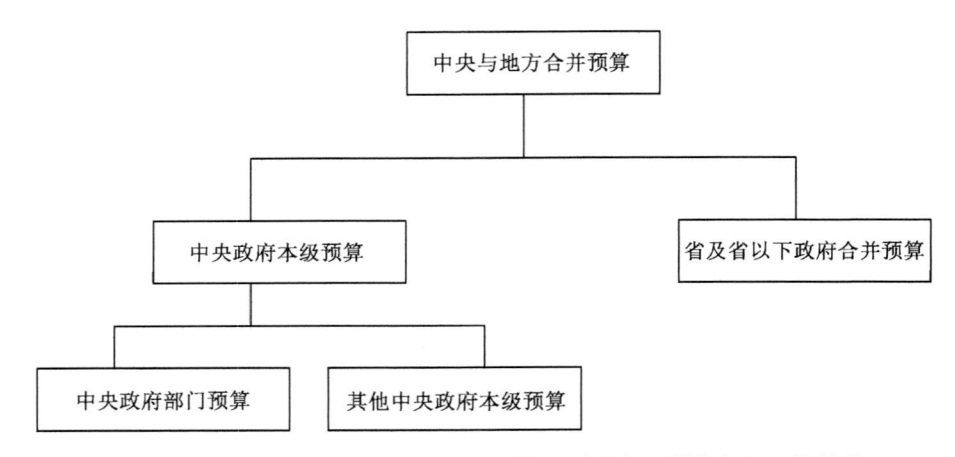

图1.1 中央与地方(上下级政府)合并预算、政府本级预算与部门预算的关系

第三节　国内外研究综述

本书是从公共财政责任的视角研究我国政府预算体系的改革，所以势必涉及两部分内容：一是公共财政责任的相关研究，二是政府预算体系的相关研究。

一、公共财政责任的研究综述[①]

（一）"公共财政责任"定义的相关研究

并没有相关的文献直接定义"公共财政责任"。安秀梅（2005）定义了"政府公共财政受托责任"；刘春华（2005）定义了"政府财政责任"。孙凤仪（2008）提到了公共财政责任，但没有直接给出定义。本书为了给出公共财政责任的完整定义，从"责任""政府责任"和"公共受托责任"的定义入手，逐个探讨，最后定义出"公共财政责任"。

对于"责任"的定义，《辞海》《汉语大词典》等工具书以及各种英文词典都进行了各种论述和定义。归纳起来，责任就是职责和负责。

对于"政府责任"的研究视角有：(1)行政法学角度的权责一致理论。(2)社会伦理学角度的责任伦理理论，如 Max Weber[②]（1919）。Carl Frederick（1940）和 Herman Finer（1941）将责任分为主观责任和客观责任，两位都认定的主观责任就是责任伦理角度下的责任，客观责任就是权责一致下的责任。(3)契约学对政府责任和委托代理的研究分为两类：一类是从社会契约学的角度进行研究，另一类则是从契约经济学的角度进行研究。社会契约学的代表人物 Jean-Jacques Rousseau[③]（1762）认为，个人之间通过契约形成主权者，主权者又通过契约让政府代理自己，这样就形成一种委托代理关系，政府是人民的最终受托人。契约经济学运用信息不对称理论揭示政府与公众之间的委托代理关系。政府是信息优势者，是代理人；公众是信息劣势者，是委托人。

[①] 具体内容在本书的第二章中做了详细的论述。
[②] 马克思·韦伯(1864—1920)，德国著名社会学家、政治学家、经济学家、哲学家，是现代一位最具生命力和影响力的思想家。
[③] 让-雅克·卢梭(1712—1778)，法国18世纪启蒙思想家、哲学家、教育家、文学家，民主政治家和浪漫主义文学流派的开创者，启蒙运动代表人物之一。

西方学者一般用"public government accountability""government accountability""public sector accountability""accountability in nonprofit organization"来表示公共受托责任。对于"公共受托责任"的定义,很多学者是从以下两个方面进行研究的:

1. 从责任履行的方式、方法和追究机制定义"公共受托责任"

(1)会计学家一般从信息的报告和解释来定义"accountability"。G. W. Jones(1973)指出,受托责任与向权威机构就其行动作出说明这一过程有关。[①] W. W. Cooper 和 Yuji Ijiri(1983)在《科氏会计词典》中将"受托责任"定义为"雇员、代理人或其他人定期报告其行动或行动上的失败,以继续行使委托权力的责任"[②]。Gray 和 Jenkins(1986)认为,受托责任是向那些委托人列报并说明责任的履行的义务。[③] D. Owen 和 K. Maunders(1987)则认为,"受托责任是指对所负责的行为事项提交账目(不一定是财务账目)或技术的义务、要求或责任"[④]。美国审计总署认为,公共受托责任是指受托管理并有权使用公共资源的政府和机构向公众说明它们全部情况的义务。

(2)政治行政学家更注重"accountability"的"惩罚"特征。在政治行政学界,学者们一般把"accountability"翻译为问责制。大多数政治与行政学家认为问责制的核心是惩罚、回应和强制。惩罚是第一位的,如 Robert Behn (2001)就认为:"那些我们希望能予以问责的对象十分清楚问责的含义,问责即意味着惩罚。"Andreas Schedler(1999)也在其对问责的定义中认为惩罚是第一位的。另外的要素是回应性,即政府官员的职责就是回答并解释他们在做什么。强制性,即问责机构要有强制制裁的能力。当政府官员履行其职责时,为其自身利益而有损公共利益的,无法逃脱被制裁的结果。[⑤] 从前面的论述可见,政治行政学家们并不认为"accountability"只有"惩罚"的含义,同样还有回应。

---

① G. W. Jones, The Search for Local Accountability, In S. Leach(eds.), Strengthening Local Government in the 1990s, Harlow, Es2sex: Longman, 1992, pp. 49—78. //R. Mulgan, "Ac2countability": an Ever Expanding Concept?, Public Administration, Vol. 78, No. 3, 2000:555—573.

② W. W. Cooper Yuji Ijiri. Kohler's Dictionary for Accountants(6th Edition)[M]. Prentice-Hall, Inc 1983, p. 7.

③ A. Gray, W. I. Jenkins. Accountable Management in British Central Government: Some Reflections on Financial Management Initiative[J]. Financial Accountability and Management, Vol. 2, No. 3, 1986:171—186.

④ R. Gray, D. Owen, K. Maunders Corporate Social Reporting Accounting and Accountability[M]. Prentice Hall, 1987:2.

⑤ 世界银行专家组. 公共部门的社会问责:理念探讨及模式分析[M]. 宋涛,译. 北京:中国人民大学出版社,2007:8.

（3）新公共管理学家集大成，最关注"accountability"的绩效和透明度内涵。Romzek 和 Dubnick（1998）认为：责任是一种关系，在这种关系中，个人或是单位在被授权的行动中，有义务向授权者回答有关授权行动绩效的问题。① 陈敦源认为，责任机制的核心就是回应性；而责任权者与责任义务者互动时，其信息焦点是责任权者即委托人所关心的绩效问题，通常绩效信息会不对称地储存在责任义务人身上。Fulton(1968)在其报告中认为，责任管理就是要"使个人和单位对已得到尽可能客观评价的绩效负责"②。Galligan（1997,2000）则认为：问责制度的设计与执行，最关键就是信息的获取、解释与交换，没有适当的信息处理机制，就没有有效的问责机制，而透明度就是能够有效运作的主要动力。③ 另外，新公共管理学家还关注顾客满意度和管理控制。不管是什么学科，其实发展到最后都有相互借鉴和相互融合的倾向。

2. 从责任的内容和类型定义"公共受托责任"

对于公共受托责任的类型，国内外一般从三个方面进行分类：

（1）从政府的政治、行政、法律特征进行分类。B. Smith(1980) 在《英国政府控制中的受托责任问题》这篇文章中，将公共部门的受托责任分为政治受托责任、管理受托责任、法律方面的受托责任。④ Lawton 和 Rose（1991）、Romzek（1998）、张成福（2000）、安秀梅（2005）和胡春艳，李贵（2012）等学者都从政府固有的政治、行政、法律等特征对公共受托责任进行了分类。一般认为，政府有政治责任、法律责任、行政责任（包括管理责任）等。虽然学者们的说法不一，但我们认为最终都可以归纳为政治责任、行政责任和法律责任三大类。

（2）从政府职能运行的特性对公共受托责任进行分类。J. D. Stewart(1984)提出了著名的"梯形受托责任"理论。⑤ 王光远（1996）认为，应该把受托责任分为受托财务责任和受托管理责任。Robert D. Behn（2001）、Kevin P. Kearns（2003）、Jonathan GS Koppell（2005）等学者也都从政府职能运行中必须考虑到的因素进行分类。

（3）有些学者在研究了前人对公共受托责任分类的讨论后，对这方面进行了

---

① 陈敦源. 透明与课责：行政过程控制的信息经济分析[EB/OL]. (2013-02-01)[2020-09-02]. http://eppm. shu. edu. tw.

② Fulton, Lord. The Report of the Committee on the Civil Service[M]. London：HMSO, 1968, p. 51.

③ 陈敦源. 透明与课责：行政过程控制的信息经济分析[EB/OL]. (2013-02-01)[2020-09-02]. http://eppm. shu. edu. tw.

④ 王光远. 管理审计理论[M]. 北京：中国人民大学出版社，1996：169—170.

⑤ 王光远. 管理审计理论[M]. 北京：中国人民大学出版社，1996：169—170.

归类,并提出了自己的混合分类。如 Paul G. Thomas(2003)按照责任二分法,把公共受托责任分为12对不同的责任。路军伟(2005)认为,公共受托责任有两种分法:一种是政治受托责任、经济受托责任、社会受托责任、文化受托责任和教育受托责任;另一种是公共权力受托责任和公共资源受托责任。①

从前面的论述可见,各学者从两个方面对公共受托责任的定义进行了研究。我们认为应该将两者综合起来,既要考虑责任履行的方式、方法和追究机制,更要考虑责任的内容。而对于内容的探讨,学者们一般是从分类展开的。

(二)公共财政责任的核心内容——透明度、效率和公平的相关研究

国内外纯粹研究财政透明度、效率和公平的学者实在太多。这些学者主要集中在公共经济学领域和公共行政学(公共管理学)领域。

最早提出"财政透明度"概念的是 Kopits 和 Craig。国际货币基金组织(International Monetary Fund,IMF)在 1998 年通过的《财政透明度良好做法守则——原则宣言》(简称为《财政透明度守则》)和《财政透明度手册》②,以及经济合作与发展组织(Organization for Economic Co-operation and Development,OECD)于 2002 年通过的《经济合作与发展组织预算透明度最佳做法》都对财政透明度的做法提出了要求。

对于财政资金效率的研究主要集中于经济学的效率和公共行政学的效率研究。经济学的效率研究包括意大利经济学家和社会学家 Pareto 提出的帕累托效率理论、Leibenstein(1979)的 X 效率理论以及 Coase(1937)提出的交易费用最小化理论这三个理论。Coase(1937)、North(1981)、Williamson(1985)、张五常(1999)都对交易费用最小化理论作出了贡献。经济学虽然有三种不同的效率理论,但三者其实并不冲突。帕累托效率理论更注重经济资源配置成本,但忽视了制度的成本。交易费用理论则主要研究社会制度(广义制度,即包括正式的制度安排和非正式的制度环境)建立、运行、维护和监督等各方面的成本。所以,两者相互补充就更完善、更全面。而 Leibenstein 的 X 低效率其实就是一种交易费用的具体表现。所以我们认为,公共财政责任所追求的财政资金效率应该既包括资源的配置效率,又包括财政制度(广义制度)的交易成本最小化。从而从两个方面共同达到财政资金效率。在公共行政学领域,对于效率的理解较统一,一

---

① 路军伟.基于公共受托责任的双轨制政府会计体系研究[D].厦门:厦门大学博士论文,2007:53.

② 《财政透明度守则》和《财政透明度手册》分别于 2001 年、2007 年进行了修订。2014 年 IMF 再次更新了《财政透明度守则》,2018 年更新了《财政透明度手册》。《财政透明度手册》是对《财政透明度守则》的详细解释。

般采用 Allen Schick(2001)在论述公共支出管理的基本目标时提到的资源配置效率和营运效率。Allen Schick(2001)认为，另外一个基本目标是总额控制。从 Allen Schick 的论述看，资源配置效率和运营效率都更多地倾向帕累托效率，但还没有完全包括对交易费用的考虑。我们认为，Allen Schick 的总额控制目标的实质是实现宏观经济的稳定发展，这也可以理解为效率的组成部分。结合经济学和公共行政学的观点，我们认为公共财政责任中的财政资金效率包括帕累托效率、交易费用最小化和宏观经济的稳定增长。

对于财政资金使用公平的研究，世界银行(2006)认为，"公平"就是机会均等。[1] 在我国财政学界被普遍采用的"公平"概念主要是蒋洪的《公共经济学》所论述的"公平"。蒋洪认为，公平分为三种：一种是规则公平，一种是起点公平，一种是结果公平。公共经济学一般将结果公平作为收入分配的理想状态。[2] 这也是西方福利经济学家普遍接受的观点。持有不同公平观的公共管理者在制定公共政策时，虽然都是追求社会福利最大化，但对于社会福利最大化的理解是不同的。根据对社会福利最大化理解的不同，又可以分为四种观点：一是功利主义，二是罗尔斯主义，三是折中主义，四是平均主义。

虽然各学者对责任、政府责任和公共受托责任都做了论述，但并没有系统地定义公共财政责任，也没有对公共财政责任的核心内容进行阐述和分析。所以，本书将对这些方面进行详细的讨论和补充。

二、政府预算体系的研究综述

现有文献对于政府预算体系的相关研究并不系统，主要是从两个方面进行研究：一是从效率角度对政府预算体系的研究；二是从透明度角度对政府预算体系的研究，主要讨论全口径预算。

（一）从效率角度对政府预算体系的研究

国内研究政府预算体系的主要是财政学专家和学者。从效率角度的研究又可以分为两大类：一类是研究大的预算体系，即应该建立几个大类预算；另一类则是研究某大类预算的具体建设，如社会保障预算和国有资本经营预算的建设等。

1. 预算大类的研究

对于我国应该建立几个预算大类，国内的学者有四种不同的观点：第一，叶

---

[1] 刘健. 基于社会公平的公共政策研究[D]. 北京：中共中央党校研究生院博士论文，2008：24.
[2] 蒋洪. 公共经济学[M]. 上海：上海财经大学出版社，2011：22—24.

振鹏、张馨(1999)认为,根据市场营利性和非市场营利性,应当形成两块基本预算,即国有资本预算和公共预算。第二,周立群(1997)、丛树海(2000)等认为,我国应该建立三块预算,即政府公共预算、国有资产经营预算和社会保障预算。当然,不同的学者对于大类下的预算细分类是有不同的观点的。第三,贾康(2001)、王金秀(2001)等则认为,我国应该建立公共预算、社会保障预算、国有资产经营预算(国有资本预算)和债务预算(或者政府投融资预算)四大块。第四,马国贤(2009)则认为,应该建立基金制预算。

2. 某大类预算具体建设的研究

(1)社会保障预算的研究:林治芬(2000,2003,2006,2013)、高文敏(2006)专注于社会保障预算的研究,提出了社会保障预算的目标模式、操作设计、管理方法、改革路径等。丛树海(2000)、李燕(2014)认为,目前我国的社会保险基金预算并没有将社会救济和社会福利纳入其中,应以社会保险为核心,以政府救济、社会优抚、社会福利为补充,建立社会保障基金预算。段晓红(2015)认为,我国应建立公众参与式的社会保险基金预算程序制度,以确保社会保障基金预算具有充分的法理基础,有利于完善社会保险基金预算。

(2)国有资本经营预算的研究:文宗瑜和刘微(2007,2011)关注国有资本经营预算的研究。张先冶(2009)、李晓丹(2009)也对我国国有资本经营预算的编制、监督、管理进行了研究。

(3)政府性基金预算的研究:马芳、李庆鹏(2011)认为,强化政府性基金管理的关键在于规范政府性基金的法制性,一方面清理未经人大授权的基金项目,削减财政部门的主导作用;另一方面增强人大对政府基金的审批权和使用监督权。徐旭川、罗旭(2013)认为,可以将部分与税种具有相同功能的基金合并起来,遵循"正税清费"原则,实现统收统支。寇铁军、高巍(2013)认为,应将土地出让收支从政府性基金收支预算中剥离出来,建立专门的土地财政收支预算,以规避"土地财政"风险。杨帆(2014)认为,过多的政府性基金项目已经成为提高政府资金统筹力的主要障碍,应适当合并基金专项。[①]

(4)更多学者则是关注政府一般公共预算的研究,如预算编制方法、政府收支分类研究、预算监督、预算的绩效管理等。

国外的学者对预算体系的建立有两种观点,即复式预算和单一预算。在复式预算研究方面又集中于是经常性预算和资本性预算的分类,还是其他的分类。对于经常性预算和资本性预算具体建设的研究比较广泛。近年来,国外学者对

---

① 张亚凯. 政府预算体系研究综述[J]. 合作经济与科技,2015(9).

预算的研究主要集中于绩效预算和债务的预算管理。

（二）从透明度角度对政府预算体系的研究，主要讨论全口径预算

对政府预算体系透明度的研究主要讨论的是政府预算信息的全面性，也就是全口径预算。这一讨论主要集中于新预算法（2014）出台前后。刘尚希（2016）、李燕（2014）、徐曙娜（2013）、王淑杰（2013）、蒋元文（2013）都提到了要扩大政府预算的范围，将预算外资金纳入预算。赵敏（2016）则提出将税收支出纳入预算体系。文宗瑜（2011）、刘尚希（2013）、徐曙娜（2016）、李燕（2014）都主张扩大国有资本经营预算，将所有国有企业都纳入国有资本经营预算范围。马蔡琛（2009，2010）认为，应该建立社会性别预算，并对社会性别预算做了一系列研究。高培勇（2009）、李冬妍（2010）指出，在既有制度框架外，特别在省以下级次的政府，还存在着由各个政府部门、各个地区通过"自立规章，自收自支"而征集的各种行政性收费、罚款、集资、摊派收入以及由此而形成的支出，可称之为制度外收支。这些制度外收支同样没有纳入预算。

张谦煜和姚明华（2014）认为，在编制公共财政预算和政府性基金预算时，还存在着对上级的转移支付预计不足，造成年初预算规模偏小、年底预算追加过多等问题。王雍君（2013）更是从预算信息的全面性扩展到对预算程序的完整性、财政计量口径的合理性等进行了研究。

（三）政府预算体系国内外研究的综合评价

对于整个预算体系架构（预算大类）的研究主要是前几年的研究，这几年较少开展。特别是2010年财政部试行一般公共预算、政府性基金预算、国有资本经营预算和社会保险基金预算四大预算后，学者对于我国整个预算体系架构的优化就较少开展研究，更多的是探讨全口径预算（即预算信息的全面化和完整化）和各大预算各自的完善与发展。我们认为，虽然我国财政部从2010年开始试行四大预算，并通过2014年的新预算法将其法律化，但这并不能证明实行这种多重预算体系在财政透明度、效率和公平方面是最优的。

另外，我国学者在讨论政府预算体系时，并没有多角度地分析，更多的是单一角度的分析，或是效率角度，或是透明度角度，而且多是一些零星的研究，并不成系统。所以，我们想为政府预算体系的研究寻找一个理论框架。正如前文分析的，政府预算资金是公众委托给政府为他们提供公共服务的资金，政府必须为预算资金的使用效益负责。而预算资金的使用效益就是实现公共财政责任的核心——透明、效率和公平。我们必须结合公共财政责任，建构一个科学的政府预算体系。而前文我们也谈到，对于公共财政责任的研究较少，按照公共财政责任构建政府预算体系也几乎没有。所以我们想在本书中作出探索，结合公共财政

责任系统分析政府预算体系的透明、公平和效率,既为我国政府预算体系的改革提供系统的理论框架,又提供具有实际操作意义的具体建议。

第四节 研究目的、思路、方法、创新和不足

一、研究目的

正如本章第一节所分析的,不管是在理论上还是在实践上都需要对政府预算体系做系统的研究,为政府预算体系的理论研究提供一个思路,为我国政府预算体系的改革提供具体可操作的建议。本课题的研究目的有以下三个:

(1)定义"公共财政责任"。因为学术界没有对公共财政责任做过完整、明确的定义,而我们要建立的政府预算体系必须是为实现公共财政责任服务的,所以,本书的第一个研究目的就是定义"公共财政责任",并分析公共财政责任的核心内容。

(2)建立一个能分析现有政府预算体系公共财政责任实现程度的理论框架。因为目前学术界对政府预算体系的分析都是零星的,不成体系的,也没有一定的理论支撑,所以,本书希望能建立一个理论框架,既可以分析现有的政府预算体系的公共财政责任实现情况,又可以按照这一理论框架改革我国政府预算体系。

(3)按照本书建立的理论框架,提出改革我国政府预算体系的具体建议,同时这一目标是研究的最终目标。

二、研究思路

为了达到前述的研究目的,我们在第二章,首先从"责任""政府责任"和"公共受托责任"的定义进行分析,将各学科有机结合起来,完整、系统地定义了"公共财政责任",并明确公共财政责任的核心就是财政透明度、效率和公平。接着,我们界定了本书讨论的财政透明度、效率和公平的内涵与边界。

在第三章,我们从政府预算体系与财政透明度、政府预算体系与效率、政府预算体系与公平三个方面论述了政府预算体系与公共财政责任之间的关系,既论述

了应如何设计政府预算体系才能有利于公共财政责任的实现,又建立了一个分析政府预算体系公共财政责任实现程度的基本理论框架。这个理论框架就是:从政府预算体系的范围、政府预算报告的内容、政府预算体系管理过程及预算信息质量四个方面来分析(或促进)政府预算体系的透明度;从政府预算体系种类、预算分类模式和政府收支分类来分析(或促进)政府预算体系的效率和公平。

在第四章,用我们在第三章建立的理论框架分析了实行不同政府预算体系的美国、英国、日本三国中央(联邦)政府的公共财政责任,并对这三国中央(联邦)政府预算体系的公共财政责任进行了比较分析,得出了值得我们借鉴的国际经验。

在第五章,我们仍然运用在第三章建立的理论框架,首先分析了我国中央政府预算体系的公共财政责任。然后将我国中央政府预算体系的公共财政责任与美国、英国、日本三国中央(联邦)政府预算体系的公共财政责任做了非常详细的比较分析,发现了我国需要改革的地方和可以向其他三国借鉴的、适用于我国的经验。最后,我们还是运用第三章的理论框架,结合我们所做的问卷调查和访谈,对我国地方政府预算体系的公共财政责任做了实证研究和分析。

在第六章,我们继续运用第三章建立的理论框架,结合第四章的国际经验和第五章我国中央与地方的实证研究,提出公共财政责任视角下优化我国政府预算体系的具体建议,构建一个能够全面实现财政透明度、效率和公平的我国政府预算体系。

三、研究方法

在资料收集方面,我们主要采用了三种方法:(1)文献阅读法,通过阅读大量文献了解了各学科对"责任""政府责任""公共受托责任"等定义的研究,也了解了我国政府预算体系等相关研究内容的国内外研究现状。(2)网络查阅法,通过美国、英国、日本等国的官方网站搜索大量关于美国、英国、日本三国政府预算体系的资料,为研究三国政府预算体系的公共财政责任提供了基础资料(实际上,我们先收集了28个国家政府预算体系的资料,最后精选出美国、英国、日本三国作为典型国家进行分析比较)。(3)问卷调查和访谈的方式,我们采用了问卷调查和访谈的方式,对我国地方政府预算体系的公共财政责任进行了分析。我们在2015年选取东、中、西①各65个财政部门，共195个地方财政部门的975名财政干部和585个行政事业单位财务人员进行了问卷调查和访谈②。2020年1月到8月，我们对原来接受访谈的全部人员通过网络进行了回访。另外，我们还通过专家访谈、开座谈会、课题挂职、邮函、申请公开等多种方式收集资料。

在研究方面，我们采用了理论与实证相结合的方法，不仅建立了一个分析框架，并将这个分析框架贯穿整个研究，用来分析国外经验和我国实证，而且采用了定性与定量相结合的方法，特别在我国实证部分，运用了很多定量的数据来分析我国的现状。

四、创新和不足

（一）创新

第一，原创性地提出我国政府预算体系改革必须以实现公共财政责任为终极目标。学术界和实务界之前并没有明确提出我国政府预算体系改革应该以公共财政责任的实现为导向。

第二，将经济学（尤其是公共经济学）理论、会计学理论与公共行政学理论有机结合起来应用到政府预算体系的研究上，系统完整地定义了"公共财政责任"，创新性地提出了公共财政责任的核心内容是财政透明度、效率与公平。

第三，建立了一套全新的分析政府预算体系公共财政责任实现程度的理论框架，并运用这一理论框架对美国、英国、日本和我国的政府预算体系进行了分析和比较，为我国政府预算体系的优化提出了具有实际操作意义的具体建议。

第四，首次提出了在我国建立统一预算的观点，建议我国实行具有混合特征的非典型多重预算体系。同样是首次提出了我国政府本级预算应该包括正式预算和补充预算的观点。

第五，原创性地建立了一个既符合我国国情，又有利于公共财政责任实现的政府预算体系的具体架构。

（二）不足

我们建立的既符合我国国情，又有利于公共财政责任实现的政府预算体系

---

① 我们按照经济与区域相结合原则区分东、中、西部。东部省份：江苏、上海、浙江、福建、广东、山东、海南、天津、北京、河北；中部省份：河南、湖北、湖南、江西、山西、安徽、黑龙江、辽宁、吉林；西部省份：陕西、宁夏、甘肃、四川、重庆、贵州、广西、云南、西藏、青海、新疆、内蒙古。

② 访谈时间为2015年1月到2016年2月，调查问卷发放和收回时间为2015年5月到2015年10月。

没能在实践中应用,从而无法实证检验。此外,由于时间和篇幅原因,税收支出预算、财政投融资预算、国有企业财务预算、政策性银行财务预算等补充预算的内容还可以进一步细化。所以接下来,我们的研究将集中在前面提到的不足部分:选择某一地方,与地方财政合作试点本书建立的政府预算体系;进一步细化补充预算的研究。

第二章　公共受托责任与公共财政责任

第一节　责任、政府责任与公共受托责任[①]

学术界对"公共财政责任"的概念没有系统地阐述,甚至相关研究也比较匮乏。为了更好地开展研究,我们有必要先厘清和界定清楚"公共财政责任"的定义和内容。本节我们追根溯源,从"责任"探讨起,研究"责任""政府责任""公共受托责任"与"公共财政责任"之间的关系。

一、"责任"和"政府责任"的词义

"责任"在现代社会中已成为人们非常关注、重视的概念。对于这一概念的解释也是非常丰富的。

《辞海》对"责"的解释有四种:一是责任,如负责。二是责问;责备。三是责罚。四是索取;责求。[②] 对"任"的解释则有十二种:任用。职位。责任;职责。担当、承担。信任。担保。保养。胜;堪。放任、不拘束。听凭、不管。担荷。任

---

　① 徐曙娜. 论责任、政府责任与公共财政责任[M]. 上海:上海财经大学公共政策与治理研究院公共治理研究中心. 公共治理评论 2014(1)[M]. 上海:上海财经大学出版社,2014:81—91.
　② 辞海·语词分册·下册(修订稿)[M]. 上海:上海人民出版社,1977:1307.

侠。① 从"责"和"任"两个字的解释可见,"责任"其实有两种意思:一是负责,二是职责。《汉语大词典》对"责任"的解释有三种,一是使人担当起某种职务和职责;二是分内应做的事;三是做不好分内应做的事,因而应该承担的过失。② 古代汉语中相对使用较多的是第一种含义,而现代汉语中使用较多的则是后两种含义。

与"责任"有关的英文单词有两个。一个是"responsibility",翻阅《新英汉词典》,我们查阅到"responsibility"的意思有三个:责任、责任心;职责、任务;可靠性、可信赖性、责任能力。③ 另一个是"accountability",其在《新英汉词典》中作为"accountable"的名词进行解释,是"负责任的,应做解释的;可解释的"。④《柯林斯高阶英汉双解学习词典》则把"accountability"解释为"responsibility to someone or for some activity",即对某人或某活动负责。在当代的文献中,"accountability"更多被翻译为"受托责任"或"问责"。而从《汉语大词典》对"责任"的解释看,"受托责任"其实就是"分内应做的事",而"问责"则是"做不好分内应做的事,因而应该承担的过失"。这也符合《辞海》对"责"与"任"的解释。

追根溯源,"责任"这一概念最主要包含两层含义:职责和负责。

"政府责任"是由"责任"一词演变而来,从私人领域应用到公共领域,从个人应用到政府或者政府部门。结合前面对"责任"概念的解释,"政府责任"应该是政府应做的分内事(即政府职责)和政府对其分内事负责。

二、政府责任的研究视角

虽然国内外学者对政府责任的研究非常丰富,但不外乎从下面三个角度进行研究。

(一)行政法学角度——权责一致理论

法学强调权责对等。有权就必须有责。权责一致是法律面前人人平等和权利义务一致的具体表现,包含两层内容:一是有权力必有责任,没有无须承担责任的权力,也没有单纯无权力的责任;二是权力与责任相一致,权力越大,承担的责任也就越大。对于政府来说,行使公共权力是其权利,而履行政府的义务是其责任,权利和义务是对等的。法学家一般认为,政府责任包括积极责任和消极责

---

① 辞海·语词分册·下册(修订稿)[M]. 上海:上海人民出版社,1977:194.
② 汉语大词典编辑委员会. 汉语大词典·第十卷[M]. 上海:汉语大辞典出版社,1992:91.
③ 新英汉词典(第四版)[M]. 上海:上海译文出版社,2009:1320.
④ 新英汉词典(第四版)[M]. 上海:上海译文出版社,2009:10.

任。积极责任是指政府应履行与其权力相适应的职责和义务,也就是社会和法律规定的职责和义务。消极责任是指不履行积极责任将要承担的否定性后果,也就是应该追究的责任。

对于"权责一致"的理解,法学界分为两类:一类认为权力产生责任,权力内含责任;另一类则认为有责任才有权力,尤其是公共责任。

前一种观点认为:权力是一柄"双刃剑"。权力运用得当,可以成为推动社会进步、促进人民福祉的强大力量;运用不当,则会成为阻碍社会发展,侵犯人民权利的专制工具。权力缺乏必要的制约和监督,势必会走向滥用和腐化。这是由权力运行的本性决定的,是适用于任何一种政治制度的一条普遍规律。通过实行权力分工制衡,分清职责,以责任来制约权力,确保任何权力都必须对自己的行为承担责任,都是负责任、受监督的权力。权力与责任是不可分割的统一体,任何一种权力都内含着相应的义务和责任,行使权力即意味着必须履行责任,权力越大,责任越重。任何一种权力的行使都必须对所造成的后果承担责任,任何非法或不当行为造成的损失都必须予以救济和补偿,都必然会受到另一种权力的依法追究。只有建立国家机关行使权力的责任制度,包括责任追究和赔偿制度,切实做到权责统一、有权必有责、用权受监督、违法必追究,才能使权力的行使者不敢恣意妄为。[1]

后一种观点则认为:政府存在的目的是维护和实现公共利益。这一目的也就成了政府的基本公共责任。而公共权力是支撑其承担起这一基本责任的重要工具,从这个意义上说,政府的责任是先于政府的权力的。责任的承担伴随着权力的授予,即有责必有权。政府的职责范围决定了政府积极责任的大小。政府的积极责任是政府存在的正当性理由,是对政府应该做什么的描述,并确立了政府的基本职责以及政府行为的边界。政府为了承担积极责任,必须被授予一定的权力,权力在此是政府履行责任的基本手段,授予的权力应与承担责任所需要的实际权力相对应和对等。当然,持后一种观点的学者也承认有权必有责。[2]所以,持后一种观点的学者也不是完全反对前一种观点,相反,他们其实认为两种观点是相互包容的。

(二)社会伦理学角度——责任伦理理论

西方国家对责任伦理的研究可以追溯到 Aristotle[3],其通过对德行的研究,

---

[1] 董云虎. 论权力的制约和监督[J]. 人权,2006(6):18—20.
[2] 麻宝斌,郭蕊. 权责一致与权责背离:在理论与现实之间[J]. 政治学研究,2010(1):72—78.
[3] 亚里士多德(公元前384—前322),古代先哲,古希腊人,世界古代史上伟大的哲学家、科学家和教育家之一,堪称古希腊哲学的集大成者。

认为个体的德行就是对社会责任的履行。而现代的责任伦理学则是由 Max Weber 贡献的。Max Weber 在《以政治为业》(1919)一文中指出:"一切有伦理取向的行为,都可以是受两种准则中的一个支配,这两种准则有着本质的不同,并且势不两立。指导行为的准则,可以是'信念伦理',也可以是'责任伦理'。这并不是说,信念伦理就等于不负责任,或责任伦理就等于毫无信念的机会主义。当然不存在这样的问题。但是,恪守信念伦理的行为,即宗教意义上的'基督行公正,让上帝管结果',同遵循责任伦理的行为,即必须顾及自己行为的可能后果,这两者之间却有着极其深刻的对立。"①Max Weber 首次提出"责任伦理"的概念,并对"责任伦理"与"信念伦理"做了区分。在资本主义的发展过程中,政治家的"信念伦理"越来越衰弱,他针对政治家只讲权力运用而不考虑后果的现象,呼吁社会倡导一种超越"信念伦理"的"责任伦理"。

支持责任伦理学说的学者认为,责任就是行为主体对在特定社会关系中任务的自由确认和自觉服从。② 政府责任伦理是政府履行和承担各类责任和义务的使命感,是对责任和义务要求的内化而形成的行政品格和行为准则。他们认为,政府责任伦理与个人伦理是不同的:政府责任伦理的价值取向是社会的公共利益。从根本上说,责任伦理是政府对公私利益关系的认识和处理问题,反映着公共利益的要求,是政治代理人职业伦理的基本内容。根据责任伦理,行政人员必须忠诚于其选择的职业。政府责任伦理既强调对政府行为的目的和结果负责,又强调对政府行使职能的手段和过程负责。他们还认为,从伦理学的角度来看,承担责任并不意味着获得某项权力,责任和权力之间并不具有直接的对应关系。③ 这个观点与行政法学的"权责一致"理论相矛盾。

将社会伦理学的"责任伦理"与行政法学的"权责一致"理论进行比较,我们可以发现,前者主要是在道德层面上研究,认为责任是一种道德约束,必须由政府自觉自愿地去执行和遵从;而后者则更倾向于权责的自然统一性,并强调这种权责应该由法律来进行规范和明确。

著名的公共行政学家 Carl Frederick(1940)就是"责任伦理"的支持者。他把责任分为主观责任和客观责任。他认为,行政功能的责任行为并不能像其宣称的那样强制实现。在现代大型的、复杂的政府体系中,通过外在的约束,并没有保证客观责任实现的有效途径,而且有证据表明大多数行政官员在大多数时

---

① 〔德〕马克斯·韦伯. 学术与政治[M]. 北京:冯克利,译,北京:生活·读书·新知三联书店,1998:107.
② 程东峰. 责任伦理导论[M]. 北京:人民出版社,2010:3.
③ 王玉明. 论政府的责任伦理[J]. 岭南学刊,2005(3).

间,事实上遵循着主观的责任道德。①

Herman Finer(1941)也将责任分为主观责任和客观责任,他坚持认为:将"职责感"和有效的责任加以区分是重要的。职责感或责任感意味着一个行政官员感觉到或理解义务。相对应于一个人对其行为承担的法律责任,这是责任的主观形态。前者是对治理者内在的制约,后者是对行政行为的外在约束。②

从前面的论述可见,Carl Frederick 和 Herman Finer 认定的主观责任就是责任伦理角度下的责任,客观责任就是权责一致下的责任。

(三)契约学角度——委托代理理论

行政法学的"权责一致"理论和社会伦理学的"责任伦理"理论中的"责任"一般在外文文献中用"responsibility"表示,但是契约学的"委托代理理论"中的"责任"则一般用"accountability"表示。

契约学对政府责任和委托代理的研究又分为两类:一类是从社会契约学的角度进行研究,而另一类则是从契约经济学的角度进行研究。

1. 社会契约学的委托代理理论

社会契约学的代表人物是 Jean-Jacques Rousseau(1762),其在代表作《社会契约论》中提出了"人民主权论"。Rousseau 认为,为了实现公共利益,每个人必须将自己的权利转让给一个共同体即"主权者",这个"主权者"并不是政府。这种转让必须遵循三个原则:每个人都必须转让,必须坚持"同等"原则;每个人必须全部转让其权利,必须坚持"全部"原则;权利被让渡给共同体,而非交给任何个别人。Rousseau 还认为,每个人转让所形成的主权是不可转让的、不可分割的、不可代表的,是绝对的、至高无上的和不可侵犯的。"因此公权力需要自己的机构,在一般意志的指导下,统一地付诸行动,在国家和主权者之间架起通讯的桥梁,就像灵魂和肉体结合成为个人那样,把国家和主权者结合成一个集体的法人。国家之有政府,根本原因在此。有时政府被错误地指认为主权者,但它应只是主权者的代理人而已。"③Rousseau 还认为,社会契约意味着政府在承诺维护公共利益的基础上拥有了公权力,即管理社会的权利、服务社会的义务、满足公众需求的责任。社会契约还意味着人民有服从公权力管理的义务、监督和制约

---

① Carl Joachim Frederick. Public Policy and the Nature of Administrative Responsibility. Public Policy[M]. Cambridge:Harvard University Press,1940,3—24.
② Herman Finer. Administrative Responsibility in Democratic Government[J]. Public Administration Review,Vol. 1. (summer)1941:335—350.
③ 〔法〕卢梭. 社会契约论[EB/OL]. (2013-09-05)[2020-09-02]. http://www. 360doc. com/content/11/0227/13/4021_96556951. shtml.

公权力的权利。政府应保护全体人民的公共利益、维护和平的社会秩序，否则人民有权收回委托的权力，选举出新政府。

按照 Rousseau 的观点，个人之间通过契约形成了主权者，主权者又通过契约让政府代理自己。这样就形成了一种委托代理关系。个人将权力委托给了主权者，因为主权者是个虚体，它又将权力委托给了政府。所以政府是主权者的代理人，实际就是人民的代理人，那么人民就是委托人。人民与政府之间就形成了委托代理关系。主权最终属于人民。

很多学者从社会契约说出发研究政府责任，认为政府的责任就是来自对人民委托事项的负责和回应，并结合管理学中的"受托责任"提出了"公共受托责任"的概念。美国政府会计准则委员会（GASB）将"公共受托责任"解释为"当资源或活动从公众那里转移给政府当局时，政府当局应负的责任"[①]。

2. 契约经济学的委托代理理论

契约经济学的委托代理理论中有一个基本的假设，即假定在契约安排前后参与者之间所掌握的信息是不对称的，具有信息优势的参与者是代理人，而处于信息劣势的参与者则是委托人。这里的委托代理与法律意义上的委托代理并不相同。在委托代理理论中，除信息不对称假设外，其实还暗含着信息不完全的假设，比如在委托代理模型中假设存在不受委托人和代理人控制的外生随机变量即自然状态。委托代理理论按照信息不对称的情况，分为五种委托代理模型。按照信息不对称发生在事前还是事后，区分为事前信息不对称模型（又称为逆向选择模型）和事后信息不对称模型（又称为道德风险模型）；按照不对称信息的内容，不对称信息可能指的是行动，也可能指的是知识和信息，所以又可以分为隐藏行动模型和隐藏信息模型。两种分类结合起来分为：事前的有逆向选择模型、信号传递模型和信息甄别模型；事后的有隐藏行动的道德风险模型和隐藏信息的道德风险模型。

契约经济学的委托代理理论应用到公共部门，我们就可以看到公众与政府之间存在着信息不对称，政府是信息优势者，而公众是信息劣势者，所以公众是委托人，政府是代理人。由于委托人与代理人效用函数的不一致，代理人为了实现自己效用的最大化而利用自己的信息优势违背委托人的利益，因此产生代理人机会主义行为。为了解决代理人机会主义行为，作为委托人的公众必须通过制度约束代理人，而最好的制度就是问责制。政府问责制是实现责任政府的途径，也是政府责任制度的组成部分。契约经济学的委托代理理论认为，代理成本

---

① [EB/OL]. (2013-09-05). http://www.gasb.org/st/summary/gstsm34.html.

包括委托人的监督成本、代理人的保证成本以及剩余损失,受托责任是一种对必然的机会主义、自利人性的约束。[①] 受托责任是委托人节约总代理成本的监督机制,也是代理人因节约总成本而产生的一种保证成本。

虽然研究政府责任的文献可以从上面三个角度进行分类,但很多学者其实是结合各种理论、各种角度进行研究。例如行政学者 T. Cooper(1990)就结合行政法学的权责一致理论和社会伦理学的责任伦理理论,认为行政责任实际上由客观上的责任行为和公务员个人伦理自主性两个方面构成。[②] 我国著名行政学家张成福(2000)结合各种理论对"政府责任"进行了定义,他认为最广义的政府责任是指政府能够积极地对社会民众的需求作出回应,并采取积极措施,公正、有效率地实现公众的需求和利益。广义的政府责任是政府组织及其公职人员履行其在整个社会中的职能和义务,即法律和社会所要求的义务;狭义的政府责任是政府机关及其工作人员违反法律规定的义务,违法行使职权时所承担的否定性的法律后果,即法律责任。[③] 特别是当代的新公共管理学者们更是运用各种理论融会贯通地分析政府责任。Owen E. Hughes 在《公共管理导论》的第11章"政治与行政"中就既用了"权责一致理论""政府的政治方面是按各种法律与宪法建立起来的,针对这些方面必须建立相应的责任机制",又运用了契约学的"委托代理理论""在等级制关系中或委托代理关系中必须建立一定类型的责任机制,以确保被授权人的行为最终符合所有者的期望"。"公民与政府的关系可以看成一种委托—代理关系,公民同意推举某人以其名义进行治理,但是必须满足公民的利益并且为公民服务。"[④]

本书主要运用"accountability"来论述政府责任和公共财政责任,也就是主要从社会契约学和契约经济学角度论述公共财政责任,同时紧密结合行政法学的"权责一致"原则,但对于责任伦理理论的应用较少。我们认为用伦理和自觉性去约束政府的责任,其作用是非常有限的,而且如果强调伦理和自觉性去约束政府,势必会削弱通过法制制约政府,反而得不偿失。

[①] Roberts,John. Trust and control in Anglo-American systems of corporate governance:The individualizing and socializing effects of processes of accountability[J]. Human Relations, Vol. 54 . No. 3, 2001:1547.

[②] Terry L. Cooper. The Responsible Administrator An Approach to Ethics for Administrative Role [M]. San Francisco;Oxford,1990:228.

[③] 张成福. 责任政府论[J]. 中国人民大学学报,2000(02):75—82.

[④] 〔澳〕欧文·E. 休斯. 公共管理导论(第二版)[M]. 彭和平,等译,北京:中国人民大学出版社,2001:264—268.

三、公共受托责任的定义

正如前文所分析的,与"责任"相关的英文单词主要有"responsibility"和"accountability",我们基于我们研究的理论基础(社会契约学和契约经济学),用"accountability"作为本书中的"责任"。

我们研究了各学科的相关文献后发现,各学科对公共受托责任的定义很多是从责任履行的方式、方法和追究机制出发的。而我们认为,公共受托责任(public accountability)应该包括两个部分:一是"职责",即职责的内容,公共部门必须履行的分内的事;二是负责,即如何最有效地履行,履行的方式、方法和追究机制。所以我们先从讨论最多的责任履行的方式、方法和追究机制来研究公共受托责任的定义,再从责任的内容和类型来研究公共受托责任的定义。

(一)从责任履行的方式、方法和追究机制定义公共受托责任

"accountability"在学术界有多种翻译:责任、受托责任、受托经济责任、问责制等。"accountability"一词的来源与会计有关。1066年诺曼人征服了英格兰,国王下令国内所有财产拥有者必须向固定机构汇报总结的财产情况。在我国,最早是由知名的会计学教授杨时展(1990)将"accountability"翻译为"受托责任"。"受托责任是由于委托关系的建立而发生的……委托关系建立后,作为一个受托人,就要以最大的善意、最经济有效的办法、最严格地按照当事人的意志来完成委托人所托付的任务。这种责任叫'受托责任'。"[①]

西方学者一般用"public government accountability""government accountability""public sector accountability""accountability in nonprofit organization"来表示公共受托责任。

对于"accountability"的研究主要流行于会计学界、政治学界、公共管理学界、经济学界等。

1. 会计学家一般从信息的报告和解释来定义"accountability"

Jones(1973)指出,受托责任与向权威机构就其行动作出说明这一过程有关。[②] W. W. Cooper 和 Yuji Ijiri(1983)在《科氏会计词典》中将受托责任定义为"雇员、代理人或其他人定期报告其行动或行动上的失败,以继续行使委托权力

---

① 杨时展. 审计的基本概念[J]. 财会探索,1990(2):4—5.
② G. W. Jones. The Search for Local Accountability, In S. Leach(eds.),Strengthening Local Government in the 1990s, Harlow, Es2sex: Longman, 1992:49—78//"Accountability": an Ever Expanding Concept? [J]. Public Administration, Vol. 78, No. 3,2000:555—573.

的责任"①。Gray 和 Jenkins(1986)认为,受托责任是向那些委托人列报并说明责任的履行的义务。② D. Owen 和 K. Maunders(1987)则认为,"受托责任是指对所负责的行为事项提交账目(不一定是财务账目)或技术的义务、要求或责任"③。现代伦敦皇家学院会计学教授 Laughlin(1990)认为,受托责任可视为代理人向委托人提供和寻求行为合理性的解释。④ 美国审计总署认为,公共受托责任是指受托管理并有权使用公共资源的政府和机构向公众说明它们全部情况的义务。

当然,随着会计学的发展,很多会计学家也是多元地研究公共受托责任的。会计学家们也强调职能本身的履行;委托人对代理人的控制,把审计看成实现委托代理关系的主要手段(杨时展,1990;王光远,1996)。王光远(1996)还将受托责任分为两类:受托财务责任和受托管理责任。按照 1985 年 5 月在日本东京举行的最高审计机关亚洲组织第三届大会发表的《关于公共受托经济责任指导方针》的宣言所给的定义,公共受托经济责任是指受托运营公共财产的机构或人员有责任汇报这些财产的运营情况,并负有财政管理和计划项目方面的责任。李建发(2006)认为,公共受托责任应当是受托管理公共资源的政府、机构和人员履行社会公共事务管理职能并向公众报告的义务。⑤ Uhr(1999)认为,受托责任本质上是控制的一种形式,使那些掌握权力的人对其行为负责,公共受托责任在本质上就是通过控制公共账目,进而控制那些公共资源管理者的行为。⑥

2. 政治行政学家更注重"accountability"的"惩罚"特征

在政治行政学界,学者们一般把"accountability"翻译为"问责制"。"问责制的核心在于要求政府和官员必须对其行为负责。"⑦Jay M. Shafritz(1985)在《公共行政实用词典》上将"问责"解释为"由法律授权的官员,必须对其职责范围内

---

① W. W. Cooper, Yuji Ijiri. Kohler's Dictionary for Accountants(6th Edition)[M]. Prentice-Hall, Inc 1983:7.

② A. Gray, W. I. Jenkins. Accountable Management in British Central Government:Some Reflections on Financial Management Initiative[J]. Financial Accountability and Management, Vol . 2, No. 3, 1986:171—186.

③ R. Gray, D. Owen and K. Maunders. Corporate Social Reporting Accounting and Accountability [M]. Prentice Hall,1987:2.

④ Laughlin, R. C. A model of financial accountability and the church of England[J]. Financial Accountability and Management,1990,Summer,6(2),93—114.

⑤ 路军伟. 基于公共受托责任的双轨制政府会计体系研究[D]. 厦门:厦门大学博士论文,2007:47.

⑥ 刘秋明. 基于公共受托责任的政府绩效审计研究[D]. 厦门:厦门大学博士论文,2006:76.

⑦ 李军鹏. 责任政府与政府问责制[M]. 北京:人民出版社,2009:14.

的行为或其他社会范围内的行为解释质疑,并承担责任。"①Stewart Smyth (2010)认为,"accountability"是行动者与问责者之间的一种关系,行动者有义务汇报和证明自己的行为,问责者提出相关的质疑以及给予恰当的惩罚或奖励,行动者需要承担自己的行为所带来的结果。② 美国学者 Delmer D. Dunn(2003)对涉及问责研究的文献做了大致的分类:"一类是从民主理论的视角研究问责;另一类是从公共行政的视角研究问责。"③从民主角度研究的学者一般把"问责制"翻译成政治问责或者民主问责,而从公共行政角度研究的学者一般把"问责制"翻译成行政问责。

大多数政治与行政学家们认为问责制的核心是惩罚、回应和强制。惩罚是第一位的。Robert Behn(2001)就认为:"那些我们希望能予以问责的对象十分清楚问责的含义,问责即意味着惩罚。"Andreas Schedler(1999)也在其对"问责"的定义中认为,惩罚是第一位的。另外的要素是回应性,即政府官员的职责就是回答并解释他们在做什么;强制性,即问责机构要有强制制裁的能力。当政府官员履行其职责时,为其自身利益而有损公共利益的,无法逃脱被制裁的结果。④

所以,从前面的论述可见,政治行政学家们并不认为"accountability"只有惩罚的含义,同样还有回应,这里的"回应"就是会计学界的"解释和说明"。只不过与会计学界不同的是,政治行政学界更强调惩罚;会计学界更强调通过财务报告进行解释和说明,通过审计进行控制来解除受托责任。当然,就如会计学界的发展一样,政治行政学界随着学术研究的深入和发展,也越来越多元化地结合其他学科研究"accountability"。李军鹏(2009)认为,当代西方政府衡量政府责任完善程度的标准主要有五个:可控性、服从度、问责性、回应性和透明度。⑤ 田侠(2009)认为,问责制有强制性、回应性、外在性和过程性。⑥ 陈党(2007)则认为,行政问责制的功能是惩罚和预防、评价和引导、安抚和补救、监控和纠偏。⑦

---

① Jay M. shafritz. The Facts on the File Dictionary of Public Administration[M]. New York, Facts on File Publication,1985:96.

② Stewart Symth. Public Accountability:A critical approach[J]. Journal of Finance and Management in Public Service,2010(6):27—45.

③ Delmer D. Dunn. Accountability,democratic theory,and higher education[J]. Educational Policy,Vol. 17, No. 1,January and March 2003:61.

④ 世界银行专家组. 公共部门的社会问责:理念探讨及模式分析[M]. 宋涛,译. 北京:中国人民大学出版社,2007:8.

⑤ 李军鹏. 责任政府与政府问责制[M]. 北京:人民出版社,2009:9.

⑥ 田侠. 行政问责制研究[D]. 北京:中共中央党校博士论文,2009:17—18.

⑦ 陈党. 行政问责法律制度研究[M]. 苏州:苏州大学博士论文,2007:19—23.

3. 新公共管理学家集大成,最关注"accountability"的绩效和透明度内涵

新公共管理学的理论基础是经济学理论和私营部门管理。① 所以,新公共管理学家关于责任的很多理解最初源于经济学和私营部门管理学。

经济学中的信息经济学(信息经济学是契约经济学的一个分支)认为,信息是不对称的。公众是终极委托人,政府是代理人。政府是信息优势者,公众是信息劣势者。公众只有通过一定的控制制度才能制约政府的代理人机会主义。新公共管理学者认为,控制政府的途径是有效信息的获取和让政府承担责任。信息的有效性则主要是指绩效和透明度。所以,从经济学角度关注的是信息的质量、获得的途径、方式等和对绩效的负责。而私营部门管理学则从所有权和经营权的分离来研究委托代理关系,公众拥有最终的所有权,而政府只是代理者。所有权者必须按照绩效对经营权者进行激励和惩罚,所以需要绩效标准、激励和惩罚制度。另外,从私营部门管理学借鉴的另一视角是将公众作为公共部门提供的公共服务的购买者,是顾客。所以,政府也应该向他们的顾客即公众负责,努力实现顾客满意度最大化。从私营部门管理学角度,新公共管理学者同样关注绩效和透明度,但同时他们还关注顾客满意度和管理控制。总之,新公共管理学对于公共受托责任的关注点是集大成的、非常多元的,但主要集中于绩效、透明度和顾客满意度。

新公共管理学的核心内容就是强调有效的管理绩效。② Romzek 和 Dubnick(1998)在《国际公共政策与行政百科全书》中是这样定义"责任"的:责任是一种关系,在这种关系中,个人或是单位在被授权的行动中,有义务向授权者回答有关授权行动绩效的问题。③ 陈敦源认为,责任机制的核心就是回应性;而责任权者与责任义务者互动时,其信息焦点是责任权者即委托人所关心的绩效问题,通常绩效信息会不对称地储存在责任义务人身上。Fulton(1968)在其报告中认为,责任管理就是要"使个人和单位对已得到尽可能客观评价的绩效负责"④。

Galligan(1997:3,OECD.2000 72—73)则认为:问责制度的设计与执行,最关键的就是信息的获取、解释与交换,没有适当的信息处理机制,就没有有效的

---

① 〔澳〕欧文·E. 休斯. 公共管理导论(第二版)[M]. 彭和平,等,译. 北京:中国人民大学出版社,2001:77.
② 世界银行专家组. 公共部门的社会问责:理念探讨及模式分析[M]. 宋涛,译. 北京:中国人民大学出版社,2007:27.
③ 陈敦源. 透明与课责:行政过程控制的信息经济分析[EB/OL]. (2013-02-01)[2020-09-02]. http://eppm.shu.edu.tw.
④ Fulton,Lord. The Report of the Committee on the Civil Service[M]. London:HMSO,1968:51.

问责机制,而透明度就是能够有效运作的主要动力。①

新公共管理学责任制度的另一个特征是以顾客为中心。"公共管理者正尝试将其与顾客的关系作为其日常职责的一部分进行管理,试图发现直接的责任渠道,在这种直接的渠道中,行政机构本身负责与顾客交往并改进自己的服务。公共部门中顾客的角色正在日益雷同于私营部门中顾客的角色。"②

Owen E. Hughes 就认为,"管理主义的责任机制并非仅仅授予管理者任务。此外还需要包括'对任务的统一规定、绩效标准、资源的适当组织与控制、监督与报告体系、激励与惩罚'(OECD1991)"③。

综上所述,"accountability"的字面意思是非常简单的;但从不同学者的视角进行深入研究和发展,其内涵是非常丰富的。从会计学家的视角看,"accountability"是代理者向委托者的说明和解释义务,一般是通过政府报告进行的。从审计学家的视角看,"accountability"是委托人对代理人控制的一种途径,主要通过审查账目来实现。从政治行政学家的视角看,"accountability"是一种责任追究机制,核心是惩罚。而新公共管理学者则强调"accountability"的核心是绩效、透明度和顾客满意度。不管是什么学科,其实发展到最后都有相互借鉴和相互融合的倾向。

前面各学科的论述基本上属于职责履行的方式、方法和追究机制。如会计学界的"信息的说明和解释",既可以看作作为代理人——政府必须履行的"职责",又可以看作履行"职责"的一种方式,而且政府"职责"的完成必须要讲究质量,绩效就是管理质量的最好办法。另外,资源的适当组织与控制、监督、审计等都是促进政府履行其"职责"的方式和途径,而惩罚和奖励机制则是"负责"的最终结果。我们也非常认同这些观点,公共受托责任的履行必须通过信息(包括绩效信息)的报告、解释,透明度的提高,绩效目标管理、资源的适当组织与控制,监督,惩罚与激励等这些方式和途径才能实现。

(二)从责任的内容和类型定义公共受托责任

对于公共受托责任的类型,国内外一般从三个方面进行分类。第一类是从政府的政治、行政、法律特征进行分类;第二类是从政府职能运行的特性分类;第

---

① 陈敦源. 透明与课责:行政过程控制的信息经济分析[EB/OL]. (2013-02-01)[2020-09-02]. http://eppm.shu.edu.tw.

② 〔澳〕欧文·E.休斯. 公共管理导论(第二版)[M]. 彭和平,等,译,北京:中国人民大学出版社,2001:275—276.

③ 〔澳〕欧文·E.休斯. 公共管理导论(第二版)[M]. 彭和平,等,译,北京:中国人民大学出版社,2001:277.

三类则是混合分类。

1. 从政府的政治、行政、法律特征进行分类

很多学者从政府固有的政治、行政、法律等特征对公共受托责任进行了分类。

B. Smith(1980)在《英国政府控制中的受托责任问题》中,将公共部门的受托责任分为三大类九小类:(1)政治受托责任。宪法方面的受托责任、地方分权方面的受托责任和协同方面的受托责任。(2)管理受托责任。企业方面的受托责任、资源方面的受托责任和职业方面的受托责任。(3)法律方面的受托责任。司法方面的受托责任、准司法方面的受托责任和程序方面的受托责任。[①]

Lawton 和 Rose(1991)则把公共受托责任分为政治责任、管理责任、顾客责任和职业责任。[②]

Romzek(1998)把公共受托责任分为官僚责任、法律责任、专业责任和政治责任。[③]

张成福(2000)在《责任政府论》一文中是这样分类政府责任的:(1)道德责任,即行政机关及其官员的生活与行为必须捍卫和坚持立国的精神、遵循基本的公民道德规范;(2)政治责任,是指行政主体的行为必须合乎人民的利益和意志;(3)行政责任,即在行政体系内部遵守法定权限、不越权,对上级机关和领导的命令有忠诚服从的义务和责任;(4)政府的诉讼责任,即接受司法机关经法人、公民申请,依法对其行为进行合法性与适当性审查的责任;(5)政府的侵权赔偿责任。[④]

安秀梅(2005)认为,责任包括:(1)道德责任,即由社会心理意识约束力而形成的责任;(2)纪律责任,即由社会团体约束力而形成的责任;(3)法律责任,即由国家法律强制力而形成的责任;(4)经济责任,即由不同经济行为及其后果而形成的责任。[⑤]

胡春艳、李贵(2012)则把公共受托责任分为民主责任、行政责任、法律责任和社会责任。[⑥]

---

① 王光远. 管理审计理论[M]. 北京:中国人民大学出版社,1996:169-170.
② Lawton, Alan and Rose, Aidan. Organization and Management in the Public Sector[M]. London: Pitman,1991:23.
③ Romzek, Barara S. Where the Buck Stops: Accountability in Reformed Public Organizations in Patricia[M]. San Francisco: Jossey-Buss,1998:197.
④ 张成福. 责任政府论[J]. 中国人民大学学报,2000(02):75-82.
⑤ 安秀梅. 论我国政府公共财政受托责任[J]. 中共南京市委党校南京市行政学院学报,2005(4).
⑥ 胡春艳,李贵. 西方问责制研究及其借鉴[J]. 中南大学学报(社会科学版),2012(3).

从上面的介绍可见,这些学者从政府固有的政治、行政、法律等特征对公共受托责任进行了分类,一般认为政府有政治责任、法律责任、行政责任(包括管理责任)等。虽然学者们的说法不一,但我们认为,纪律责任、政府诉讼责任和侵权赔偿责任等都具有明显的法律性,所以都可以归为法律责任;而经济责任、管理责任、顾客责任都是由政府的行政职能引发的,所以属于行政责任;民主责任、社会责任其实都属于政治责任。所以,如果从政府固有的政治、行政、法律特征来讨论公共受托责任,我们认为公共受托责任包括政治责任、行政责任和法律责任三大类。

2. 从政府职能运行的特性对公共受托责任进行分类

J. D. Stewart(1984)提出了著名的"梯形受托责任"理论,梯级从高到低依次是:政策受托责任(policy accountability),涉及目的和目标的内容;项目受托责任(programme accountability),系指目的和目标的实现程度;绩效受托责任(performance accountability),系指既定标准的实现程度;过程受托责任(process accountability),确保执行适当的程序并且有适当的效率;正直性和合法性受托责任(accountability for probity and legality),杜绝不法行为。[①]

王光远(1996)认为,应该把受托责任分为受托财务责任和受托管理责任。前者要求受托人尽一个最大善良管理人的责任,诚实经营,保护受托资财的安全完整,同时要求其行动符合法律的、道德的、技术的和社会的要求;后者要求受托人要合法、有效、公平地(也就是体现经济性、效率性、效果性、公平性和环保性)使用和管理受托资源。[②]

Robert D. Behn(2001)将公共受托责任分为三类:财务责任(accountability for finances)、公平责任(accountability for fairness)、绩效责任(accountability for performance)。[③]

Kevin P. Kearns(2003)提出了四种责任类型。(1)法律责任:服从;(2)协议责任:回应;(3)自由裁量责任:专业化;(4)预期责任:倡导。[④]

Jonathan GS Koppell(2005)认为,受托责任应该包括五个维度:透明度(transparency)、义务性(liability)、可控性(controllability)、职责(responsibili-

---

① 王光远.管理审计理论[M].北京:中国人民大学出版社,1996:169—170.
② 王光远.管理审计理论[M].北京:中国人民大学出版社,1996:171.
③ Robert D. Behn. Rethinking Democratic Accountability [M]. Brookings Institution Press, 2001:6.
④ Kevin P. Kearns. Accountability in a Seamless Economy, B. Guy Peter, Handbook of Public Administration, SAGE Publications, 2003:581.

ty)、回应性(responsiveness)[①]。

上面这些学者主要是从政府职能运行中必须考虑到的因素的角度进行的分类。我们认为,主要还是从政府职能运行的目标和管理需要的角度进行研究。

3. 综合考虑,混合分类

有些学者在研究了前人对公共受托责任分类的讨论后,对这方面进行了归类,并提出了自己的混合分类。

Paul G. Thomas(2003)按照责任二分法,把公共受托责任分为12对不同的责任:政治责任对行政责任;正式、客观责任对非正式、主观责任;规则/服从责任对绩效/结果责任;等级责任对非等级责任;追溯责任对预期责任;责备/惩罚责任对学习/补救责任;内部责任对外部责任;集中责任对下放责任;作为责任对不作为责任;回应政治家和公众的责任对回应客户或顾客的责任;法律责任对道德责任;形式责任对真实责任。[②]

路军伟(2005)认为,公共受托责任有两种分法:一种是政治受托责任、经济受托责任、社会受托责任、文化受托责任和教育受托责任;另一种是公共权力受托责任和公共资源受托责任。[③]

(三)我们对"公共受托责任"的定义

从前面的论述可见,各学者对"公共受托责任"这一概念既有从责任履行的方式、方法和追究机制来定义的,又有从责任的内容来定义的,但一般是从责任履行的方式、方法和追究机制来定义。我们认为,应该将两者综合起来,既要考虑责任履行的方式、方法和追究机制,更要考虑责任的内容。而对于内容的探讨,学者们一般是从分类展开的。我们把这两者结合起来定义"公共受托责任":"公共受托责任"就是公共组织及其公职人员接受公众委托,在执行政治、行政、法律等职能的过程中,必须负有的对公众报告信息、追求绩效、回应民众、管理控制资源等的责任,以求达到透明、效率、公平的目的,最后对没有达到目标、完成责任的公共组织及其公职人员按照法律进行惩罚性问责。

四、公共财政责任是公共受托责任的主要组成部分

Uhr(1993)认为,"公共受托责任"的词源可追本溯源到公共财政支出必须

[①] Jonathan GS Koppell. Pathologies of Accountability:ICANN and the Challenge of "Multiple Accountabilities Disorder"[J]. Public Administration Review,Vol. 65,No. 1,2015:96.

[②] B. Guy Peter. Handbook of Public Administration[M]. SAGE Publications,2003:552.

[③] 路军伟. 基于公共受托责任的双轨制政府会计体系研究[D]. 厦门:厦门大学博士论文,2007:53.

是可核实的与可控制的这一要求[①]。后来,随着理论研究和实践的深入,"公共受托责任"的概念才被不断地丰富化。从 Uhr 的观点可见,公共财政责任是公共受托责任固有的最早的内容。

安秀梅(2005)认为,"政府公共财政受托责任是指通过宪法和法律授予的、政府在管理和经营公共财政资源过程中必须承担的、向社会公众及服务对象报告公共资源管理和运营情况的责任"[②]。

刘春华(2005)认为,"政府财政责任就是行政主体及其工作人员应履行的与其财政权相适应的职责与义务,以及没有履行或者违反法律规定的义务,或者违法行使财政权利所承担的否定性后果"[③]。

按照委托代理理论,公众委托给公共部门的公共权力是非常多样化的,其中包括财政权。财政权包括财政收入的筹集权、财政支出的使用权以及对财政收支的监督权。我们认为,"公共财政责任"就是公共部门及其公职人员接受公众委托的财政权,在执行政治、行政、法律等职能的过程中,必须负有的对公众报告财政信息、追求财政绩效、回应民众、管理控制财政资源等的责任,以求达到透明、效率、公平的目的;最后对没有达到目标、完成责任的公共组织及其公职人员按照法律进行惩罚性问责。公共财政责任具有公共受托责任的所有特性,如报告性、回应性、透明度、控制性、绩效性、惩罚性等;公共财政责任也可以从政治、行政和法律三个角度进行分类;但更为关键的是,我们认为公共财政责任的核心内容是公共部门及其公职人员行使财政权的最终目标——财政资金的透明、效率、公平。

第二节 公共财政责任

正如前文分析,我们认为,"公共财政责任"就是公共部门及其公职人员接受公众委托的财政权,在执行政治、行政、法律等职能的过程中,必须负有的对公众报告财政信息、追求财政绩效、回应民众、管理控制财政资源等的责任,以求达到透明、效率、公平的目的;最后对没有达到目标、完成责任的公共组织及其公职人

[①] Uhr, John. Redesigning Accountability: From Muddles to Maps[J]. Australian Quarterly, Winter, 1993:1—16.
[②] 安秀梅. 论我国政府公共财政受托责任[J]. 中共南京市委党校南京市行政学院学报, 2005(4).
[③] 刘春华. 政府财政责任研究[D]. 北京:中国政法大学硕士论文, 2005:13.

员按照法律进行惩罚性问责。其关键内容是公共部门及其公职人员行使财政权的最终目标——财政资金的透明、效率、公平。

一、财政资金的透明度

公共财政责任目标中最核心的就是财政资金的透明度。只有透明的财政信息,才能让公众了解财政资金的使用绩效和政府管理控制财政资源的具体情况,才能算是合理地回应了民众,也才能根据财政资金的使用绩效对公共部门及其公职人员行使问责机制。

最早提出财政透明度概念的是 Kopits 和 Craig,他们将财政透明定义为:最大限度地公开政府的结构和职能、财政政策的目的、公共部门的账目以及政府项目。有关政府活动的信息要可靠、全面、易懂,并具有国际比较性,这些信息的获取没有难度。这样,公众和金融市场就可以准确地评估政府的财政状况和政府活动的成本及收益,并判断其对未来社会经济发展的意义。[①] Kopits 和 Craig 认为,财政透明度包括:制度透明度、会计透明度和指标与预测的透明度。制度透明度,是指对政府财行为进行全面制度界定,包括政府结构和功能、预算过程、绩效评价和财务审计结果、税收等。会计透明度,是指向公众披露政府相关财务会计信息,包括一般政府基金等预算内资金、社会保障基金等预算外资金和其他准财政活动等财务会计信息。指标与预测的透明度,是指政府应公布与财政平衡相关的若干指标以及政府总负债和净负债等与财政相关的指标,还应公布对一些财政分析性指标的测算。[②]

IMF 在 1998 年通过了《财政透明度良好做法守则——原则宣言》(简称为《财政透明度守则》)和《财政透明度手册》[③],并在 2001 年、2007 年进行了两次修订。2014 年 IMF 重新修订了《财政透明度守则》的前三部分[④],2018 年修订了《财政透明度手册》的前三部分,2019 年对《财政透明度守则》和《财政透明度手册》的第四部分进行了增补。1998 年 IMF 发布的《财政透明度守则》从作用和责任的澄清,公众获得信息的难易程度,预算编制、执行和报告的公开,对真实性

---

① 上海财经大学公共政策研究中心. 2009 中国财政透明度报告——省级财政信息公开状况评估[M]. 上海:上海财经大学出版社,2009:42.
② 李燕. 财政预算透明度提升的环境基础研究报告[M]. 北京:中国社会科学出版社,2011:1.
③ 《财政透明度手册》是对《财政透明度守则》的解释。
④ 《财政透明度守则》和《财政透明度手册》各分为四部分。

的担保四个方面提出了财政透明度的基本要求和财政透明度的最佳做法。[①]2007 年 IMF 重新更新了《财政透明度守则》。其主要内容包括:(1)明确职责。一是明确政府与商业活动的界限,二是明确财政管理的法律框架。(2)公开预算程序。包括确保预算编制、实施和监督过程透明度的核心做法。(3)方便公众获取信息。强调了全面公布财政信息的重要性。(4)确保真实性。涉及财政数据的质量以及独立审查财政信息的必要性。[②] 2014 年 IMF 再次更新了《财政透明度守则》的前三部分:(1)财务报告。财务报告应该提供综合的、相关的、及时的和可靠的政府财务状况和绩效。(2)财务预测和预算。预算和预算暗含的财务预测应该能提供清楚的政府预算目标和政策意图,综合的、及时的和可信的财政发展预测。(3)财政风险分析和管理。政府应该披露、分析和管理财政风险,确保公共部门之间进行有效的财政决策合作。这三个方面,每个方面都提供了原则和基本的(basic)、良好的(good)和优秀(advanced)的三种做法。[③] 2019 年 IMF 增补了《财政透明度守则》的第四部分,"资源收入管理"。政府从自然资源勘探和开采活动中获得的收入应以公开透明的方式收集、管理和支付。[④]

2002 年公布的《经济合作与发展组织预算透明度最佳做法》(简称《最佳做法》)主要包括预算报告,特殊的信息披露,诚实、控制和问责等一系列最佳做法;主张及时、全面和系统地公开所有相关的财政信息。[⑤] 自 2015 年以来,《最佳做法》在 OECD《预算管理建议》中得到体现和更新,该建议就预算编制、管理及其与良好公共治理其他方面的联系提供了全面、综合的指导。

我们认为,公共财政责任所追求的财政透明度包括内容透明、过程透明和质量透明。政府不仅要最大限度地公开政府的结构和职能、财政政策的目的、公共部门的账目以及政府项目,而且应该包括财政资金运动过程和资金运作绩效、问责等结果的公开,并对财政风险进行分析和管理;同时,确保信息的相关性、真实性、及时性、可理解性、可比性和便利获得性等质量要求。

---

① 国际货币基金组织.财政透明度[M].北京:人民出版社,2001:6—10.
② 财政透明度守则 2007[EB/OL].(2014-12-22)[2020-09-02]. http://www.imf.org/external/np/pp/2007/eng/101907m.pdf.
③ 财政透明度守则 2014[EB/OL].(2014-12-22)[2020-09-02]. http://blog-pfm.imf.org/files/ft-code.pdf.
④ 财政透明度守则 2019[EB/OL].(2014-12-22)[2020-09-02]. https://www.imf.org/external/np/fad/trans/Code2019.pdf.
⑤ 经济合作与发展组织预算透明度最佳做法[EB/OL].(2014-12-22)[2020-08-01]. http://www.oecd.org/dataoecd/33/13/1905258.pdf.

二、财政资金的效率

不同的学科对效率的研究也各有不同,但都有着异曲同工的妙处。

(一)经济学的效率

经济学界对效率的研究由来已久,最初是由 Adam Smith 提出的。在经济学界,效率理论包括帕累托效率理论、X 效率理论、交易费用最小化理论等。

1. 帕累托效率理论

意大利经济学家和社会学家 Pareto 是这样定义效率的:对于某种经济资源的配置,如果不存在其他生产上可行的配置,使得该经济中所有个人至少和他们在初始时情况一样良好,而且至少有一个人的情况比初始时严格更好,那么这个资源配置就是最优的。[①]

帕累托效率必须同时符合生产效率、交换效率和产品组合效率。在既定的资源和技术下,产出达到最大化,没有资源的闲置和浪费,技术运用达到最合理的程度,也就是说,每一种产品的生产都是以最小的投入达到最大的产出。达到这一状况就符合生产效率。消费者之间的产品边际替代率相等,即让每一种产品都物尽其用,让相对来说最需要它的人来消费它,才能最大限度地发挥功效。满足这一条件的资源配置状况就符合交换效率。当产品的边际转换率等于每一个消费者的产品边际替代率时,就达到了产品组合效率,也就是说,各种产品的生产和消费应符合一定的比例关系,在市场经济中,这种比例不再是由政府计划者的偏好来决定,而是由所有消费者的要求和愿望来决定。[②]

2. X 效率理论

X 效率理论是美国经济学家 Leibenstein 于 20 世纪 60 年代提出来的,通过大量的实证研究,他发现配置效率导致的效率损失非常微小,而企业组织能力、员工工作态度等方面的因素对一家企业的效率影响则非常巨大,因为对导致效率差异的这些因素的认识还不明确,就像是一个未知数,所以将这种效率定义为 X 效率。[③]

Leibenstein(1979)认为,X 效率与 X 低效率是一对相互对应的概念。在 X 效率状态下,在所有与管理技能相联系的各种未知都存在的条件下,厂商从既定数量的资源中能够取得最大可能产出,这与经济的一般状态是一致的。而 X 低

---

① 〔英〕约翰·伊特韦尔,等.新帕尔格雷夫经济学大辞典[M].北京:经济科学出版社,1996:868.
② 蒋洪.公共经济学[M].上海:上海财经大学出版社,2011:17—22.
③ 毕泗锋.经济效率理论研究述评[J].经济评论,2008(6).

效率是指在一些企业组织中,存在着一种非配置低效率,即由于管理行为中的缺陷或不足而导致的实际产出与最大产出之间出现缺口。这一理论的主要观点包括:(1)提出了一种与传统的微观经济学截然相反的观点,即个体不是像传统经济学所认为的"理性经济人",而是"有选择理性"的个体。Leibenstein 认为,传统的微观经济学假设企业是利润极大化和成本极小者,即企业从给定的投入获得最大的产出。X 效率理论试图更广泛地研究企业及个人的工作动机及其努力的心理基础,从而说明管理当局如果没有遵循人的行为规律,就不会产生极大化行为,即形成了 X 低效率。(2)职工的工作动机决定他们的努力程度,努力程度决定工作绩效。职工在没有压力的环境中,不会产生积极的工作动机。压力的产生又来自多方面的因素,如企业内部的激励机制,职工对企业环境的认识(企业受到政府的保护、企业处于垄断地位等),职工对其工作任务的责任感,组织中的官僚主义等。(3)不完全竞争的市场结构会使垄断企业产生低配置效率,也会产生由于缺乏动机而造成的有机会不利用的 X 低效率。由于垄断企业可以通过控制价格,无须成本最小化就能实现可以接受的利润水平,因此,企业就不会产生如果不降低成本和价格就要被淘汰的压力,职工也不会产生危机感、成就感和责任感,其结果必然导致 X 低效率。[①]

3. 交易费用最小化理论

Coase(1937)是最早运用交易费用(交易成本)进行研究的经济学家之一。Coase 认为,市场和组织的局限可能来自价格机制本身的运行成本,这是一种交易成本。[②] Arrow K. J. 是第一个使用"交易费用"术语的人,他指出:"市场失灵并不是绝对的,最好能考虑一个更广泛的范畴——交易成本范畴,交易通常妨碍——在特殊情况下则阻止了——市场的形成。"Arrow K. J 从"交易活动是构成经济制度的基本单位"这一制度经济学的根本认识出发,把"交易费用"定义为"经济系统的运行费用"[③]。而这一运行费用是由于市场机制的不完全性产生的。Williamson 等人进一步完善了交易费用经济学理论框架。

Williamson(1985)在其代表作《资本主义经济制度:论企业签约与市场签约》一书中指出:任何问题,不管是否由签约问题引起,都可以看作签约的问题,都可以用"交易费用"的概念来检验。[④] Williamson 将"有限理性"和"投机"作为

---

① 周菲. X 效率理论与政府行为[J]. 辽宁大学学报,1996(4).
② Coase, R. H. The Nature of the Firm[J]. Economica,1937(4):386—405.
③ 吴美华. 区别性公共预算模式及其适用性研究[M]. 南京:南京大学出版社,2013:41.
④ 〔美〕奥利弗·E. 威廉姆森. 资本主义经济制度:论企业签约与市场签约[M]. 北京:商务印书馆,2002:4.

两种行为假设并认为"交易费用在经济中的作用相当于物理学中的摩擦力"[①]。由于有限理性的假设,交易是不完备契约;又由于机会主义(投机)的存在,交易过程中就存在事前的交易费用和事后的交易费用。合同签订之前的交易费用就是指草拟合同、就合同内容进行谈判以及确保合同得以履行所付出的成本。签订合同后的事后成本有四种:一是不适应成本,即当交易行为逐渐偏离了合作方向,造成交易双方互不适应的那种成本;二是讨价还价成本,即如果交易双方想纠正事后不合作的现象,需要讨价还价所造成的成本;三是建立及运转成本,即为解决合同纠纷而建立治理结构(往往不是法庭)并保持其运转,也需要付出成本;四是保证成本,即为了确保合同中各种承诺得以兑现所付出的成本。[②] Williamson 还认为,交易的属性不同,相应的治理结构即组织成本与权能也就不同,因此就形成了交易与治理结构的不同配比(主要是为了节省交易费用)。而描述交易主要有三个常用的维度:频率、不确定性和资产专用性。[③]

"从广义上来界定交易成本,其范围确实很广,它包括律师、金融制度、警察、经纪人、企业家、经理、文职员、佣人等的收入,也就是说,除了那些与物质生产和运输过程直接有关的成本以外所有可想到的成本都是交易成本。"张五常(1999)也认为,"通过制度的重新安排是有可能减少交易费用的"[④]。

Furubotn E. G. 和 Richter R. 认为,相对于正式制度,交易费用是来自建立、使用、维持和改变法律意义和权力意义上的制度所涉及的费用。他们还进一步认为,是由于存在与基础性正式制度相关联的非正式活动,出现了额外的交易费用。交易费用可分为市场型交易费用、管理型交易费用和政治型交易费用。使用市场的费用是市场型交易费用,企业内部发号施令的费用是管理型交易费用,政治体制中制度框架的运行和调整所涉及的费用是政治型交易费用。这三种类型的交易费用都有两个变量:一是固定的交易费用,即建立制度安排所作出的具体投资;二是可变的交易费用,取决于交易的数目或规模的费用。市场型交易费用包括搜寻和信息费用、讨价还价和决策费用、监督和执行费用。管理型交易费用包括建立、维持或改变一个组织的费用,组织运行的费用(包括信息费用和与有形产品和服务在可分的技术界面之间转移有关的费用)。政治型交易费用与

---

① 〔美〕奥利弗·E. 威廉姆森. 资本主义经济制度:论企业签约与市场签约[M]. 北京:商务印书馆,2002:31.
② 〔美〕奥利弗·E. 威廉姆森. 资本主义经济制度:论企业签约与市场签约[M]. 北京:商务印书馆,2002:33—35.
③ 〔美〕奥利弗·E. 威廉姆森. 资本主义经济制度:论企业签约与市场签约[M]. 北京:商务印书馆,2002:539—543.
④ 张五常. 交易费用的范式[J]. 社会科学战线,1999(1).

管理型交易费用类似,也包括建立、维持和改变一个体制中正式和非正式政治组织的费用和政体运行的费用。Furubotn E. G. 和 Richter R. 还认为,管理型交易费用和政治型交易费用可以理解为代理费用,由于代理人机会主义行为的存在,代理费用就由委托人的监督费用、代理人的担保费用与剩余损失三部分组成。剩余损失就是代理人的决策与实现委托人福利最大化的决策之间存在的一些差异。[①]

从 Coase 到 Williamson 到张五常和 Furubotn E. G. 及 Richter R.,大家都试图对交易费用进行定义,并建立一个交易费用分析的范式。虽然各位经济学家的视角不同,但对交易费用的认同有一个共性,即交易费用是一种机会成本,是一种与社会经济运行和制度有关,与纯生产技术成本不是密切相关的机会成本。只要对不同的交易类型进行不同的制度设计,交易费用就可以最小化,从而提高效率。

而将交易费用分析范式带入政治领域的则是 North。1981 年,North 发表了《经济史上的结构与变迁》。在此书中,North 开始关注制度的低效率及其原因,并建立了一个新古典国家理论,将交易费用视为一个理解国家行为的变量。1990 年,North 发表了论文《交易费用政治学》,标志着交易费用政治学正式诞生。[②] North 主要关注的是交易成本的一个特殊方面,他认为政治过程中参与者的"工具理性"失灵,参与者由于信息不足以至于他们认识世界运转的理论不正确,影响了个体的决策,反过来影响了政治过程的结果以及它所形成的信息。因而 North 认为,政治市场比经济市场更多地被交易费用所困扰,它的运行更没有效率。Avinash K. Dixit 也认为:"类似的或更为重要的交易成本则广泛存在于政治关系之中,并影响政治的结果。"[③]财政资金通过预算进行管理既是经济管理行为,又密切涉及政治决策,所以财政资金具有的公共交易特性使得财政资金管理过程中同样充满了更多的交易费用,如何通过预算体系的设计降低交易费用以提高财政资金的使用效率也正是我们所要追求的财政资金效率的主要内涵。美国的 Eric M. Patashnik 在 2000 年出版了《美国预算中的信托基金》,就是运用交易费用政治学的框架分析了五种不同的信托基金,并在 1996 年提出:因为不同的预算交易类型的特征不一样,治理结构也应该不一样,而预算中的治

---

① 〔美〕埃里克·弗鲁博顿,鲁道夫.芮切特.新制度经济学——一个交易费用分析范式[M].上海:上海三联书店、上海人民出版社,2006:57—67.
② 马骏.交易费用政治学:现状与前景[J].经济研究,2003(1).
③ 〔美〕阿维纳什·K.迪克西特.经济政策的制定:交易成本政治学的视角[M].北京:中国人民大学出版社,2004:6.

理结构有着不同的绩效特征,这就意味着,在预算制度的设计中必须进行"区别性组合"①。Eric M. Patashnik(1996)较系统地将交易费用分析范式带入了预算领域,对我们的这次研究具有很直接的借鉴作用。

综上所述,经济学虽然有三种不同的效率理论:帕累托效率理论、X效率理论和交易费用最小化理论,但三者其实并不冲突。帕累托效率理论更注重经济资源配置成本,但忽视了制度的成本;而交易费用理论则主要研究社会制度(广义制度,即包括正式的制度安排和非正式的制度环境)建立、运行、维护和监督等各方面的成本。所以,两者相互补充就更完善、更全面了。而 X 低效率其实就是一种交易费用的具体表现。所以,我们认为公共财政责任所追求的财政资金效率应该既包括资源的配置效率,又包括财政制度(广义制度)的交易成本最小化,从而从两个方面共同达到财政资金效率。

(二)公共行政学的效率

在公共行政学领域,对于效率的理解较统一。一般采用 Allen Schick(2001)在论述公共支出管理的基本目标时提到的资源配置效率和营运效率。Allen Schick(2001)认为,另外一个基本目标是总额控制。这三个基本目标也是我国学术界认可的公共预算目标。配置效率是指政府应该将资源增量引导至新的更优先的项目,同时也应该将资金从低价值的项目转到高价值的项目上去。运营效率是指政府应该提高支出机构提供服务的生产效率,从而降低政府购买货物和服务的成本。②

从 Allen Schick 的论述看,资源配置效率和运营效率都更多地倾向帕累托效率,但还没有完全包括对交易费用的考虑。

我们认为,Allen Schick 的总额控制目标的实质是实现宏观经济的稳定发展,这也可以理解为效率的组成部分。因为从长远和整体看,经济的不稳定增长最终会影响一个国家或一级政府的经济效率。

(三)财政资金效率内涵的界定

结合经济学和公共行政学的观点,我们认为公共财政责任中的财政资金效率包括帕累托效率、交易费用最小化和宏观经济的稳定增长。但在具体分析政府预算体系的效率时,我们还是将帕累托效率分为了资源配置效率和营运效率,因为这样更有利于深入分析政府预算体系的效率。

---

① Patashnik,Eric. The contractual nature of budgeting[J]. Policy Science,1996. Vol . 29:189—212.

② Allen Schick. The Changing Role of the Central Budget Office . OECD[J]. Journal on Budgeting. 2001:14.

三、财政资金使用的公平

世界银行(2006)在其《2006世界发展报告:公平和发展》中定义了"公平",其认为,"公平"就是机会均等,认为"公平"应有两个基本原则:一是机会公平,一个人一生中的成就应取决于其本人的才能和努力,而这两个因素是可控的;二是任何人都有享受健康、教育和消费的权力。[1] 在我国财政学界被普遍采用的"公平"概念主要是蒋洪《公共经济学》所论述的"公平"。蒋洪认为,公平分为三种:一种是规则公平,一种是起点公平,一种是结果公平。规则公平就是所有社会成员参与竞争的规则必须是公平的。起点公平是对规则公平的补充,主张起点公平的人认为,不仅竞争过程中的规则要公平,而且竞争的起点也应该公平。而结果公平强调生产成果在分配上的均等,强调各社会成员之间所拥有收入份额的相对关系。公共经济学一般将结果公平作为收入分配的理想状态。[2] 这也是西方福利经济学家普通接受的观点。

持有不同公平观的公共管理者在制定公共政策时,虽然都是追求社会福利最大化,但对于社会福利最大化的理解是不同的,根据对社会福利最大化理解的不同,又可以分为四种观点:一是功利主义,二是罗尔斯主义,三是折中主义,四是平均主义。

功利主义者认为,社会福利水平就是社会所有成员效用的简单相加,每个人不管是富人还是穷人,他们的每一单位效用对社会福利水平的贡献是等价的。所以,持有这种观点的公共政策制定者,只关心公共政策所导致的社会福利水平的提高,而不管这种福利水平是谁贡献的,因为穷人与富人的效用的增加对社会福利水平的贡献是一样的。这样在制定公共政策时,就不会多关注穷人效用的提高。

罗尔斯主义则正好相反。罗尔斯主义者认为,社会福利水平的高低不是所有社会成员的效用的简单相加,应该完全取决于状态最糟糕的人的效用的提高。所以,只要穷人的效用增加了,哪怕富人的效用减少了,罗尔斯主义者还是认为社会的福利水平得到了提高。所以,持有这种观点的公共政策制定者,只关心穷人效用的提高,在制定公共政策时,就只关注穷人的效用,而无视富人的任何效用变动。

---

[1] 刘健.基于社会公平的公共政策研究[D].北京:中共中央党校研究生院博士论文,2008:24.
[2] 蒋洪.公共经济学[M].上海:上海财经大学出版社,2011:22—24.

折中主义则正好介于上述两者之间,他们认为,既应该承认穷人效用提高对社会福利水平上升的贡献,又应该适当承认富人效用提高对社会福利水平上升的贡献。他们认为,富人的效用只要大到一定的程度就能等同于穷人一单位的效用。所以,富人的效用和穷人的效用具有可替代性,只不过富人一单位的效用对社会福利水平的贡献率要低于穷人一单位效用对社会福利水平的贡献率。所以,持有这种观点的公共政策制定者,对穷人和富人效用的提高都会关注,但对穷人的关注会大于对富人的关注,但不会像功利主义那样一视同仁,也不会像罗尔斯主义那样只关注穷人。

　　与前三种观点不同的是平均主义,他们认为,社会福利水平与社会各成员的效用没有任何关系,它只是取决于社会各成员效用水平的相对关系。所以,如果公共政策制定者持有的是平均主义,他会更关注社会成员之间效用水平的相对性,而不是简单的某一类社会成员效用的提高与否,以及提高的幅度。

　　前面分析的都是代内公平,实际上,公平也会涉及代际公平。政府的政策有时不仅会涉及当代人之间的收入再分配,而且会涉及代际的收入再分配。而前面提到的研究都是基于当代人之间的公平,即代内公平。本书研究的是财政资金的公平,我们采用代内的结果公平作为财政资金追求的目标,将折中主义作为财政政策和财政管理的价值观。我们并不认同代际收入再分配,我们认为一代人应该为自己一代人负责,承担自己一代的财政支出,这样才是代际公平。本书所讨论的公平特指当代人内部的结果公平,简称代内结果公平。在没有明确标出的情况下,本书中的公平指的是代内结果公平。

　　效率与公平有时是矛盾的,特别是与结果公平。但是作为最好的制度,最好既能达到效率最大化,又能达到结果公平。但显然这是过于理想化的,所以我们只能追求两者最和谐的相处。按照福利经济学的"无知面纱"理论,只有在"无知的面纱"下,公共政策所达到的社会目标才是最公平的,社会福利水平也才是最大的。因为如果政策制定者知道自己所处的境况,就会根据自己的境况来选择是采用罗尔斯主义还是功利主义等。所以,只有当所有人都处于"无知的面纱"下,他们的选择才具有公正性和客观性。

第三章 政府预算体系与公共财政责任

在第二章中,我们论述了责任、公共受托责任以及公共财政责任的概念和属性,明确了公共财政责任是公共受托责任的一部分,而公共财政责任的核心是公共部门及其公职人员行使财政权所要达到的最终目标——财政资金的透明、效率、公平,并对财政资金的透明、效率和公平也进行了论述和界定。那么,在本章,我们将论述在这种最终目标指导下,作为财政管理的途径之一的政府预算体系应该是如何被设计的,从而有助于财政资金透明、效率和公平这些财政终极目标的实现。

第一节 政府预算体系与财政透明度

IMF1998年和2007年的《财政透明度守则》和手册虽然有所不同,但主体大抵可以分为政府的作用、责任的厘清,公众获得信息的便捷,预算程序①的公开以及信息的真实性四个部分。2014年的《财政透明度守则》和OECD 2002年的《预算透明度最佳做法》也都提到了预算报告、预算程序以及其他保障信息真实的措施。借鉴这些国际经验并结合预算理论,我们认为,为了实现财政透明度,政府预算体系应该做到以下四点:首先应该明确政府预算体系的范围;其次应该明确政府预算报告的内容;再次是确保政府预算体系管理过程中的透明;最

---

① 这里的"程序",包括会议等现场。

后是保障政府预算体系透明的信息质量要求,如真实性、可比性、可理解性、及时性和获得的便捷性等。从本质上看,明确政府预算体系的范围和明确政府预算报告的内容属于内容透明,确保政府预算体系管理过程的透明属于过程透明,而保障政府预算体系透明的信息质量要求实际上属于质量透明。

一、政府预算体系的范围与财政透明度

财政要透明,首先应该明确要透明的资金的范围。对于所有权属于政府的资金,一般没有什么歧义,除非涉及国家安全,都应该属于政府公开透明的范围。但对于所有权模糊的资金(如事业单位的事业收入、公众上缴的社保金和国企的融资金等)是否应该属于公开透明的范围,各界理解各异。另外,虽然大家一致认为所有权属于政府的资金都是财政资金,都应该公开,但对政府的范围也有不同的理解。

(一)资金范围的全面性

1. 2014 年 IMF 的《财政透明度守则》

2014 年 IMF 的《财政透明度守则》在其第一部分"财务报告"和第二部分"财务预测和预算"中都提到了财务报告的范围和预算的范围。[①]

(1)财务报告的范围

原则:按照国际标准,财务报告应该覆盖与公共活动有关的所有单位。

基本做法:按照国际标准,财务报告应合并所有中央政府单位。

良好做法:按照国际标准,财务报告应合并一般政府单位,并报告每个子部门。

优秀做法:按照国际标准,财务报告应该合并所有公共部门单位并报告每个子部门。

(2)预算的范围

原则:收入、支出和所有中央政府机构的融资(这里的融资是指资金来源)都应该在预算文件中提交和被立法机关授权。

基本做法:预算文件应涵盖所有国内税收收入、支出和中央政府各部门及机构的融资。

良好做法:预算文件应涵盖所有国内税收收入、非税收入、支出、中央政府各

---

① 国际货币基金组织. 财政透明度守则 2014 版[EB/OL]. [2020-08-01]. http://blog-pfm.imf. org/files/ft-code.pdf.

部门和机构的融资,以及预算外基金(extra-budgetary funds,也翻译为额外基金,下同)。

优秀做法:预算文件应涵盖国内和国外的收入、支出、中央政府各部门和机构的融资、预算外基金和社会保障基金。

2. 2007年IMF的《财政透明度守则》

2007年IMF《财政透明度守则》的第三部分"方便公众获得信息"规定:预算文件(包括决算)以及公布的其他财政报告应该涵盖中央政府预算和预算外的全部活动;预算文件应对中央政府的税收支出、或有负债以及准财政活动的性质及其财政意义予以说明,并对其他所有重大财政风险予以评估;年度预算报告应将所有重大税收来源的收入(包括与资源有关的活动以及国外援助)单列;中央政府应公布其债务、金融资产、重大非债务责任(包括退休金、担保风险和其他合同义务)以及自然资源资产的水平及构成。[1]

3. OECD的《经济合作与发展组织预算透明度最佳做法》

《经济合作与发展组织预算透明度最佳做法》中提道:"预算透明度应该被定义为,所有相关的财务信息应及时和系统地被全面披露。预算应该是全面的,包含全部的政府收入和支出。"[2]该做法还提到了预算报告的特殊披露,包括税收支出、金融资产和金融负债、非金融资产、雇员的养老金负债、或有负债。

从IMF2014的《财政透明度守则》和OECD的《经济合作与发展组织预算透明度最佳做法》的上述规定可以看出,两个组织都主张将政府的全部收支和融资资金纳入预算报告的各种文件中,同时强调将预算外基金、养老金等社会保险基金和税收支出等都纳入预算报告。

4. 资金范围全面性的界定

从上文的论述可见,不管是IMF还是OECD,都认为政府的预算文件应该体现政府的全部收支、债务收入、税收支出等隐性收支,还应该包括预算外基金和社会保险基金收支。我们认为,除上面提到的收支应该包括在预算体系中外,公共企业的一些准财政活动也会引起公共资源的变化,这些准财政活动未能直接体现在政府预算资金的直接变化上,但会间接影响政府的收入和支出,所以准财政活动也应纳入预算体系。预算体系的资金范围应具体包括:(1)政府的全部收入和全部支出,包括预算内基金、预算外基金;(2)税收支出等隐性收支;(3)准

---

[1] 国际货币基金组织.财政透明度手册2007版[EB/OL].[2020-08-01]. http://www.imf.org/external/np/fad/trans/chi/manualc.pdf.

[2] OECD.经济合作与发展组织预算透明度最佳做法[EB/OL].[2020-08-01]. http://www.oecd.org/dataoecd/33/13/1905258.pdf.

财政活动;(4)政府各部门和机构的融资;(5)社会保障基金;(6)金融资产、非金融资产、雇员的养老金负债、或有负债等。

(二)公共部门和政府的界定

对"政府的全部收入和全部支出"的认定,关键是对政府的界定。什么样的部门是政府部门?只有界定清楚政府部门,才能厘清政府收入和支出。IMF1998年和2007年的《财政透明度手册》界定了政府的范围和财政管理的框架。① 由于准财政活动涉及除政府外的其他公共部门,因此我们同样必须界定清楚其他公共部门。

如图3.1所示,公共部门包括各级政府部门和公共法人机构。公共法人机构主要分为两类:非公共金融法人机构与公共金融法人机构,后者包括货币公共法人机构(中央银行)和非货币公共金融法人机构。

```
                    公共部门
                   /        \
              各级政府      公共法人机构
                |          /          \
            中央政府    公共金融法人   非公共金融法人
                |        机构            机构
            州(邦)政府    |
                |      货币公共法人机构,包括中央银行
            地方政府      |
                       非货币公共金融法人机构
```

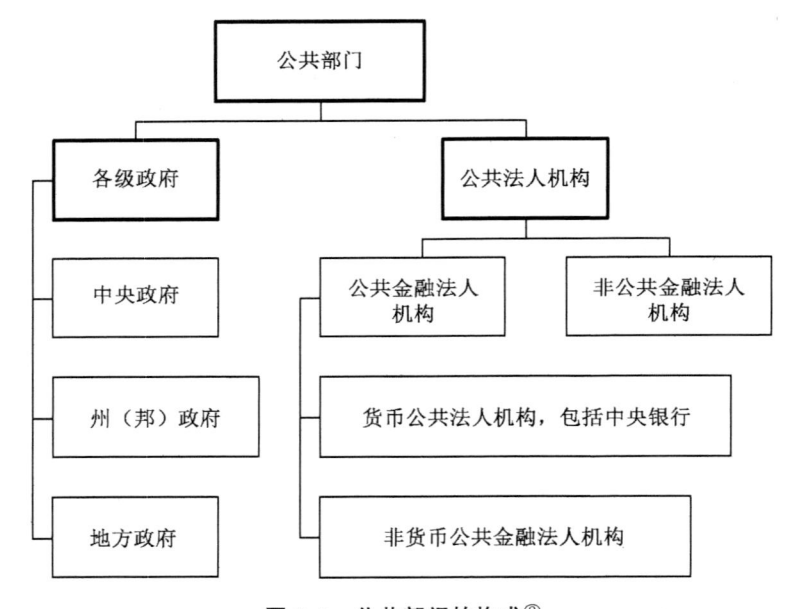

图3.1 公共部门的构成②

---

① 国际货币基金组织.《财政透明度手册》2007版[EB/OL].[2020-08-01]. http://www.imf.org/external/np/fad/trans/chi/manualc.pdf.

② 国际货币基金组织.《财政透明度手册》2007版[EB/OL].[2020-08-01]. http://www.imf.org/external/np/fad/trans/chi/manualc.pdf.

1. 各级政府部门

各级政府部门应该包括行使政府职能的政府单位和资金主要来源于政府的非营利机构。前者的资金来自政府,所以是否是政府部门应以资金来源和非营利性为判断依据。只要同时符合这两个特征,就是政府部门,也就是说,政府部门一般具有这两个特征:

(1)资金主要来源于政府。以行使政府职能为其主要活动的国家和地方机构单位,即政府单位,其资金来源主要是税收。但有些公共服务或准公共服务由于政治压力、法律等种种原因不能由政府单位直接提供,而由非市场非营利的机构进行提供,这些机构也不可能通过市场筹集主要资金,所以其资金主要是由政府通过各种转移、专项收入和其他政府来源提供。

(2)非营利性。不管是政府单位还是非营利机构,都是不以营利为目的的。政府单位直接提供公共服务和公共产品。非市场非营利机构提供的往往是准公共服务和准公共产品,也无法通过市场获得补偿资金,更不可能获得利润。政府提供给政府单位和非营利机构的资金只能弥补或大部分弥补其成本,这些机构不可能以营利作为其目标。

正因为如此,2001 年 IMF 的《政府财政统计手册》(Government Finance Statistics Manual,GFSM)将广义的政府部门定义为:广义的政府部门包括所有政府单位,以及所有由政府单位控制并主要由政府单位提供融资的非市场非营利机构。[1]

2. 公共法人机构

公共法人机构主要分为两类:非公共金融法人机构与公共金融法人机构,后者包括货币公共法人机构(中央银行)和非货币公共金融法人机构。政府拥有公共法人机构全部或部分所有权,一般财政活动由政府实体执行,但一些非商业的准财政活动则由公共法人机构执行。那么,什么是准财政活动呢?公共法人机构按照行政决定实行的,对公共资源产生影响的活动,但这些活动不会直接体现为财政收支的增减,而且不被记录在传统的正式预算和预算报告中,立法机构和公众也就无法进行监督,这样的活动就是准财政活动。

(1)中央银行

中央银行进行的很多活动属于准财政活动,包括补贴贷款、定向贷款等金融体系业务和多重汇率、进口保证金等外汇体制业务。这些业务虽然不是政府直

---

[1] 国际货币基金组织.《政府财政统计手册》2001 版[EB/OL].[2020-08-01]. http://www.imf.org/external/pubs/ft/gfs/manual/chi/pdf/all.pdf.

接的财政活动,但这些活动对经济会产生同样重要的影响。为了配合货币活动,政府会对财政活动进行相应的调整,进而影响财政收入和支出。这些活动也会影响中央银行的营业差额,进而影响公共资源和财政收支。

(2)非货币公共金融法人机构

这里的非货币公共金融法人机构包括国有商业银行、公共政策性银行、国有保险公司、国有证券公司等除中央银行外的国有金融机构。非货币公共金融法人机构的准财政活动也较多元化,如国有银行会按照行政命令按低于市场利率的利率将资金提供给特定的个人和机构,国有证券机构在股市中的"救市"行为等。这些非货币公共金融法人机构的准财政活动也反映了政府活动的范围和性质,都会影响到公共资源,甚至财政收支。

(3)非公共金融法人机构

非公共金融法人机构是指政府拥有全部所有权和部分所有权的非金融的公共法人机构。在很多时候,政府会要求这些非公共金融法人机构提供准财政活动,如按高于合理市场价或低于合理市场价提供自然垄断产品。高于合理市场价时,利润增加;而低于合理市场价时,利润减少。这些不仅影响了非公共金融法人机构的利润,而且反映了政府活动的范围和性质,也会影响到公共资源和财政收支。

按照前文的论述,我们不仅要将政府全部收支纳入预算,而且应将公共法人机构的准财政活动纳入预算体系。

二、政府预算报告的内容与财政透明度

前面我们已经论述了政府预算体系应包括的资金的范围,并对政府进行了界定,对准财政活动的主体——公共法人机构也进行了论述。前文我们认为,预算体系的资金范围应具体包括:政府的全部收入和全部支出,包括预算内基金、预算外基金;税收支出等隐性收支;准财政活动;政府各部门和机构的融资;社会保障基金;金融资产、非金融资产、雇员的养老金负债、或有负债;等等。所以,本部分论述的内容只是前面五个资金范围的表现形式。

为了更好地实现财政透明度,我们认为政府预算报告的内容应包括财务信息和非财务信息两部分。

(一)财务信息

财务信息包括收支预测和执行信息、财务状况和运营情况信息、成本绩效信息。

收支预测和执行信息主要反映政府预算体系资金范围内各收支的预测信息和实际执行信息。要向公众清楚地反映这些收入的来源及其变动情况；支出的规模、结构及其变动情况；执行情况；等等。这部分信息应该以收付实现制为基础。

财务状况和运营信息主要反映政府资产负债和各种收支的运营情况，在静态上要向公众完整客观地呈现政府所持有或掌控的各类资产；同时，向公众全面披露政府的负债情况，包括债务类别和结构，对或有及隐性债务的估计等。在动态上要向公众披露当期政府各种收入和支出的运营情况，及其对政府净资产的影响等。财务状况和运营信息应该以权责发生制为基础。

成本绩效信息主要反映政府提供各类公共产品和服务的规模、结构，及其为了完成上述职能所发生的各项成本情况和运作效率、效益等绩效情况。这部分信息应以权责发生制为基础。

此外，为向公众完整地呈现政府的情况，政府预算报告还需要提供多层次的合并信息。合并信息是将不同部门、单位以及各级政府间的信息进行整合，以反映政府活动的某一领域或者一级政府财务信息的全貌。如表 3.1 所示，收支预测和执行信息主要通过各种收支的预决算系列报表体现，财务状况和运营情况通过资产负债表和收入费用表等财务报表体现，成本绩效信息则通过服务或项目成本明细表和服务或项目绩效表体现。

表 3.1　　　　　　　　　政府预算报告财务信息内容表

	月度报告		年度报告	
	报表名称	提供的信息	报表名称	提供的信息
各种收支的预测及执行报表（收付实现制）	预算执行报表（经济、功能和部门分类）	年初预算数、预算调整数、预算执行数等	预算报表（经济、功能与部门分类）决算报表（经济、功能与部门分类）	前三年预决算数，预决算差异率；中期预算三年的预算数
	项目执行报表（经济、功能与部门分类）	项目的年初预算数、预算调整数、预算执行数等	项目预算表（经济、功能与部门分类）项目决算报表（经济、功能与部门分类）	前三年预决算数，预决算差异率；当年预算数、预算调整数、年初预算与决算的差异率、预算调整数与决算数的差异率

续表

	月度报告		年度报告	
	报表名称	提供的信息	报表名称	提供的信息
财务状况和运营情况系列报表（权责发生制）	资产负债表	资产、负债、净资产	资产负债表	资产、负债、净资产
	收入费用表	收入、费用	收入费用表	收入、费用
			净资产变动表	净资产变动情况
			当期盈余与预算结余差异表	差异产生各因素
	重要资产、负债、收入和费用明细表	重要资产、负债、收入和费用项目的明细表	重要资产、负债、收入和费用明细表	重要资产、负债、收入和费用项目的明细表
成本绩效系列报表（权责发生制）	功能成本表	按照功能分类列示各类功能支出的成本	功能成本表	按照功能分类列示各类功能支出的成本
	部门成本表	按照部门分类列示各部门支出的成本	部门成本表	按照部门分类列示各部门支出的成本
	项目成本表	按照项目列示各项目支出的成本	项目成本表	按照项目列示各项目支出的成本
			功能绩效目标表 功能绩效执行表	按照功能分类列示的政府各职能的绩效目标及其实现情况
			部门绩效目标表 部门绩效执行表	按照部门分类列示各部门的绩效目标及其实现情况
			项目绩效目标表 项目绩效执行表	列示各项目的年初绩效目标、期末绩效目标的执行情况

(二)非财务信息

非财务信息包括各类财务报表和报表附注中不能提供的,但实现公共财政责任必需的各类信息,如财政经济分析、政府财政财务管理信息。除了这些非财务信息外,政府预算报告还应该提供其他非财务信息。我们可以把非财务信息分为微观非财务信息和宏观非财务信息。微观非财务信息包括政府部门的基本数字表、职能表、战略目标书、项目评审情况书、部门财务分析书等,提供政府部门结构、部门职能、部门基本情况、战略目标、部门绩效评价情况、部门财务分析等信息。宏观非财务信息包括国民经济基本情况表、政府战略目标书、政府绩效评价情况书、政府财政经济分析书、政府财政政策效应书、政府财政财务管理情况书、税收支出书等,提供本级政府国民经济信息、政府的战略目标和财政政策、财政经济的分析情况、财政政策实施的效应、政府财政财务管理情况、政府目标实现的绩效情况等信息。

三、政府预算体系管理过程中的透明度

政府预算体系管理过程中透明度的实现包括两个方面的内容:一是过程透明,二是过程透明的技术支撑——新绩效预算。

(一)过程透明[①]

预算体系管理过程包括各种资金的预算决策、预算的执行、决算及监督评价三环节,也就是事前、事中和事后三阶段。过程透明包括两个方面:一是将预算管理活动对公众公开,即过程公开,如通过报纸、网络等媒体公开相关预算文本;通过电视、网络、公众旁听等方式公开预算程序(包括会议现场)等。二是公众对预算管理活动的参与。学术界将实行第二种透明方式的预算模式称为参与式预算。

1. 预算决策

在这一阶段主要涉及各种资金的事前配置、项目选择,表现为预算编制和预算审批,这些都是需要进行决策的。为了更好地实现公共财政责任,提高财政透明度,这一过程既需要公开,又需要公民参与。

在预算编制阶段,各类资金如何被分配到不同的用途和功能,具体又落实到哪些项目,都需要决策、需要公民参与,所以,各国在公民参与财政政策制定、项目决策时有多种制度设计,如听证、投票等。只有了解了公民的需求和公民的意愿,政府各类资金的使用才能满足公众受托的财政责任。在这一阶段,不仅要把做决策的依据、程序、现场和结果公开,而且应该使用多种措施、制定各种制度促进公民参与预算编制。巴西的参与式预算就是对该阶段财政透明度的很好诠释。巴西的参与式预算最早兴起于20世纪80年代的阿雷格里港市,该市按照地域设立了16个地区会议和6个专题会议,这些会议向普通公众开放,每个参与者在14类财政项目中按照优先性选择4个大类;接着选出代表走访社区调研居民,按照计分方法确定项目及项目的优先次序;然后每个区产生两位委员参与市参与式预算委员会,与政府进行协调以确定项目及次序,完成预算编制;最后还需提交城市委员会审批通过才能执行。[②] 上海市闵行区财政每年在预算编制过程中召开听证会,听取公众代表、人大代表、相关专家的意见修订预算后,提交人大审批。所以,闵行区的参与式预算也是属于预算编制阶段的透明。另外,如

[①] 这部分我国的案例,如上海市杨浦区、上海市闵行区、浙江省温岭市、黑龙江省等的案例均是作者实地调研所得。

[②] 许峰.巴西阿雷格里参与式预算的民主意蕴[J].当代世界,2010(9):50—52.

前文论述的,财政透明度不仅要求公众直接参与预算项目的选择,而且要求将编制和决策的过程公开,上海市闵行区就把预算听证会通过电视新闻播放的方式进行公开。

在预算审批阶段,主要涉及立法机构的审批决策。该阶段的财政透明度同样既要求预算审批活动公开,又要求公众参与预算审批。公众的参与一般在立法机构的初审阶段。近年来,我国浙江省温岭市的参与式预算、上海市杨浦区的预算听证制度等都属于公众参与立法机构的预算审批。

浙江省温岭市新河镇早在2005年就将预算引入民主恳谈会,接着各镇也进行了相关的改革。各镇的做法并不统一,有的把预算的民主恳谈环节放在预算编制阶段,有的则放在预算审批阶段。温岭市在2010年6月出台了《关于开展预算初审民主恳谈,加强镇级预算审查监督的指导意见》,明确将预算民主恳谈放在了人大预算初审阶段。镇人大在人代会前组织召开预算初审民主恳谈会。民主恳谈会提前10日发布公告,参加对象包括人大代表和选民代表。其中,人大代表由镇人大统一组织,选民代表通过一定的方式(如自愿报名、推选、随机抽取)产生。在预算初审民主恳谈中,镇人大通过加强组织、引导和适当增加初审次数(如分村、分片或分专题召开恳谈会)等途径,逐步拓展预算初审的广度和深度,提高了初审的效果。最后,镇人民政府根据初审情况,对准备提交人代会的预算草案做进一步修改,形成正式的预算草案,提交镇人大进行正式审批。

上海市杨浦区人大于2015年起在预算的初审阶段引入了预算听证制度,区人大常委会每年可以根据需要,组织预算听证会。听证会举行15日前,区人大常委会向全体区人大代表和社会发布听证公告,接受社会公众和人大代表的报名申请。听证会结束后,听证情况报告经区人大常委会主任会议讨论后,以书面形式提交区人大常委会组成人员,并交区人民政府及其职能部门研究处理。区人民政府在收到报告后10日内向区人大常委会反馈处理情况。必要时,由主任会议决定提请区人大常委会会议审议,并将相关审议意见交区人民政府及其职能部门办理。

正如前文强调的一样,审批阶段的财政透明度除了公众参与预算审批外,还应该将预算审批活动公开。所以在很多国家,如日本、美国等国家的各级政府会将议会讨论预算和审批预算的过程通过电视和网络进行现场直播。

2. 预算执行

预算执行的财政透明度同样包括公众参与及过程公开,但与预算决策阶段不同的是,预算决策阶段中公众参与及过程公开同等重要,预算执行阶段的重点在于过程公开,因为预算执行主体是政府部门或者非政府的公共部门,公众无法作为预算执行主体而存在,也就无法直接参与预算执行。该阶段的公众参与主要是公众基于过程公开对预算执行过程的监督,所以说这种参与是一种间接参与,公众间接参与预算执行。在预算执行阶段,首先要过程公开,只有过程公开了,公众才能进行监督。而对于预算执行的公开,也可以通过一定的制度和技术达到。这些制度和技术可以分为以下三类:

(1)通过电视、报纸、网络等媒体,将预算执行信息及时公布于众。公众通过这些媒体,特别是网络,及时了解预算执行的具体情况:政府项目进展到什么程度,预算资金用了多少,用到哪里去了,是否按预算用的,效果是否符合预期等。我国黑龙江省人大就与财政联网,人大代表可以实时访问全面反映国库资金运作情况的国库集中支付网络信息系统,从而对预算执行进行及时监督。如果这一系统进行一定的升级,屏蔽掉保密信息后,能够将一般的国库资金运作进一步面向公众,那么预算执行的公开性会进一步提升,公众也可以参与具体的监督了。我国很多地方特别是市级人大纷纷效仿黑龙江省的做法。

(2)通过预算的绩效管理,即实行绩效预算,对预算执行过程进行公开和监督。绩效预算要求在预算执行过程中,政府部门必须对预算执行的绩效进行事中的跟踪和评价,并把事中的评价结果、应用及反馈公布于众。上海市闵行区财政就要求各部门对政府项目的预算执行进行事中绩效评价,并把绩效评价报告通过网络进行公布。

(3)通过公开和开放人大、审计机构等专职监督机构的监督,实现公众对预算执行的间接公开和间接参与。在这里,我们提到了公开和开放,这是两个不同的做法。公开这些专职机构的监督工作,其实质是对预算执行过程的间接公开,当然这里的公开手段主要也是通过媒体特别是网络。而开放人大和审计机构对预算执行进行的日常监督,就是邀请并甄选出公众代表参与人大和审计的日常监督工作,与人大代表和审计人员一起对预算执行的日常工作进行监督,这也就是公众间接参与了预算执行。

通过前面三种方式对预算执行进行了直接和间接的公开,只有公开了预算执行过程,公众才能了解预算执行的具体信息,才能对预算执行的过程进行监督,从而实现公众的主动参与。

3. 决算和监督评价

这是预算体系管理过程的最后阶段。决算和监督评价的财政透明度的实现同样通过过程公开和公众参与两部分。由于该阶段本身就是事后的监督阶段,因此公众参与就与第一阶段一样是直接参与,同时也就变得非常重要,所以该阶段的过程公开和公众参与与第一阶段即预算决策阶段一致,两者同等重要。

决算和监督评价阶段的公开,主要公开的是政府部门做决算的程序、现场和决算结果,监督评价依据及其程序、现场和结果。这些内容的公开方式主要还是网络等媒体,以及现场开放旁听等方式。而公众的参与并不是指公众直接参与决算,而是指公众直接参与监督,公众可以通过绩效预算对政府项目的满意度等绩效指标直接进行打分,也可以按照公开的决算结果、评价结果进行监督。在该阶段,公众不仅可以以个人行为直接进行监督评价,而且可以通过参加人大和审计机构的监督,与立法者和审计人员一起进行监督评价。

从前面的分析可见,预算体系管理过程财政透明度的实现必须既做到过程公开,又做到公众参与。而预算体系管理过程涉及预算决策、预算执行和决算及监督评价三个阶段,所以过程公开和公众参与也涉及这三个阶段。过程公开的内容主要包括预算活动的依据、程序、现场和结果的公开。过程公开包括直接公开和间接公开两种。直接公开就是通过网络、报纸等媒体公开相关预算文本或者通过网络、电视直播以及开放现场让公众听证或旁听实现,直接公开是最主要的公开方式。通过人大和审计机构监督信息的公开,让公众间接获取预算决策、预算执行和决算等信息,这种公开是间接公开。公众参与也包括直接参与和间接参与,主要是直接参与,如公众通过各种途径直接参与预算决策和监督评价。间接参与主要是在预算执行阶段,因为公众不能直接参与预算执行,所以只能通过监督的方式间接参与预算执行。

(二)过程透明的技术支撑——新绩效预算

20世纪七八十年代强调以公民为本,以结果为导向的新公共管理运动在西方兴起,并继而在世界各国方兴未艾。新公共管理运动在预算管理方面的表现就是从规划预算(又称为旧绩效预算)开始,经历计划规划预算、零基预算等,最后发展为现在西方国家大力推行的新绩效预算,又被称为预算的绩效管理。新绩效预算涉及事前的预算决策、事中的预算执行到事后的决算及监督评价,即贯穿于整个预算体系的管理过程中。

在事前的预算决策阶段,新绩效预算要求政府不仅要有整体的长远目标和战略目标,而且政府各部门各项目也必须要有长远目标和战略目标。政府部门各项目的目标必须符合本部门整体目标,与本部门整体目标相一致。政府各部门的整体目标必须要与本级政府整体目标相一致。所以,在部门编制预算前,新绩效预算要求部门必须先提交战略目标及具体的绩效指标,由政府对政府各部门的战略目标进行审核,检查政府各部门的目标是否与本级政府整体的战略目标和长远目标一致,以及各部门之间的目标是否冲突,绩效指标是否可行、合理。如果政府部门的战略目标获得通过,就可以着手编制部门预算了,并在部门预算的基础上编制政府预算。由于新绩效预算是建立在战略管理的基础上的,因此要求政府和部门必须编制滚动的中长期预算,一般为 3 到 5 年。我国目前实行的是 3 年滚动的中期财政规划,即 3 年滚动的中期预算。所以,政府审查的重点是部门的战略目标,而非年度目标。部门预算资金除日常经费外,以项目预算的方式被分配在各项目上。所以,项目预算的编制也从目标管理入手,首先编制项目战略目标及具体的绩效指标,审查项目战略目标是否与部门整体目标一致,是否与其他项目目标冲突,绩效指标是否可行、合理。并对审查结果进行打分,也就是对项目进行事前的绩效评估和优先排序。经过事前的绩效评估确定项目的排序后,就可以编制项目预算,进而编制部门预算和政府预算。在事前的预算决策阶段,部门战略目标、长远目标和政府战略目标、长远目标的制定都应该听取公众的意见,有公众的参与。在对项目进行事前的绩效评估时,更应该由公众一起参与评估,并把已经制定的各类目标和事前绩效评估的依据、过程及结果公布于众,作为事后绩效评价的依据。这些新绩效预算的要求使得预算决策阶段财政透明度得到进一步的提高。

在事中的预算执行阶段,新绩效预算要求对预算的执行进行绩效跟踪。因为新绩效预算以项目预算为载体,所以绩效跟踪也主要是针对项目的。新绩效预算要求事中项目的执行方应该对预算执行的情况进行事中的绩效评价,并将评价结果以及相应的改进措施公布于众,从而使得公众实现对预算执行的监督,这也是预算执行透明度实现的主要途径之一。

在事后的决算和监督评价阶段,新绩效预算更是为预算体系管理过程中财政透明度的提升提供了技术和制度基础。在该阶段,新绩效预算要求公众参与对项目预算、部门预算和政府预算执行结果的直接评价,进行评价的第三方会以问卷调查、访谈等方式邀请公众对公众满意度的各种具体指标进行打分,从而直接影响事后绩效评价的结果。新绩效预算还要求将项目绩效评价、部门绩效评价、政策绩效评价甚至制度绩效评价、管理绩效评价的评价结果公布于众,作为对相关个人、单位和部门问责的依据并进行问责,把问责的信息也公布于众,从而实现了前文论述的公共财政责任(即公共部门及其公职人员接受公众委托的财政权,在执行政治、行政、法律等职能的过程中,必须负有的对公众报告财政信息、追求财政绩效、回应民众、管理控制财政资源等的责任,以求达到透明、效率、公平的目的;最后对没有达到目标、完成责任的公共组织及其公职人员按照法律进行惩罚性问责)。

四、政府预算体系透明的信息质量要求

前文我们已经论述过,为了实现财政透明度,政府预算体系应该做到四点:明确政府预算体系的范围,明确政府预算报告的内容,确保政府预算体系管理过程中的透明,保障政府预算体系透明的信息质量要求。我们已经论述了前三点,这里要论述的就是最后一点,其本质就是要求质量透明。

为了保障政府预算体系透明,前文的三点实际上论述了信息的范围、信息的内容和保障信息提供的途径,而现在这个第四点就是要论述信息的质量,只有高质量的信息才能使得政府更好地报告财政信息、回应公众,公众也才能更好地监督和问责政府,也就使得公共财政责任更好地得以实现。所以,高质量的财政信息是政府预算体系透明的基础。保障政府预算体系透明的信息质量要求一般包括:真实性、可比性、可理解性、及时性和获得的便捷性。其中,真实性是基础,可理解性是重点。

(一)真实性

政府预算体系提供的信息如果是虚假的,那么即便信息非常全面、非常具有可理解性、公众可以及时和便捷地获得、历年口径统一、与世界主流口径也基本一致、有利于纵向和横向的可比等,也没有什么用处。因为虚假的信息会导致公众对真实情况的不了解,也就谈不上理解、比较,那么及时和便捷也就没有任何意义。所以,真实性是所有其他信息质量要求的基础。只有在真实的信息前提下,才能谈财政透明度。

为了保证政府预算体系提供的信息真实,必须进行一定的制度设计。审计制度和问责制度是确保信息真实的有效制度。通过审计,检查各个部门各个阶段提供的信息是否真实,一旦查证存在弄虚作假的现象,就应对那些提供虚假信息的公共部门进行问责。只有这样才能保证信息的真实性。

1. 审计模式

财政信息审计一般由国家的审计部门进行,而各国的国家审计模式各不相同,不同的审计模式各有特点,对信息真实性的保障也有差异。目前,世界上存在的审计模式有立法型审计、司法型审计、行政型审计和独立型审计四种。在立法型审计模式下,国家审计机构隶属于立法机构,由立法权作为支撑,独立性强,很多国家实行立法型审计,如英国、美国等国。在司法型审计模式下,国家审计机构隶属于司法机构,由司法权作为支撑,独立性也较强,但实行起来不是很顺,除非是一直实行司法型审计的国家。目前,法国是实行司法型审计的国家,这与

法国的特殊财政监督体制和国家传统有关。在独立型审计模式下,国家审计机构既不隶属于立法机构,又不隶属于司法和行政,其独立型很强,但没有强有力的权力支撑。目前,日本就实行独立型审计模式,其最高国家审计机构隶属于天皇。

在行政型审计模式下,国家审计机构隶属于政府,人事、财力都受制于政府,由于其主要职能是对政府的财政信息进行审计,确保政府财政信息的真实性,这样国家审计就成了政府内部的审计,其独立性明显弱于其他类型,我国和韩国等国家实行行政型审计模式。在行政型审计模式下,又可以分为横向审计模式和纵向审计模式。在横向审计模式下,各级审计机构隶属于各级政府,人事、财力都由同级政府保障,同时又对同级政府的财政信息进行审计,这种模式下的独立性比纵向模式的独立性弱,财政信息真实性的制度保障力就有待进一步加强;在纵向审计模式下,各级审计机构隶属于上级政府,人事、财力由上级政府保障,为上级政府负责,其独立性就比横向模式下强。行政型审计的优点是由行政权支撑,一旦发现问题,其问责机制的启动和落实会更及时(因为在立法型模式和司法型模式下,一般需要经过立法或者司法程序才能问责),时间上会比较有优势。

2. 问责制度

审计完成后,要对那些提供虚假信息的公共部门进行问责。在行政型审计模式下,问责可能更及时,但毕竟公共财政责任要求的问责是政府对公众负责,要对没有达到目标、完成责任的公共组织及其公职人员进行惩罚性问责。所以,政府部门内部的问责还是会受到独立性的影响,要从本质上解决问题,还是需要完善立法机构和司法机构的问责机制,尤其是立法机构的问责机制。

(二)可比性

政府预算体系提供的财政信息只有具有可比性,才能使得公众对政府预算的执行情况在历年之间和各地政府甚至各国政府之间进行比较,这就要求财政信息口径一致。我们把可比性分为横向可比性和纵向可比性。

1. 横向可比性

横向可比性是指不同单位、部门或政府之间的信息统计口径应一致,这样才有利于不同单位、部门和政府之间的比较,甚至不同国家之间的比较。一般一个国家内部的财政信息口径是统一的,因为这样才能有利于内部管理。所以在各国,预算都具有统一性的特征,我国也不例外,各单位、各部门和各政府预算信息口径自上而下是完全统一的。但国与国之间的信息口径有或大或小的差异。我国目前的预算信息口径是按照 IMF1986 年版的 GFSM 制定的,有些发达国家的预算信息口径则是按照 IMF2001 年版的 GFSM 制定的。即便如此,按照同一版本制定的信息口径也不是完全一致，因为各国都会按照自己的实际需要进行调整。所以，可以说各国使用的预算信息口径是不一致的，不具有很强的可比性。但各国提交给 IMF 等国际金融机构的财政信息都是按照这些国际金融机构的要求调整过的，都符合这些国际金融机构的要求，口径是一致的，这时的信息才具有很强的可比性。我们认为，各国国情不一致，预算管理制度也不同，按照同一口径统计预算信息是没有必要的，反而会影响各国预算管理的效率；但为了横向比较，国际金融机构要求的同一口径也是需要的。所以，现在的做法（即各国内部统一，但与别国有差异，国际比较时再按照国际标准调整）是合理的。

2. 纵向可比性

纵向可比性指的是财政信息在同一单位、同一部门和同一政府内部历年的统计口径应一致，这样有利于单位、部门、政府各年之间的比较和分析。正如前文分析的，由于一个国家内部横向是一致的，因此对于一个国家内部而言，关键就是历年的统计口径是否一致，是否具有纵向可比性。如果一个国家的政府收支分类经常发生变动，就会影响财政信息的纵向可比性。我国 2007 年曾经发生过一次较大的政府收支分类改革，政府支出由原来的按用途和经济分类改为按功能和经济分类，把用途分类改为了功能分类，这样在纵向比较时就出现了信息断层。2006 年的政府支出按照用途分类分为：基本建设支出、企业挖潜改造资金、科技三项费用、农业支出、林业支出、水利和气象支出、工业交通等部门的事业费、流通部门事业费、文体广播事业费、教育支出、科学支出、医疗卫生支出、其他部门事业费、抚恤和社会福利救济、行政事业单位离退休支出、社会保障补助支出、国防支出、行政管理费、外交外事支出、武装警察部队支出、公检法司支出、城市维护费、政策性补贴支出、对外援助支出、支援不发达地区支出、海域开放建设和场地使用费支出、车辆税费支出、专项支出、其他支出和总预备费支出 30 类。而 2007 年按照功能分类只分为一般公共服务、外交支出、国防支出、公共安全支出、教育支出、科学技术支出、文化体育与传媒支出、社会保障与就业支出、社会保险基金支出、医疗卫生支出、环境保护支出、城乡社区支出、农林水支出、交通运输支出、工业商业金融等事务支出、其他支出、转移性支出 17 类。比如教育支出，2006 年和 2007 年都有教育支出，但统计口径完全不同，2006 年的教育支出只包括教育部门的事业费支出，并不包括教育的基本建设等支出，但 2007 年的教育支出不仅包括教育部门的事业费支出，而且包括教育的基本建设等其他支出，所以在纵向比较时必须进行调整。

从 2007 年起，我国就一直按照功能和经济两种方式对政府支出进行分类，但每年都会对政府收支科目进行微调，到 2020 年功能分类已经从 2007 年的 17

类增加到29类了。由于每年都调整，使得预算信息的统计口径要进行或大或小的调整才能进行比较，从而削弱了数据的可比性，尤其在对2007年之前的数据与2007年之后的数据进行比较时，调整幅度较大，工作量很大，可比性就大打折扣。当然，这并不是否定2007年政府收支分类改革，因为2007年之前的这种用途分类比较不科学，也不与国际接轨，不利于财政预算管理，所以也确实需要改革。从2007年的17类改变为2020年的29类，可见这13年，政府收支分类原理和依据虽然没有变，但口径变化不小。每年我国财政部都会出一本《政府收支分类科目》，并对每年同比上年的口径变化有所说明，但每年都有变化，十余年累积变化就不小了。所以最好一次性改彻底、改科学，不用经常调整，这样纵向可比性才会加强。

（三）可理解性

财政信息的另一个重要质量要求就是可理解性。如果财政信息不具有可理解性，那么即便将所有信息真实地、及时地进行公开，公众对这些信息仍然无法下手。"外行看不懂，内行说不清"很形象地表达了信息的不可理解性。所以我们一直认为，公开不等于透明，信息的可理解性对于政府公共财政责任的实现是至关重要的。

财政信息的可理解性主要涉及政府收支的分类方法。没有分类的信息可理解性差，分类不科学的信息可理解性也不佳。所以，为了更好地履行公共财政责任，预算体系中的政府支出分类必须科学。

由于收入分类各国比较统一，我们这里主要探讨的是支出分类。现在世界各国的政府支出分类主要有以下四种：

1. 按部门分类

按部门归集政府支出，形成了部门分类的政府支出。这种分类方式能够反映各部门的支出和成本，有利于对各部门实行绩效管理和进行问责。各国一般都有按部门分类的财政信息，只不过有些国家和地区在政府预算中直接列出按部门分类的支出，例如，我国香港特区政府预算中的一般收入预算就是按照部门分类，分为行政长官办公室、渔农自然保护署、建筑署、医疗辅助队、屋宇署、律政司、民航处等。[①] 有些则在政府预算之外另外提供部门的预算报告，例如，按照2014年9月颁布的《中华人民共和国预算法修订案》，我国的政府预决算按功能和经济分类列示；但各部门也必须在政府预算报告之外独立公开各自的预决算

---

① 香港政府预算网站[EB/OL].[2020-08-02]. https://www.budget.gov.hk/2020/sim/estimates.html.

报告,后者其实就是按部门分类。

2. 按功能分类

按功能分类一般就是按照政府的职能分类。这种分类方式反映了政府的职能有哪些,为完成这些职能政府支出了多少财政资金,可以看清政府为承担财政责任所执行的职能。如果政府预算体系中提供按政府职能的绩效信息,就可以将政府职能的绩效和成本对应起来,既有利于对政府实行绩效管理,有利于公众要求政府对政府职能的绩效负责,又有利于国家进行政府职能分析,进行政策决策。

在功能分类下,"类"是按照职能分,"款"是按照政府规划分,"项"是按照项目分,"目"是按照活动分,就形成了以下层级的分类:

功能(职能)
  规划
    项目
      活动

虽然部门和经济分类也有"款""项"的细分,但一般部门分类的"款""项"是按照子部门细分(如教育部下细分为教育部本单位和教育部所属的单位),经济分类的"款""项"按照经济细项细分(如商品和服务购买下分为水费、电费、办公费等)。虽然功能分类的"款""项"看上去与"类"层面的分类不一致,但实质上是一致的。因为规划、项目和活动都是政府实现其职能的载体,活动是实现项目的载体,项目是实现规划的载体,而规划是实现职能的载体。所以从表面上看,好像按功能分类只是第一层面上的,"款""项"就不是了,但实质上"款""项"也是按功能分类。但并不是所有国家的功能分类都有四级,很多就只有"类""款""项"三级,我国和美国都是如此,IMF2014 年版的 GFSM 也是将政府职能分类分为三级。在只有三级分类的功能分类下,往往取消了活动这一级,或者将项目和活动合并为一级,如美国 2021 财年预算的国际事务[①]:

150 国际事务
  151 国际发展与人道主义资助
  152 国际安全资助
  153 外交事务
    国家部门运营

---

① 美国 2021 财年预算[EB/OL].[2020-08-02]. https://www.whitehouse.gov/wp-content/uploads/2020/02/21-12_fy21.pdf.

　　　　　　大使馆的安全、建设和维护

　　　　　　国际组织的分摊费

　　　　　　国际维和分摊费

　　　　　　其他外交事务

　　　154　外国信息与交流活动集

　　　155　国际金融项目

　　按功能分类,公众就可以知道政府实行了哪些职能,这些职能的总支出是多少,每个职能是通过什么规划实现的,每个规划又是通过什么项目和活动实现的,并得知每个规划、项目和活动各自的成本,结合政府职能、规划、项目和活动的绩效,公众可以很直观地对这些职能、规划、项目和活动进行评价,从而对政府及其相应部门和负责人进行问责。所以,在实行绩效管理的国家,一般有按功能分类的做法,按功能分类的可理解性较强。

　　3. 按经济分类

　　按经济分类主要是按照财政支出的投入要素(如工资、商品和服务购买等)分类,也就是按照支出的成本要素进行分类,反映政府支出的经济性质,往往与会计费用科目一致,有利于会计核算和统计,以及经济分析。如果说功能分类是反映政府"做了什么事",经济分类则是反映"怎样去做",主要是反映各项支出的具体经济构成,反映政府的每一笔钱具体是怎么花的,也就是反映了整个政府支出的成本结构。如我国政府预算支出的经济分类[①]有:机关工资福利支出、机关商品和服务支出、机关资本性支出(一)、机关资本性支出(二)、对事业单位经常性补助、对事业单位资本性补助、对企业补助、对企业资本性支出、对个人和家庭的补助、对社会保障基金补助、债务利息及费用支出、债务还本支出、转移性支出、预备费及预留、其他支出 15 类。[②]

　　按经济分类注重的是投入,按功能分类注重的则是产出和结果。也就是说,按照功能分类就可以按产出和结果归集各种产出和结果的成本,有利于将成本与产出、结果对应起来,但这里的成本是成本总额,不能体现成本结构。而按经济分类反映的是各种投入要素的各自总和,并没有将成本分摊到各种产出和结果上去,不利于对各种产出、结果进行成本分析,也不利于对各种支出进行绩效评价和绩效问责。但经济分类也有自己的优点,有利于经济统计和经济分析,例如一个国家的财政对基本建设支出了多少,从而对经济产生怎样的影响。如果

---

① 我国的经济分类又有两种:一是政府预算支出的经济分类,二是部门预算支出的经济分类。
② 中华人民共和国财政部.2020 年政府收支分类科目[M].上海:立信会计出版社,2019.

把经济分类作为部门分类和功能分类的下级分类,具体到某个部门或者项目下再设经济分类,可以分析这些部门或者项目的成本结构,克服按部门分类和按功能分类只体现成本总额的缺陷,可以寻找成本过高或过低的原因,从而有利于成本控制。如果经济分类与功能分类或者部门分类中的一类结合,其实就成了二维分类(如表3.2和表3.3所示)。如果将经济分类与功能分类和部门分类结合起来,就成了三维分类(如表3.4所示)。这两种想法都可以做到,这样二维或三维的分类,可理解性更强,也更利于经济统计和经济分析,同样也有利于对部门和政府功能的成本控制。

表3.2　　　　　　　政府支出功能分类与经济分类结合表

功能分类	经济分类			
	工资	商品和服务购买	资本性资产的购买	……
公共安全支出				
公安				
……				
信息化建设				
执法办案				
特别业务				
……				

表3.3　　　　　　　政府支出部门分类与经济分类的结合表

部门分类	经济分类			
	工资	商品和服务购买	资本性资产的购买	……
……				
教育部				
公安部				
卫生部				
……				

表3.4　　　　　政府支出部门分类、功能分类和经济分类的结合表

部门分类/功能分类	经济分类			
	工资	商品和服务购买	资本性资产的购买	……
……				
教育部				
教育				
……				
普通教育				

续表

部门分类/功能分类	经济分类			
	工资	商品和服务购买	资本性资产的购买	……
职业教育				
特殊教育				
……				
社会保障与就业				
行政事业单位养老支出				
……				
公安部				
……				

4. 其他分类

前面三种分类比较普遍,为了克服某种分类的缺点,一般提供两种以上的分类。但每个国家根据自己的国情又会有其他的分类。

美国联邦政府的部门预算分为联邦基金、信托基金。联邦基金又分为一般基金、专项基金和周转基金。一般基金是部门主要的收入,不指定专门的用途。而专项基金则是法律指定专项用途的那些收入账户,以及根据这些收入安排支出的拨款账户。信托基金是用于核算政府为特殊目的和计划而发生的收支,由有关法律指定。美国联邦政府按照是否是法定的支出,将政府支出分为法定支出(Mandatory Proram)和自由裁量支出(Discretionary/Appropriated Program)。法定支出一般是由法律规定的、有永久授权的、不需要经过每年的拨款过程确定就可以直接支付的支出。决定法定支出的依据是特定的联邦计划或联邦项目的资格标准或支付规则。[①] 自由裁量支出则往往需要年度授权,在年度拨款法中规定。国会可以直接设定每个自由裁量支出项目的支出限额,这是国会自由裁量权的体现。在拨款过程中,对于任何一个属于自由裁量支出的联邦项目,国会议员都可以决定是增加支出还是削减支出。

英国政府支出除按部门、功能和经济分类外,还分为部门支出限额(Departmental Expenditure Limits, DEL)和年度管理支出(Annually Managed Expenditure, AME),DEL 是明确地计划在 3 到 4 年里都需要的支出,AME 则是客观

---

① 〔美〕麦蒂亚·克莱默,等. 联邦预算——美国政府怎样花钱[M]. 上海金融与法律研究院,译,北京:生活·读书·新知三联书店,2013:89.

需要的、但比较难预期和难控制的支出,所以每年都不一样。①

我国政府支出分类除了按照部门、功能和经济分类外,在部门预算中还有基本支出和项目支出的分类。基本支出是行政事业单位保障其机构正常运转、完成日常工作任务所需要的经费,一般包括人员经费和公用经费两部分。人员经费主要是公职人员的工资、福利等支出,公用经费主要是办公费、水费、电费、设备购置费等。项目支出则是指行政事业单位为完成特定的工作任务而需要的支出。项目支出是按照项目安排的支出,这些项目有些是一次性的,有些则是经常性的,明确在3到4年中会持续的项目,经常性项目在英国归在DEL。基本支出因为是经常性的,在英国也会归在DEL。所以,英国的DEL比我国的基本支出范围广。另外,我国的基本支出和项目支出与西方国家的经常性支出(一般支出)和资本支出不同,西方国家的经常支出和资本支出按照流动性区分,我国的基本支出与项目支出则是按照日常工作所需和特定工作所需区分。我国的基本支出一般是经常性支出,但项目支出并不都是资本性支出,其中也有流动性较强的经常性支出。

从信息的可理解性看,只有提供了政府支出的各种分类,公众才能多视角地了解政府的财政和准财政活动,才能对政府的财政资金使用效益进行评价。由于每种分类各有利弊,最好的办法就是全部提供,特别是提供部门、功能(职能)和经济分类。而事实上,绝大部分国家也确实是提供了这三种分类,只是这三类如何有机结合,或者分别提供上有些差异。其他分类可以根据各国国情按照管理的需要提供。我国除了基本支出和项目支出分类可以延续外,经常性支出和资本性支出也应该引入,后者更有利于进行经济分析,并为制定宏观财政和货币政策、确定公债额度提供依据。

(四)及时性

如果信息不是及时提供,而是滞后的,那么公众就不能及时获取财政信息,不能及时对政府的财政职能进行评价和问责。由于缺乏及时的信息,就缺乏及时的监督,也就无法及时对存在的问题进行更正,因此,财政信息的及时性也是政府实现公共财政责任的重要基础。那么,什么时间和什么频次的信息提供才算是及时呢?从世界各国看,对于预算执行信息应该一个月提供一次,即便做不到一月一次的预算执行信息公开,也至少是一个季度一次的预算执行信息公开。从预算和决算信息看,一般是在预算和决算批复后的一个月内必须公开,我国

---

① 英国公共支出统计[EB/OL].[2020-08-08]. https://www.gov.uk/government/publications/public-spending-statistics-release-may-2020/public-spending-statistics-may-2020.

2014年的《预算法修订案》第十四条规定:"经本级人民代表大会或者本级人民代表大会常务委员会批准的预算、预算调整、决算、预算执行情况的报告及报表,应当在批准后二十日内由本级政府财政部门向社会公开,并对本级政府财政转移支付安排、执行的情况以及举借债务的情况等重要事项作出说明。"①这说明我国预算信息公开的及时性还是比较强的。

(五)获得的便捷性

获得的便捷性也是财政透明度的指标之一,如果财政信息容易获得,不需要花费很多时间、精力和金钱,其获得的便捷程度就高,财政透明度相对来说也就高。从公众获得财政信息的方式看,可以分为直接获得、较直接获得和间接获得三种。

直接获得就是公众通过参与预算决策投票、参与绩效评价和听证等方式直接参与政府预算管理,从而直接获得财政预算相关信息。这种直接获得信息的方式,信息真实性容易保证,公众的主动权比较强,公众比较容易获得他们感兴趣的信息;但获得的机会成本较高,公众花费的时间和精力较多。

较直接获得就是公众通过网络、电视、报纸等媒体和媒介获得相关信息,这是公众获得信息的最重要的方式。这种方式获得财政信息的成本较低,但信息的真实性不如直接获得方式获取的信息,而且公众的主动权较差,只能接受公共部门公开的信息,这些信息不一定是公众感兴趣的。

间接获得就是公众通过人大和审计机构公开的监督信息,间接获得预算决策、预算执行和决算等信息。在这种间接获得财政信息的方式下,公众获得信息的成本不高,与较直接获得方式取得的信息比,真实性会好一些,因为人大和审计机构已经对这些信息实施过监督,而且人大和审计机构往往会主动及时公开他们获得的监督信息。但是这种方式下公众的主动权也较差,公众也只能被动接受人大和审计机构公开的监督信息,而且公众获得的是二手信息,不像前两种方式获得的是一手信息。

从前面的分析可见,这三种方式各有利弊。直接获得方式下公众虽然具有主动权,但毕竟获得成本较高。在较直接获得和间接获得这两种方式下,公众的主动权都较差,但较直接获得的信息往往是一手信息,而且成本较低,可以获得的信息较多;而间接获得的信息是二手信息,是经过加工的信息,即人大和审计机构鉴于自己的监督而提供的一些监督信息和监督结论,信息真实性要优于较

---

① 中华人民共和国预算法(2014年修订)[EB/OL].[2020-08-08]. http://www.mof.gov.cn/mofhome/fujian/lanmudaohang/zhengcefagui/201501/t20150108_1177747.html.

直接获得方式获取的信息。所以我们说，较直接获得方式和间接获得方式由于公众成本较低，便捷性要优于直接获得方式；但较直接获得方式获取的信息的真实性和及时性方面不如其他两种方式获得的信息，需要别的制度保障。

为了提升财政透明度，我们不仅要考虑便捷性，而且要考虑真实性、及时性和可理解性，而获得信息的方式不仅涉及便捷性，而且涉及真实性和及时性。所以，我们认为可以在三种方式上同等提升便捷性，让真实性和及时性得到保障。在直接获得方式上，政府应该降低公众参与预算活动的成本，方便公众参与预算活动，如对政府支出进行绩效评价时，可以不用去某个固定的地方参评，直接在网站参评等。在较直接获得方式上，可以通过集中发布、链接发布等提高便捷性，并通过加强审计等提高政府提供信息的真实性。在间接获得方式方面，人大和审计机构要增加信息内容，将所掌握的财政信息尽可能多地公布给公众，而不是只有监督结论，这样可以使公众不必再通过其他两种方式获取信息，从而降低了公众获取信息的成本，也就提高了获取信息的便捷性。

总之，公共财政责任的核心是公共部门及其公职人员行使财政权所要达到的最终目标——财政资金的透明、效率、公平。本节从政府预算体系的范围、政府预算报告的内容、预算体系管理过程中的透明和预算体系提供的信息质量要求四个方面论述了预算体系应如何被设计，才能实现财政资金的透明目标。从预算体系的范围看，政府的预算文件应该体现政府的全部收支、债务收入、税收支出等隐性收支、准财政活动引起的收支，以及相应的资产和负债。从政府预算报告的内容看，政府预算报告体系中应该包含目标和绩效在内的财务信息和非财务信息。从预算体系管理过程中的透明度看，从预算决策、预算执行到决算和监督评价三阶段都需要过程公开和公众参与达到过程透明，并可以通过新绩效预算这一预算范式在技术上提升过程透明。最后，从信息的真实性、可比性、可理解性、便捷性和及时性方面论述了预算体系信息的质量要求。另外，还须强调的是：明确预算体系的范围和政府预算报告的内容属于内容透明，确保政府预算体系管理过程的透明属于过程透明，而保障政府预算体系透明的信息质量要求实际上属于质量透明。

第二节 政府预算体系与效率

正如前文所论述的，公共财政责任的核心是财政资金的透明、效率、公平。在本章的第一节，我们已经论述了政府实现财政资金透明所需要的政府预算体系。在本节我们将论述政府预算体系应如何设计才能实现财政资金的效率目标。我们在第二章已经分析和论述了"效率"的概念,认为公共财政责任中的财政资金效率包括经济学中的帕累托效率、交易费用最小化和宏观经济的稳定增长。在本章分析时,我们将帕累托效率再次细分为 Allen Schick 的资源配置效率和运营效率,这样可以更有利于深入讨论政府预算体系不同模式的效率。

我们在前文已经分析过政府预算体系分为综合预算体系(即单一预算体系)和分类预算体系(即复式预算体系)两类。在本节中,我们首先要分析是综合预算体系的财政资金效率高还是分类预算体系的财政资金效率高。然后分析分类预算体系下不同预算分类模式的财政资金效率。最后分析政府收支分类与财政资金效率之间的关系。

一、综合预算体系与分类预算体系的财政资金效率

本部分我们从宏观政策效率、微观政策效率和预算管理效率三方面进行分析。我们认为宏观政策效率追求的是宏观经济的稳定增长,微观政策效率则要求实现资源配置效率,而预算管理效率则要求实现营运效率和财政制度特别是预算体系管理制度的交易费用最小化。

(一)宏观政策效率——实现宏观经济的稳定增长

一个国家或者一级政府的宏观政策主要依靠预算收支总额和债务总额实现。所以,如果政府预算体系的整体性和全面性越强,预算收支总额和债务总额就越容易从预算中体现出来,就越有利于政府对宏观政策的及时决策(特别是动态的决策),并越有利于公众对预算总体情况的理解和对预算总体情况的监督。因为即便整体性不强的预算体系,通过一定的统计口径调整和会计核算也能获得较为准确的预算收支总额和债务总额,但在动态中要取得这些精确的数据有一定的难度。

综合预算体系因为只有一本预算,所有收入和支出都在同一本预算中,所以整体性很强,一级政府的全部收入、全部支出以及赤字都较整体地体现出来,并且能在动态中随时保持数据的准确。这是综合预算体系的优点,这一优点有利于政府根据实时情况作出宏观决策。当然,综合预算体系要实现这一优点,必须具有信息全面性的基础条件,否则数据不全面,即便再动态、准确,也不能体现政府的全部收入和支出,也就会影响宏观政策的决策。例如,有些政府预算中的收入和支出并不全面,政府按照不全面的收支发行政府公债,势必会使得公债和赤字的规模控制得不合理。

分类预算体系由于把预算分成两类或者两类以上,其整体性(特别是动态整体性)就不如综合预算体系。在分类预算体系下,不同预算大类之间的资金会相互调剂,A 预算的资金会调入 B 预算,B 预算的资金会调入 C 预算,而每个预算都会将调入的资金做收入,调出的资金做支出,因而造成预算收支的重复计算,虚增了预算收支总额。如我国有四大预算:一般公共预算、政府性基金预算、国有资本经营预算和社会保险基金预算。我们不能简单地将这四大预算的收入相加,将相加的总数认为是我国全部政府预算的收入;同样也不能简单地将这四大预算的支出相加,认为相加的总数是我国全部政府预算的支出;更不能将相加的支出减去相加的收入,认为是我国的全部预算赤字。实际情况是,我国的政府性基金预算和国有资本经营预算中的部分资金按照一定的规定调入一般公共预算,形成一般公共预算的收入,同时也成为政府性基金预算和国有资本经营预算的支出。这样被调入一般公共预算的原属于政府性基金预算和国有资本经营预算的资金重复两次被计入收入和支出,事情并未到此结束。按照我国的规定,一般公共预算的资金也有部分会被调入社会保险基金预算,如果一般公共预算调入社会保险基金预算的金额少于或等于前面政府性基金预算和国有资本经营预算调入一般公共预算的金额,那么一般公共预算调入社会保险基金预算的数据被重复计入收入和支出达到三次。如果一般公共预算调入社会保险基金预算的金额大于前面政府性基金预算和国有资本经营预算调入一般公共预算的金额,那么大于的部分被重复计入收入和支出达到两次,其他部分重复次数为三次。由于我国不提供综合预算,因此普通公众并不能将这些重复因素剔除,也就不能获取真实的预算收支总额信息。对于政府来讲,虽然可以通过工作底稿的方式剔除重复因素,合并会计报表,从而获得准确的预算收支总额,但报表一般是定期合并的,通常是年底的时候才合并,所以,决策者想实时获取动态的、真实的预算总额,不如采用综合预算体系。当然,现在财政管理信息系统越来越先进,分类预算体系的这一弱项也可以在技术上被攻克,但总不如综合预算体系直观,特别是对公众而言。公众往往只能看到各大类预算的收支及赤字或结余,并不能获取整体的、真实的预算总额,按照这些信息,人大审批预算总额、公众参与预算总额审批进行宏观决策时的科学性就不如综合预算体系了。

(二)微观政策效率——实现资源配置效率

微观政策是在宏观政策既定的前提下,即在预算收支总额、赤字总额既定的前提下,配置各类资金于各类支出中从而实现资源配置效率。所以,微观政策效率涉及两种配置最优化,第一种是预算资金在各类支出之间的配置最优化;第二种是预算资金收入支出对应配置最优化,即是否将收支对应、如何对应地编制预算(某大类的收入对应某大类的支出)才能实现效率最大化。

从综合预算体系看,因为将所有收入和支出编制在一个预算中,虽然也可以对收入和支出进行单独的分类(如前一节分析的各种政府收支分类),但往往不强调收支对应地编制预算。这样的预算体系无法为决策者提供收支对应的决策思路,使得决策者没有将收支对应起来;决策者在安排资金时对所有收入一视同仁,没有考虑将不同来源的收入对应于不同支出安排预算,也没有考虑不同支出应该由哪些收入来源来对应。比如,税收收入应该用在哪些支出上更有效率?教育支出应该是税收收入来支持还是非税收入来支持更有效率?综合预算体系不会引导决策者做这些思考,这样第二种配置最优化,即预算资金收入支出对应配置最优化就无法实现。但对于第一种配置最优化,即预算资金在各类支出之间的配置最优化,因为只涉及金额的配置,没有涉及收入类别的配置,所以综合预算体系是较容易做到的。

从分类预算体系看,分类预算体系强调编制两个或两个以上预算,每个预算中都有各自的收入和支出,收支对应,并各自自求平衡,同时强调对各大类预算分别进行管理。这样的预算体系就比较容易实现第二种配置最优化。虽然容易实现,但不同的收支对应配置,其效率还是不一样的,如用税收收入安排教育支出与用非税收入安排教育支出的效率是不同的。所以,我们只能说分类预算体系比综合预算体系容易实现第二种配置最优化,但不保证一定能实现第二种配置最优化。但对于第一种配置最优化,分类预算体系就不如综合预算体系了,因为预算资金被分割在不同的预算中,很难实现整体配置的最优化。

从前面的分析可见,分类预算体系和综合预算体系各有利弊,分类预算体系更容易实现第二种配置最优化,而综合预算体系更容易实现第一种配置最优化。

(三)预算管理效率——实现营运效率和交易费用最小化

从综合预算体系看,预算资金并没有分成两个或两个以上的预算,所有预算资金是统一管理的。这样从表面看营运效率较高,但事实上由于收支没有对应,使得各类预算资金在实际管理中的摩擦增加,交易费用增加。

从分类预算体系看,预算资金被分成两个或两个以上预算,直接的管理成本增加,因为每个大类预算都需要单独编制预算、单独建立账户进行独立核算、单独编制财务报表和提交财务报告、单独进行审批和决策、单独进行监督和评价等。多一套预算就会多一套这样的管理成本。所以,在分类预算体系下,其直接管理成本要大于综合预算体系的直接管理成本,也就是其营运效率不如综合预算体系。但从交易费用最小化看,分类预算体系要优于综合预算体系,因为在分类预算体系下,各类预算之间分工明确,预算收入用于哪类预算支出比较固定,各部门在争取年度预算时的空间较小,交易费用也就较小。而综合预算体系则不同,因为没有收支对应的预算,决策者在每年决策时这种收支对应的限制性较小,会使得各部门在争取年度预算时争取额度的空间较大,从而加大了交易费用。

所以,从预算管理效率——实现营运效率和交易费用最小化看,综合预算体系的营运效率要高于分类预算体系,但分类预算体系的交易费用会大大低于综合预算体系。

从前面的分析可见:(1)从宏观政策效率看,综合预算体系和分类预算体系各有利弊,前者的整体性优于后者,有利于宏观政策的决策(特别是动态决策),所以前者的宏观政策效率高。(2)从微观政策效率看,前者的预算资金支出之间配置最优化优于后者,但后者的收支对应配置最优化要远远优于前者。(3)从预算管理效率看,前者因为统一管理,营运效率优于后者,而后者的交易费用又远远低于前者。那么从总效率看,到底哪种政府预算体系是最有效率的呢?这取决于这些效率的定量比较了。但我们认为,可以将这两种体系结合起来,形成一种混合预算体系,即先分类预算,再把分类预算综合起来,形成一个统一的预算,这种混合预算体系就可以克服综合预算体系和分类预算体系各自的缺点了。美国联邦政府自称采用统一预算体系(即综合预算体系),但其实在综合预算之前,它们也分为预算内和预算外,之后,再将预算内预算和预算外预算综合起来,所以从严格意义上讲,美国联邦政府采用的是一种混合预算体系。

二、分类预算体系下不同预算分类模式的财政资金效率

分类预算体系(即复式预算体系)下的不同预算分类模式我们在前文中已经进行了分析,我们将预算按照不同的管理目的进行了分类:按照流动性分类,可以分为经常性预算和资本性预算;按照固定性分类,可以分为经常性业务预算和临时性业务预算;按照收入性质的特殊性分类,可以分为收入性质普通、没有特殊指定用途、统筹统用的资金形成的一般基金预算,收入性质特殊、有特殊指定用途、专款专用的资金形成的特殊基金预算;按照所有权分类,一般将所有权归属社保投保人的社保基金预算与所有权归国家的预算分开。有些国家将这些管理目的综合起来,形成一些复杂的分类。

由于我们认为预算是两个还是两个以上对财政资金的效率并没有多大的影响,影响较大的是按照不同管理目的分类的预算分类模式,因此我们这里分析的就是按照不同管理目的分类的预算分类模式的财政资金效率问题。另外,像我

国这样将不同管理目的综合起来,形成复杂分类的预算分类模式将在下文对具体国家的政府预算体系进行讨论时分析。

(一)按流动性分类的预算分类模式的财政资金效率

按照流动性把政府预算分为经常性预算和资本性预算,经常性预算的收入和支出是流动性较强的税收收入和行政管理及社会服务支出,而流动性差的债务收入和投资性支出构成了资本性预算。这种预算分类模式在以下四个方面效率较高:

1. 从宏观政策效率——宏观经济的稳定增长看,这种预算分类模式的宏观政策效率较高

一个国家要实现宏观政策,主要取决于债务的规模,而债务资金主要用于资本性预算。如果实行宽松的财政政策,扩大财政支出规模,就会增加债务规模从而扩大资本性预算的规模,而不是经常性预算;相反,如果实行紧缩性财政政策,减少财政支出规模,减少债务规模,缩减的也是资本性预算的项目,而不是经常性预算的项目。经常性预算一般比较固定,而资本性预算具有较大的弹性,宏观政策决策时依据和考虑的重点是资本性预算。相比没有资本性预算的其他预算分类模式,资本性预算在扩充和缩减政府预算规模时,宏观政策效率就要高出很多。

2. 从微观政策效率——资源配置效率看,经营性收支与非经营性收支配置效率较高

经常性预算的支出主要用于非经营性的行政管理支出和社会服务支出,而资本性预算的支出主要用于经营性的投资支出(当然有些国家也用于非经营性的非生产性投资,如果是这样,那么这个优点就不存在),将不需要归还的税收收入与非经营性支出相配比,将需要还本付息的债务收入与经营性支出相配比,有利于政府在决策经营性支出和非经营性支出结构时的配置最优化。

3. 从预算管理效率——营运效率看,债务风险管理方面效率较高

按照流动性,将政府预算分为经常性预算和资本性预算,特别有利于政府债务风险的控制,因为经常性预算的收入主要来自税收,而资本性预算的收入除了来自经常性预算的结余和投资收益外,最为主要的就是来自债务。所以,我们可以将资本性预算看成债务资金预算的一种表现(债务资金预算的另外表现形式是按照债务的期限、还本付息情况编制的预算),资本性预算的这种表现形式是按照债务资金的用途编制的预算。在资本性预算中,我们可以实现对债务资金使用效益的有效管理,从而保证债务的还本付息资金的及时筹集和归还,进而防范债务风险的产生和避免政府债务危机的发生。这也是西方国家重视经常性预

算和资本性预算分开编制的主要原因,避免主权债务危机和地方政府债务危机的产生。

4. 从预算管理效率——营运效率看,支出的时间结构管理效率较高

由于经常性支出是用于政府的行政管理支出和社会服务支出,是消费性的支出,因此一般在当年消耗;而资本性预算支出都是投资支出,一般涉及好几个年度。把在一年中消耗的经常性支出和需要在跨年度分摊费用的资本性预算支出分开,有利于支出的时间结构的管理,是一种营运效率的提高。

但从预算管理效率——交易费用最小化看,经常性预算与资本性预算的划分并没有特别优于分类预算体系的其他预算分类模式。

(二)按固定性分类的预算分类模式的财政资金效率

按照固定性将预算分为经常性业务预算与临时性业务预算,与前面按流动性分为经常性预算与资本性预算有相似的地方,也有不同的地方。相似性体现在时间结构管理的效率上,按固定性分类的预算与按流动性分类的预算虽然都体现为时间结构管理,但这是两种不同的时间结构管理。按流动性分类的预算分类模式强调支出消耗的时间长短,而按固定性分类的预算分类模式强调的是时间期限内的发生频率。经常性发生的就是经常性业务预算,偶然的不经常发生的就是临时性业务预算。所以,按固定性分类的预算分类模式,其发生频率的时间结构管理效率更高,这同样属于预算管理效率——营运效率的范畴。

但与按流动性分类的经常性预算和资本性预算比,按固定性分类的经常性业务预算与临时性业务预算并没有与债务直接挂钩,也就不存在按流动性分类的预算分类模式具备的债务风险管理效率和宏观政策效率。

(三)按收入性质的特殊性分类的预算分类模式的财政资金效率

这也是预算分类模式中较常用的一种。按照收入性质的特殊性分类,将政府预算分为一般政府基金预算与特殊政府基金预算,其最大的缺点就是没有与债务挂钩,同样不具备按流动性分类所具备的债务风险管理效率、宏观政策效率。另外,其也不具备前面两种分类都具有的营运效率中的时间结构管理效率。这种分类这么普遍地被应用,肯定有其不能取代的优点。下面分析这种预算分类模式在财政效率方面的优缺点。

1. 从微观政策效率——资源配置效率看,灵活性强,特殊配置效率高

由于特殊政府基金预算是因为特殊性而设立的单独预算,因此,如果政府需要进行一些微观政策的调整,就可以通过设立某一特殊政府基金预算来保证某类支出,从而实现政府的微观政策,如我国为了安置和扶持大中型水库移民,设置了大中型水库移民后期扶持基金;为了安全处理核电站乏燃料,设置了核电站

乏燃料处理处置基金;等等。如果政府的微观政策目标改变,政府就可以取消这些特殊的政府基金。这种预算分类模式灵活性强,政策性也很强,特别有利于微观政策的决策和执行。因此,这种分类的预算分类模式特殊性配置效率高。

与按流动性分类的预算分类模式比,其微观政策效率更高,因为按流动性分类的预算分类模式的微观政策效率体现在经营性收支与非经营性收支的配置效率上。对此,按收入特殊性分类的预算分类模式一样可以做到。可以将非经营性收支作为一般政府基金预算,而将经营性收支作为特殊政府基金预算处理,但是其他特殊性的配置,按流动性分类的预算分类模式就做不到了。所以说,按收入特殊性分类的预算分类模式的微观政策效率更高。

2. 从预算管理效率——营运效率看,专款专用,利弊各半

在按照收入特殊性分类的预算分类模式下,特殊政府基金预算中的收支一一对应,强调收入用于指定的用途,专款专用。这种管理模式,利弊各半,一方面因为专款专用,可以优先保证特殊政府基金预算中的支出,从而使得资金不必因为事先没有固定的来源,在每年编制预算时重新调整,增加营运效率,同时专款专用也保证了前文提到的微观政策的及时实现;但另一方面因为专款专用,没有用完的资金就会被沉淀在特殊政府基金预算中,从而降低了资金的使用效率,而此时一般政府基金预算可能会由于收不抵支而被迫借债,从而也提高了财政资金的使用成本。所以,现在各国都在盘活特殊政府基金预算的结余资金上下功夫。但是即便如此,结余资金只能在年底统计出来,所以转入一般政府基金预算也只能一年进行一次,一般在一年结束后。这样在预算执行期,特殊政府基金预算资金也不可能与一般政府基金资金进行调转,从而在预算执行期会造成资金沉淀在特殊政府基金预算的情况无法改变,也就无法提高其营运效率。

3. 从预算管理效率——交易费用最小化看,交易费用较其他预算分类模式高

因为把预算分为一般政府基金预算和特殊政府基金预算后,特殊政府基金预算中的支出就得到了一定的收入来源保障,从某种意义上说就是优先执行了特殊政府基金预算。所以,各部门都非常愿意从特殊政府基金预算中争取资金,希望自己部门的业务成为特殊政府基金预算的业务,这样自己部门的业务支出就能优先得以保障了。为了成为特殊政府基金预算的业务部门,各部门必须通过一定渠道进行审批和争取,从而增加了新的交易费用;同时,每年各部门普通的行政经费一般是在一般公共预算中开支的,为了争取部门普通行政经费,每年预算的交易费用并不会减少,再加上为争取成为特殊政府基金预算的业务部门而多发生的交易费用,我们认为,按照收入性质的特殊性分类的预算分类模式,

其交易费用较其他预算分类模式高。

(四)按所有权分类的预算分类模式的财政资金效率

按照所有权分类,将预算分为社会保险基金预算与其他政府基金预算。因为社会保险基金预算的收入除了政府的补贴外,主要来自社会保险投保人或其雇主缴纳的保费,政府属于代管的性质,其所有权不属于政府,所以一般国家会独立编制社会保险基金预算。

社会保险基金预算不会用债务资金作为主要收入,一般也不会对宏观经济稳定产生直接的重大影响,所以我们认为,按所有权分类的预算分类模式,其宏观政策效率没有按流动性分类的预算分类模式高。社会保险基金预算一般会按照社会保险基金的种类形成小的子基金预算,如社会养老保险基金子预算、社会医疗保险基金子预算等,这样使得其微观政策效率和营运效率都会较高,同时不会形成额外的交易费用。

1. 从微观政策效率——资源配置效率看,有利于社会保险基金各子基金的自我平衡和社会保险政策的制定及调整

独立编制社会保险基金预算及其子基金预算就可以清楚地了解各子基金和社会保险基金整体的平衡能力,从而使得政府一方面可以合理安排其他预算资金来平衡社会保险基金预算,以便达到其他预算资金在社会保险补贴和其他方面的配置最优化,另一方面政府也可以根据独立的社会保险基金预算进行分析和研究,进而调整社会保险政策来保证社会保险基金的长期健康发展。

2. 从预算管理效率——营运效率看,有利于社会保险基金管理和保值增值

因为社会保险基金需要保值增值,单独编制社会保险基金预算,特别是在这一大预算下再按各类基金形成子预算,更可以分类管理各子基金的保值增值,对没能实现保值增值的基金进行问责和调整管理,从而提高基金的管理效率。

但社会保险基金预算的编制除了效率外,更主要的是公平,这部分我们将在本章的第三节重点展开讨论。

从前面的分析可见:(1)从宏观政策效率看,按流动性分类的模式因为对资本性收支进行了单独的预算,其宏观政策效率比其他任何一种模式高。(2)从微观政策效率看,按收入性质的特殊性分类的模式因为可以根据微观政策的需求进行特殊的资金配置,其微观政策效率最高;按所有权分类的模式有利于对社会保险基金自我平衡和政策的调整。(3)从预算管理效率——营运效率看,按流动性分类的模式和按固定性分类的模式的时间结构管理效率高,前者是支出消耗期限长短的时间结构管理效率高,后者是发生频率的时间结构管理效率高;按收入性质的特殊性分类的模式,营运效率利弊各半;而按所有权分类的模式主要是社会保险基金管理

效率高；最为关键的是按流动性分类的模式特别有利于对债务风险的控制，有利于防范政府债务危机。(4)从预算管理效率——交易费用最小化看，按收入性质的特殊性分类的模式因为部门为争取成为特殊政府基金预算业务的单位而会额外发生交易费用，所以其交易费用可能会高于其他模式。总之，各种模式各有利弊，尤其是按流动性分类的预算分类模式、按收入性质的特殊性分类的预算分类模式和按所有权分类的预算分类模式因为优点较多而为各国普遍采用，也因为各种模式各有利弊，所以各国并没有单一采用一种预算分类模式，往往是混合在一起，形成一种多种分类共存的复杂复式预算体系，如我国、美国等。

三、政府收支分类与财政资金效率

前文已经分析过政府收支分类与财政透明度之间的关系，本部分就要讨论政府收支分类与财政资金效率之间的关系。

政府收支分类与预算分类之间的联系和区别我们已经在第一章第二节做了详细的讨论。预算分类只有在分类预算体系下才会存在，但政府收支分类，不管是综合预算体系还是分类预算体系，都存在。预算分类强调收支的对应，政府收支分类不强调收支的对应。但另一方面，两者也有联系，政府收支分类有方法，预算分类也有方法，方法可能一致，也可能不一致。我们可以将预算分类看成比政府收支分类层面更高层面的收支分类，而且这种分类强调收支的对应。不同的预算分类也就形成了不同的预算分类模式。

政府收支分类应该既包括收入分类，又包括支出分类。由于世界各国的收入分类都高度统一，但支出分类比较多样，而且不同的支出分类，其财政资金效率也不同，因此本部分分析的是不同政府支出分类的财政资金效率。

(一)按部门分类

从微观政策效率——资源配置效率看，按部门分类，可以清楚地体现资源在各部门的分配，有利于决策者按部门分配资源，实现资源部门配置最优化。

从预算管理效率——营运效率看，按部门分类，能够反映各部门的支出和成本，有利于对各部门实行绩效管理和进行问责，从而提高营运效率。

从预算管理效率——交易费用最小化看，由于按部门分类，各部门之间就会产生攀比，从而产生一定的负面影响，为了获取更多部门利益，会增加更多交易成本。

由于各类政府收支分类涉及的是收支的结构，而不是收支总额和债务总额，因此，各类政府收支分类对宏观政策效率——宏观经济稳定增长的影响都是间接的,很难直接比较。

(二)按功能分类

按功能分类一般就是按照政府的职能分类,分为功能(职能)、规划、项目、活动四层,或者功能(职能)、规划、项目或活动三层。这种分类方法反映了政府的职能有哪些,是通过什么规划实现的,这些规划又是通过什么项目或者活动实现的。

从微观政策效率——资源配置效率看,按功能分类有利于政府在职能之间进行资源的配置,以及在同一职能下规划之间、项目之间和活动之间的资源配置。这种资源配置效率高于其他政府收支分类,如按部门分类,因为部门的资源配置最多只能做到部门之间资源分配的合理化,但有可能部门设置本身就有问题,那么即便做到了部门之间的资源分配最优化,也不能实现资源配置的帕累托最优。而按功能分类则不同,其本身就是按照政府的职能分类,而政府的职能就是提供公共服务和公共品,虽然在分类的过程中也会有一些不完善的地方,但按职能分类可以使得资源在提供不同公共服务和公共品之间实现合理配置。所以,在公共部门规模既定的情况下,按职能分类最有利于政府进行微观政策决策,实现资源配置效率最大化。

从预算管理效率——营运效率看,正如前文在"政府收支分类与财政透明度"部分分析的一样,按功能分类有利于实现绩效预算管理,因为这种分类可以将政府职能的绩效和政府职能的成本对应起来,从而有利于对政府职能进行绩效评价和绩效管理,最终提高政府的营运效率。按部门分类与按功能分类的营运效率孰高较难判断。一方面,按功能分类的绩效评价效率比按部门分类高。因为一个部门可能有几个不同的职能,或者一个职能由不同的部门来实现,使得按部门分类时,对部门进行绩效评价有一定的困难,而对政府职能进行绩效评价比较容易,公众对政府某种职能的满意度会更直接。比如,公众对政府的公共安全职能进行绩效评价时,比较容易有感官的认识,并可以作出合理的评价;但公共安全职能由不同的部门实行,让公众对实行公共安全职能的不同部门打分,公众就会有一定的困惑,不一定能合理评价。所以,从绩效评价看,按功能(职能)分类比按部门分类更有效。另一方面,按部门分类的问责效率比按功能分类高。因为对职能问责较难落到实处,而对部门问责可以直接落地,当然,问责也有利于营运效率的提高。所以我们认为,按功能分类的营运效率与按部门分类的营运效率各有利弊,很难比较。最好的做法是将功能分类与部门分类结合起来,按功能(政府的职能)来设置部门,这样既可以做到按功能分类,又可以做到按部门分类,而且将绩效评价的高效率与问责的高效率有机结合在了一起。

从预算管理效率——交易费用最小化看，按功能分类虽然也会涉及各功能争抢预算资金的现象，但由于每个职能并没有完全对应一个部门，因此其争抢预算资金的程度肯定不如按部门分类，其交易费用会低于按部门分类。但如果如前文我们所建议的，按功能分类完全对应按部门分类的话，这种优势就不存在了。但从提高营运效率看，这种机会成本还是值得的。

对宏观政策效率——宏观经济稳定增长的影响与按部门分类一样，都是间接的，很难直接分析比较。

（三）按经济分类

按经济分类主要是按照财政支出的投入要素分类。其实，投入要素就是成本要素，如工资、福利等人员费用和水费、电费、设备购置费等商品和服务购买费用等。

从微观政策效率——资源配置效率看，按经济分类能将资源在人员费用、商品和服务的购买费用之间进行合理的配置。但这种配置对微观政策效率影响并不大，主要是通过对成本结构的控制进而对营运效率产生影响。

从预算管理效率——营运效率看，按经济分类可以实现对成本的控制（包括对成本总额和结构的控制），从而提高营运效率。但如果只有成本信息，没有绩效信息，那么成本控制得再好，也不见得其营运效率高，因为成本低，可能其公共服务的质量更低。所以，经济分类一定要结合部门分类或者功能分类，这样就可以将按经济分类的成本控制与按部门分类或功能分类收集的绩效信息对应起来，即将部门或者功能的成本与绩效对应起来，才能对部门或者功能做合理的绩效评价，从而分部门或功能进行问责。

从宏观政策效率和预算管理效率——交易费用最小化看，按经济分类与其他分类并没有多大的差异。

（四）其他分类

1. 按法定性分

美国联邦政府按照是否是法定的支出将政府支出分为法定支出和自由裁量支出。法定支出一般是由法律规定的，有永久授权的；而自由裁量支出则往往需要年度授权。

从宏观政策效率——宏观经济的稳定增长看，政府可以通过对自由裁量支出扩张或紧缩来实现宏观政策目标，所以其宏观政策效率较高。

从预算管理效率——交易费用最小化看，法定支出是无法修改的，部门与政府之间、政府与立法机构之间博弈的是自由裁量支出，所以其交易费用会比其他全部支出都需要博弈的分类少。

从微观政策效率和预算管理效率——营运效率看,这种分类没有特殊的长处。

2. 按时间期限分

英国政府除了采用各类支出分类外,还将支出按时间期限分为 DEL 和 AME。DEL 是明确的计划在 3 到 4 年里都需要的支出,AME 则是客观需要的,但比较难预期和难控制的支出,所以每年都不一样。

从宏观政策效率——宏观经济的稳定增长看,这种分类不仅可以安排当年的宏观政策,而且可以考虑 3 到 4 年的政策效应,从而安排 3 到 4 年间的宏观政策,所以提高了宏观政策效率的长远性。

从微观政策效率——资源配置效率看,资源通过在期限不同的项目(中长期项目和短期项目)之间的合理配置,达到短期政策和中长期政策的合理衔接,从而达到资源时间配置的最优化。

从预算管理效率——营运效率看,这种分类有利于对短期项目和中长期项目运用不同管理模式分别进行管理,从而有利于提高管理的效率。

从预算管理效率——交易费用最小化看,因为 DEL 在英国是两年审查一次,按照检查结果再确定新的 3 年内限额,要比每年都博弈的其他分类的交易费用低一些。

3. 按业务的日常与否分

我国的部门预算支出分为基本支出和项目支出。基本支出是行政事业单位保障其机构正常运转、完成日常工作任务所需要的经费,一般包括人员经费和公用经费两部分;项目支出是按照项目安排的支出,是行政事业单位为了完成特殊的工作任务而安排的项目支出。这些项目有些是一次性的,有些则是经常性的、明确在 3 到 4 年内会持续的项目。这种分类方式的宏观政策效率和微观政策效率的优缺点都不明显。

从预算管理效率看,按业务的日常与否分,利弊各半。利处是把部门的支出分为基本支出和项目支出就可以较好地控制部门成本。一方面,因为基本支出一般是定额和标准化管理,比较容易控制,只要控制项目支出就可以较好地控制部门支出,所以其营运效率可以提高。另一方面,由于基本支出是定额和标准化的,各部门只能对项目支出进行博弈,因此其交易费用会比全部支出都要进行博弈的其他分类低一些。弊处是由于项目支出的很多成本是由基本支出共同负担的,这使得项目支出不能真正体现项目的总支出(总成本),无法有效控制项目支出(项目成本),不利于项目的绩效评价,从而降低营运效率。

4. 按流动性分类

按流动性分类,既是政府收支的分类方法,又是预算分类的分类方法。其优缺点如前面已经分析的按流动性分类的预算分类模式,这里不再重复。也有学者把按流动性分类看作按经济性质分类。那么,我们可以将经常性支出和资本性支出看成按经济分类的大类,而在经常性支出下再分为工资、福利、水费、电费等;在资本性支出下再细分出经济建设支出、设备购置费等。但很多国家在进行政府收支的经济分类时并没有形成经常性支出和资本性支出的大类,而是直接按投入要素(成本要素)的细项进行了分类,如我国,经济分类分为工资福利支出、商品和服务支出、对家庭和个人的补助支出、基本建设支出等。所以,本书中提到的按经济分类特指按投入要素细项的分类。

从前面的分析可见,不同的政府收支分类的财政效率也各有利弊。(1)从宏观政策效率看,其他分类中的按法定性分、按时间期限分和按流动性分都具有一定的宏观政策效率,尤其是后两者。(2)从微观政策效率看,按部门分类、按功能分类、按时间期限分类和按流动性分类都有各自特色的资源配置效率,尤其是按功能分类和按时间期限分类,前者可以使得资源在不同政府公共服务之间达到最优配置,后者可以使得资源在短期政策和中长期政策之间得到合理配置。(3)从预算管理效率——营运效率看,按部门分类与按功能分类比较,问责效率前者优于后者,因为前者可以将问责落实到部门;后者的绩效管理效率高于前者,特别是绩效评价效率。所以,最好将按功能分类与按部门分类统一起来。按功能设置部门,两者就可以统一。因为经济分类是按照成本要素的分类,可以有效控制成本,但真正要实现成本的控制,必须明确成本的载体,或部门或功能、规划和项目,所以,要实现按经济分类的营运效率,前提是经济分类必须成为其他分类的子分类。按业务的日常与否分类,预算管理效率——营运效率利弊各半,特别不利于项目管理,项目管理效率低。(4)从预算管理效率——交易费用最小化看,按部门分类的交易费用较其他分类高,因为各部门会出现攀比现象。所以我们认为,可以将这些分类有机结合起来,如果能按功能设置部门,那么功能分类和部门分类就统一了,然后在功能分类或部门分类下结合经济分类,就如前文中所讨论的一样;同时,可以将支出先分为经常性支出和资本性支出,再细分为 DEL 和 AME,这样有利于中期预算的编制。

总之,我们认为综合预算体系(单一预算体系)和分类预算体系(复式预算体系)各有利弊。我们建议形成一个混合预算体系,即先编制分类预算,再把分类预算综合起来,形成一个统一的预算,也就是综合预算,这样各自的优点都保留,而缺点被克服。但由于分类预算体系也有不同的预算分类模式,不同的预算分类模式也各有利弊,因此最好的办法是混合在一起形成一种多种分类并存的复杂复式预算体系。另外我们还认为,不同的政府收支分类同样也各有利弊,所以可以有机地将不同的政府收支分类结合在一起,如按功能设置部门,使得部门分类与功能分类一致,将经济分类作为部门分类或功能分类另一维的分类等,从而提高政府预算体系的财政资金效率。

第三节 政府预算体系与公平

从表面上看,政府预算体系主要与财政透明度和效率有直接的关系,似乎与公共财政责任中的公平并没有多少直接相关性。事实并非如此,好的政府预算体系不仅可以提升财政透明度和实现较高的财政效率,而且可以为公平作出贡献。我们在第二章已经论述了财政资金的公平,并明确采用代内结果公平作为财政资金追求的目标,将折中主义作为财政政策和财政管理的价值观。在本节讨论社会保障预算时,不可避免会涉及代际收入再分配的分析,按照我们在第二章的界定,我们认同当代人之间的收入再分配,认为代内结果公平是财政资金追求的目标,但不认同不同代人之间的收入再分配,也就是认为如果存在代际的收入再分配,是对代内公平的一种伤害,是不公平。所以,我们认同的代际公平是指不存在代际的收入再分配。一代人为自己这代人负责。

政府预算体系与公平之间的关系和政府预算体系与效率之间的关系一样,会涉及三个方面的问题:综合预算体系(单一预算体系)和分类预算体系(复式预算体系)中哪个更有利于公平?分类预算体系下不同预算分类模式的公平情况如何?政府收支分类与公平之间会有什么样的关系?由于第二个问题是预算体系与公平之间关系的关键,因此我们本节重点讨论第二个问题。第一个和第三个问题就放在第一部分简单讨论一下。

一、两大类政府预算体系、政府收支分类与公平

综合预算体系因为没有对预算进行分类,也就不可能像分类预算体系那样按照公平的需要设立一些特别的预算了。而分类预算体系则不同,可以根据公平的需要设置特别的预算,如按照性别公平设置性别预算,按照代际公平设置经常性预算和资本性预算,按照特殊的需要设立特殊政府基金预算等。所以,从公平的角度看,分类预算体系更容易实现公平。

但不管是综合预算体系还是分类预算体系,都会涉及政府收支分类。我们已经在第一章第二节分析了预算分类和政府收支分类的不同。从政府收支分类看,按部门分类涉及的是部门之间的公平,但按功能分类更关系到公众之间的公平。按照会计学的重要性原则,重要的单独列示,不重要的合并列示,所以如果我们将与公平相关的支出单独列示,成为功能分类里的一个大类,就会让公众、立法机构和政府更关注这类支出及其管理,从而有利于相关公平问题的实现。如美国2021财年的政府支出功能分类中有一类"老兵福利与服务"就是单独分类的,目的就是要保障老兵的福利;我国2020年的政府支出功能分类中有一类是"住房保障支出",这一类在2007年政府收支分类改革时并没有设置,这类支出的单独设置就是为了解决低收入阶层的住房问题,实现结果公平。所以,按功能分类比按部门分类更有利于实现公平,当然如果部门是按照功能分类设置的,那么部门分类与功能分类就统一了。按法定性分类的政府收支分类也是有利于公平的实现的,因为我们可以把保障公平的支出通过法律规定设定为法定支出,就可以优先得到资金保障,不必每年通过立法机关的年度授权了。按流动性分类的政府收支分类和按流动性设置的分类预算效果是一致的,具体分析见按流动性分类的预算分类模式的分析。其他分类在公平方面的作用并不是非常明显。

二、实现代际公平:经常性预算与资本性预算

前文已经分析过在分类预算体系下,有不同的预算分类模式,其中有一种就是按流动性分类,将政府预算分为经常性预算和资本性预算。经常性预算的收入主要是各项税收,支出主要用于政府行政经费支出和弥补各种公共服务的成本;而资本性预算的收入除了政府投资收益、财产出卖收入以及经常性预算结余转入外,最主要的是债务收入,支出主要用于营利性资本投资支出,但有些国家也包括没有营利的非生产性投资和固定资产的简单再生产。从前面的分析可见,经常性预算的支出是当期消耗的,它可以为当期的公众提供公共服务,从而让当期的公众享受政府提供的当期公共服务,按照受益成本对等原则,本期的受益方应该也是成本的承担方,所以当期的公共服务成本就应该由当期的税收来承担,当期的受益人也就成了当期成本的承担人,这样就不存在代际负担问题。如果将当期公共服务的成本通过发债来筹集,而发债又由后期的纳税人的税收来偿还,那么就是让后期的纳税人承担了当期纳税人享受的公共服务的成本,这就存在代际不公平现象。同样的道理,由于资本性预算的支出是投资性的,不管

是营利性还是非营利性的,这种支出都是跨期分摊的支出,是在几个年度内消耗的,所带来的好处不仅仅局限于当期,而且是跨期的。所以,对这类资本性支出应主要通过债务来筹集,而不应该通过税收。如果通过税收来筹集资金用于资本性支出,不管是营利性还是非营利性,都会造成代际的不公平,等于是用当代人的税收负担了若干年纳税人的受益成本。如果通过债务筹集资金就不会存在代际的不公平,先用债务筹集资金进行投资,如果是营利性的,将来就通过政府投资收益、投资形成的财产出卖收入来归还本息;如果是非营利性的,就用经常性预算结余转入即税收在其使用期限内分期归还本息,资本支出可以用 10 年就分 10 年归还,可以用 100 年就分 100 年归还,这样每年的纳税人就承担了资本性支出每年的分期成本,受益人与成本承担人就对应起来,也就不存在代际负担问题。

所以,为了避免代际负担,实现代际公平,就需要按流动性分类,设置经常性预算和资本性预算。

三、实现性别公平:社会性别预算

男女两性之间有不同的需求、关注和优先事项。政府预算作为体现政府在公共事务决策中价值取向和优先选择的工具,对男女两性的生活和权利关系会产生积极或者消极的影响。[①] 社会性别预算是一种手段和分析方法,从不同性别的成年人和儿童角度分析他们的需求,并在政府安排收入和支出时满足他们各自的需求,从而实现性别之间的公平。性别预算最早兴起于 20 世纪 80 年代,澳大利亚在 1985 年实行了"妇女预算",主要用来分析政府预算对妇女的影响。随着性别预算的发展,性别预算不仅仅局限于妇女角度,而且开始强调两性对政府预算的回应和敏感度。

从内容上看,社会性别预算主要由项目优先性的选择、专门项目的安排(如妇女发展基金等)、在安排收入政策和支出政策时将对不同性别产生影响的收支分别列示(如男童的教育费用和女童教育费用的分列、男性就业培训支出和女性就业培训支出的分列等),以及一些政府预算对不同性别产生影响的分析内容(如一些公共政策的社会性别反应敏感分析)组成。社会性别预算可以是单独编制的,也可以是混合在政府主体预算中的。前者如澳大利亚实行的"妇女预算",实行"妇女预算"报告制度,对政府支出进行全面的审查,并要求各部门在编制各

---

① 马蔡琛.社会性别预算:理论与实践[M].北京:经济科学出版社,2009:35.

自的预算时,必须按照一定的格式,说明各项开支对妇女的影响;同时,要求政府预算公布时,公布"妇女预算"概要,具体说明政府预算中针对妇女的重要措施,单独形成妇女预算报告。我们认为这种做法可以理解为单独编制了社会性别预算。中国河南焦作也试点编制独立的社会性别反应预算。韩国则是通过设立性别平等部(2005 年后改为性别平等与家庭事务部),通过性别平等部的项目以及其他与性别相关的分析和统计构成了性别预算,但性别平等部的预算纳入政府预算,相关的分析和统计也涵盖于政府预算报告中,并不是一份独立的预算和报告。

从过程上看,社会性别预算不仅仅表现在预算内容上,而且表现在预算过程中妇女的参与以及政府和公众对政府收支性别敏感度的重视上。如坦桑尼亚的性别预算从 1997—1998 年的卫生和教育部门预算开始,评估部分战略部门的预算过程和预算分配,以及它们对妇女和其他弱势群体的影响,逐步将此类评估扩展到其他有关部门;组织和进行游说活动,促使技术官员和立法人员增加对妇女和其他弱势群体敏感的部门的预算分配;提供普及信息和举行倡议活动,使公众了解预算过程与分配以及对社区发展的影响。[①]

从主体看,世界各国在推进社会性别预算时,主体主要分三大类:一类是非政府组织(Non-Governmental Organizations,NGO),主要是一些妇女和儿童组织,一类是政府中的财政部门,一类则是立法机构。我们认为,为了更好地实现性别公平,政府对于推进社会性别预算具有不可推卸的义务和责任,也是实现公共财政责任的主要内容之一。所以,政府预算体系中应该包括社会性别预算,由财政部门进行单独的汇总、分析和报告,同时由财政部门和政府其他相关部门作为推进主体促进妇女等相关人员参与性别预算项目的评估和决策。

我们认为,理想的政府预算体系应该包括独立的社会性别预算,主体应该由财政部门负责,立法机构和 NGO 全程监督和参与。财政部门基于政府收支关于性别反应的分析单独编制预算(包括汇总、分析和报告),主要内容包括前面提到的项目按照性别公平的优先性排序、保障性别公平的专门项目的安排、性别敏感度强的政府收支按性别列示以及公共政策及政府支出的性别反应敏感度分析等。预算过程中强调妇女与相关主体的参与,以及公众与政府对预算以及政策引起的性别反应的重视,从而促进政府制定出有利于性别公平的社会政策和财政政策。

[①] 哲玛·阿克利玛力.性别预算计划:坦桑尼亚的经验.坦桑尼亚性别网络项目,在"把性别平等观纳入国家预算"研讨会上的发言,1997[M]//中国发展研究基金会.中国跨部门性别预算理论、工具与实践高级研修班培训手册,2009:132.

四、实现代际公平和代内公平：独立的社会保障预算与非独立的社会保障预算

社会保障包括社会保险、社会救济和社会福利等。社会保障是世界各国政府的主要职能。为了更好地实现社会保障职能，20世纪五六十年代，开始兴起社会保障预算。由于各国政府对社会保障的理念不同，各国社会保障制度也不同，在处理社会保障预算时就有不同的方式。一般认为，现在存在三种社会保障制度：一是福利型，二是公平效率兼顾型，三是强制储蓄型。在这三种社会保障制度下，社会救济和社会福利的资金来源一般是一致的，都由当代的税收来承担。但社会保险在这三种社会保障制度下有着各自不同的筹资模式，福利型的社会保障制度一般实行现收现付制的社会保险筹资模式，公平效率兼顾型的社会保障制度一般实行部分基金制的社会保险筹资模式，而强制储蓄型的社会保障制度则实行完全基金制的社会保险筹资模式。不同的社会保障制度配合不同的社会保险筹资模式践行着不同的福利理念，也采用不同的社会保障预算模式，对代际公平和代内公平产生着不同的影响。实行福利型社会保障制度和现收现付制社会保险筹资模式的国家一般采用非独立的社会保障预算模式；实行公平效率兼顾型社会保障制度和部分基金制社会保险筹资模式的国家一般采用独立的社会保障或社会保险基金预算模式，但仍然属于政府预算体系内；实行强制储蓄型的社会保障制度和完全基金制的社会保险筹资模式的国家一般采用政府预算体系外的独立社会保险基金预算模式。下面分不同社会保障预算模式进行分析。

（一）非独立社会保障预算模式，如英国模式

实行福利型社会保障制度的国家一般崇尚国家福利，是高福利的国家，如英国和瑞典等国家。福利型社会保障制度是在经济比较发达、整个社会物质生活水平较高的情况下实行的一种比较全面的保障形式，其目标在于对每个公民，由生到死的一切生活及危险都给予安全保障。所以其保障范围广，从"摇篮"到"坟墓"全包；保障对象全面，惠及全民；保障标准高，保证社会成员都能够维持一定标准的生活质量。在高福利国家，社会保障的资金主要来源于税收和雇主的缴费，保障的标准与个人的收入和缴纳的社会保障税或费没有直接联系。

实行这种福利型社会保障制度的国家一般不建立独立的社会保障预算，如英国就把与社会保障相关的所有收支都包含于政府预算中，英国的政府预算只分经常性预算和资本性预算，并没有单独的社会保障预算或社会保险基金预算。

与社会保障相关的收入在经常性收入中,与社会保障相关的支出则主要包含于经常性支出中。

英国的经常性预算收入包括[①]:个人所得税、国家社会保险费、增值税、公司税、石油收入税、燃油税、资本利得税、遗产税、保险附加税、银行税等其他税费。可见,国家社会保险费和保险附加税都包含在经常性预算中。从 2020—2021 财年的预算看,国家社会保险费为 1 502 亿英镑,保险附加税为 66 亿英镑。

英国的经常性预算支出分为经常性支出中的 DEL 和经常性支出中的 AME 两部分,AME 又包括福利支出[包括福利帽(Welfare Cap)内外]、地方融资一般支出、公司税和其他税收抵免、净公共服务养老金支付(Net Public Service Pension Payments)、被资助的公共部门的养老金计划(Funded Public Sector Pension Schemes)、归于一般政府的养老金(General Government Imputed Pensions)等。从 2020—2021 财年的经常性支出看,福利支出为 2 312 亿英镑,净公共服务养老金支付为 42 亿英镑,被资助的公共部门的养老金计划为 205 亿英镑,归于一般政府的养老金为 13 亿英镑。资本性支出中也有被资助的公共部门的养老金计划,但从 2020—2021 财年的预算看只有 9 亿英镑。[②]

可见,社会保障的收入全部在经常性收入中,社会保障的支出则绝大部分在经常性支出中,很少一部分在资本性支出中。这种不单独建立社会保障预算或者社会保险基金预算,将与社会保障相关的支出主要并入经常性支出的做法,可以保证社会保障支出的及时足额执行,也与其高福利国家的性质相一致,用其经常性收入保障政府的社会保障支出,表明政府把社会保障支出放在极其重要的位置上。

从代际公平看,这种非独立的模式由于采用现收现付制的社会保险筹集模式,存在着代际负担。现收现付的社会保险筹资模式就是当年的社会保险支出由当年的社会保险收入来支付,享受社会保险支出的一代往往就是已退休的一代,而缴纳社会保险税或社会保险费的一代则是现在工作的一代。所以在现收现付制下,享受社会保险的一代由于当年为其上一代承担了社会保险支出而未能为自己的社会保险缴费或储蓄,自己的社会保险支出就由现在工作的一代承担。这样就存在着代际负担,也就存在着代际的不公平。

从代内公平看,这种非独立的模式由于将主要的社会保障支出列入经常性

---

① 英国 2020 年预算文件[EB/OL].[2020-08-03]. https://www.gov.uk/government/publications/budget-2020-documents.
② 英国 2020 年预算文件[EB/OL].[2020-08-03]. https://www.gov.uk/government/publications/budget-2020-documents.

支出预算中,具有代内公平的优点。首先,正是因为这种非独立的社会保障预算模式将主要的社会保障支出列入经常性支出预算,用经常性收入进行优先保障,使得政府的社会保障职能成为政府最重要并最能全部实现的职能;其次,实行这种非独立模式的国家都是高福利国家,社会保障标准高,通过社会保障系统支持后,大大缩小了公民之间的收入差距;最后,由于社会保障预算包含在经常性预算中,那么其资金的来源就不仅仅是公民和雇主缴纳的社会保险税或费,而有可能是政府的其他税收收入,因为当公民缴纳的社会保险税或费不足以支付社会保障支出时,其差额就由其他税收承担,事实也是如此,由于这种模式下的保障标准高,缴费率低,造成其资金来源还要靠其他税收支持,这种模式就非常有利于代内公平的实现。

(二)政府预算体系内的独立社会保障预算或社会保险基金预算模式

公平效率兼顾型社会保障制度又被称为保险型社会保障制度或投保资助型社会保障制度。这种制度往往既注重公平,又注重效率:一方面通过政府为公民提供基本的生活保障,保证每个公民基本的生活水平;另一方面则鼓励公民自己保障自己,强调社会保障是个人的事情,应以自保为主,政府给予适当的补助,社会保障标准与个人收入和缴费相联系,从而提高资金使用效率。实行公平效率兼顾型社会保障制度的国家主要有美国、日本、中国等。在这种模式下,其资金来源主要是雇主与雇员的缴费或缴税,政府补助是适当的。公平效率兼顾型社会保障制度与福利型社会保障制度相比:前者保障标准低,后者保障标准高;前者资金来源主要是雇主与雇员的缴费或缴税,后者资金来源很大一部分依靠政府的其他税收;前者的保障标准与个人收入及个人和其雇主的缴费或缴税直接联系,后者的保障标准与个人收入及个人和其雇主的缴费或缴税没有必然的联系;前者的社会保险筹资模式实行部分基金制,后者的社会保险筹资模式实行现收现付制。部分基金制筹资模式是指工作一代承担的社会保障税费除了满足当期的社会保险支出外,还需要为将来留有一定的储备基金,为自己的社会保险支出承担部分成本。部分基金制与现收现付制相比,社会保险税率或缴费率更高,因为工作一代不仅仅需要为上一代埋单,而且需要为自己储蓄。

实行公平效率兼顾型社会保障制度的国家一般采用独立的社会保障或社会保险基金预算模式,但仍然属于政府预算体系内。也就是这些国家的政府预算体系会采用复式预算体系中按所有权分类的预算分类模式,在政府预算体系内单独设立社会保险基金预算或者社会保障预算。

1. 政府预算体系内独立的社会保险基金预算模式,如美国和我国

实行这种模式是基于社会保险基金属于信托基金的考虑,认为社会保险基

金的所有权属于缴纳社会保险税费的公众,政府要替公众保管社会保险基金,保证其保值增值,并用公众和雇主缴纳的社会保险税费作为社会保险支出的主要来源,政府进行适当的补助。美国实行统一预算(Unified Budget),但又把统一预算分为预算内预算(On-Budget)和预算外预算(Off-Budget),社会保险信托基金(简称为 OASDI)和邮政服务基金属于预算外。所以,美国就是属于这种在政府统一预算中独立设立社会保险基金预算的模式。我国更典型,我国实行一般公共预算、政府性基金预算、国有资本经营预算和社会保险基金预算。社会保险基金预算是政府预算体系四大预算中的一种。我国社会保险基金包括基本养老保险基金、失业保险基金、医疗保险基金和工伤保险基金四种,并不包括社会保障中的社会福利和社会救济的内容。

　　从代际公平看,虽然没有现收现付制这样明显的代际负担,但仍然存在着代际负担问题。这种模式实行部分基金制的社会保险筹资模式,而部分基金制的实质就是现收现付制＋完全基金制。一部分实行现收现付制,工作一代承担当年的社会保险支出(即使上一代有为自己积累的部分,但由于这部分不足以支付上一代的全部社会保险支出,差额也是由工作一代承担),这部分就存在着代际负担问题;二是完全基金制,因为在部分基金制下,工作一代除了承担上一代(当年)部分的社会保险支出,还要为自己一代积累,为自己一代积累的部分就是完全基金制,是自己年老享受社会保险时使用,这部分就不存在代际负担问题。

　　从代内公平看,实行政府预算体系内的独立的社会保险基金预算模式,对代内公平有一定的贡献,但不如高福利国家实行的非独立的社会保障预算模式。在独立的社会保险基金预算模式下,社会救济和社会福利还保留在一般公共预算内,所以社会救济和社会福利还是可以起到代内公平的作用;另外,这种独立模式是在政府预算体系内的独立,所以当社会保险基金收支不平衡时,往往得到来自一般公共预算的支持和补助,同样也有助于代内公平的实现。但毕竟其是独立于一般公共预算之外的,一般公共预算收入对其的保障不如纳入一般公共预算的其他支出。

　　2. 政府预算体系内独立的社会保障预算模式,如俄罗斯和我国河北曾经的试点改革

　　俄罗斯联邦预算体制由三级预算构成:第一级是联邦预算和国家预算外基金预算,第二级是俄罗斯联邦主体预算(即地区预算)和地区预算外基金预算,第三级是地方预算。俄罗斯国家预算外基金用于实现下列法律规定的公民权利:社会养老保障;因疾病、残疾、失去扶养人、生育和抚养儿童以及俄罗斯联邦社会保障法律所规定的其他情况下的社会保障;失业社会保障;保健和享受免费医疗。可见,俄

罗斯不仅将社会保险,而且将社会救济和一些社会福利的资金纳入了国家预算外基金预算。所以,其属于政府预算体系内独立的社会保障预算模式。

在我国未实行统一的四大预算前,各地都有自己的预算体系的试点改革。河北曾经实行过政府预算体系内独立的社会保障预算模式。这一模式的社会保障预算主要包括各类社会保险基金、专项社保资金及政府公共预算安排的社会保障资金。[①]

这种模式最大的特点是具有全面性,将所有与社会保障相关的收支(不仅包括社会保险,而且包括社会福利和社会救济)集中在一个独立的预算中。

从代际公平看,由于在这种模式下一般也采用部分基金制的社会保险筹资模式,因此其代际公平的情况与政府预算体系内独立的社会保险基金预算模式类似。

从代内公平看,与政府预算体系内独立的社会保险基金预算模式不同的是社会福利和社会救济这些由当代纳税人承担的支出也被独立出来,与社会保险一起组成了独立的社会保障预算。社会福利和社会救济虽然从一般公共预算中分离出来,但还是由一般公共预算等政府资金进行保障,所以其代内公平与政府预算体系内的独立社会保险基金预算模式是基本一致的,但毕竟独立于一般公共预算,社会福利和社会救济的规模一定不能恣意增长,会受到限制。这说明在代内公平方面,这种独立的社会保障预算比独立的社会保险基金预算要稍微弱些。

从前面的分析可见,这一模式虽然在形式上不同于政府预算体系内独立的社会保险基金预算模式,但从公平上分析,不管是代际公平还是代内公平,两者基本一致,只是在代内公平方面要比政府预算体系内独立的社会保险基金预算模式稍微弱些。但两者在资金管理的效率上有所不同,独立的社会保障预算模式资金管理效率更高,因为把所有社会保障的资金放在一起管理,更有利于社会保障资金的公开和透明,更有利于公众对社会保障资金的监管,从而有利于政府提高社会保障资金的管理效率。

(三)政府预算体系之外的独立社会保险基金预算模式

强制储蓄型的社会保障制度更注重效率,主张自己养活自己,一般实行完全基金制的社会保险筹资模式。在这种模式下,政府不对个人的社会保险进行补助,只对社会保险基金的最低收益作出担保。政府通过立法要求所有雇员都要参加强制储蓄,资金由雇员和雇主共同(或者雇员单独)承担。实行强制储蓄型

---

① 河北政府信息公开专栏《河北省社会保障预算编制管理暂行办法》[EB/OL].[2016-04-15]. http://info.hebei.gov.cn/hbszfxxgk/329975/329988/330092/3376773/index.html.

社会保障制度的国家一般奉行个人账户积累原则。个人账户上的资金由雇主和职工双方按比例缴纳（或者雇员单独），以个人的名义存入个人账户。当个人达到退休年龄时，将其全部强制储蓄金的本金和利息一次发给受保的雇员。在这种社会保障制度下，社会保险实行完全基金制，但社会救济和社会福利还是政府承担。目前，实行这种社会保障制度的国家和地区主要有新加坡、智利和中国香港。这种强制储蓄型社会保障制度，与福利型社会保障制度和公平效率兼顾型社会保障制度都不同，后两者政府承担了不少缴付资金的职责，而在强制储蓄型社会保障制度下，政府只承担监督职能，政府将社会保险交给独立的公立或私立机构去运营，最多只承担资金最低收益率的担保职能。所以，这种模式激励功能比较强，比公平效率兼顾型的社会保障制度更讲究效率，甚至可以说是完全效率，而忽视了结果公平。社会保险金额与个人和雇主缴纳的金额绝对挂钩，也就意味着金额与个人的劳动贡献完全挂钩，不存在社会再分配职能。

新加坡实行中央公积金制度，建立中央公积金局，管理个人和雇主缴付的公积金。雇员和雇主按照工资的一定比例缴付公积金。公积金局为公积金会员设立三个账户：普通账户（可用于购房、教育、投资）、保健账户（可用于住院和门诊费用）、特别账户（退休前不能拿走，专用于养老，55岁可以一次性提取）。智利和中国香港所采用的制度与新加坡的中央公积金制度有所不同，智利和中国香港仅对养老保险采取个人账户（完全基金制），医疗保险和其他社会保障都有政府的参与，即个人账户上的强制性储蓄只能用于养老，而不能像新加坡那样可以用于医疗保健与住房开支等；智利和中国香港的养老金交由私人机构管理，而新加坡则是由公立的中央公积金局运营管理。由于社会保障基金交给公立或者私立的机构管理，政府又不承担缴付义务，因此这部分社会保障预算就独立于政府预算，由管理机构独立编制独立于政府预算的独立的社会保障（保险）预算。但并不是所有的社会保障资金都交给独立的公积金局或者私立的基金公司管理，其他社会保障资金还是由政府承担，这部分就编入政府预算中。

从代际公平看，完全基金制的养老金或者公积金都是由雇主或者雇员缴付和承担的，政府不进行补助，支取时的资金来自自己和雇主为自己缴付的资金以及这些资金的增值部分，所以在这种模式下都是自己养活自己，不存在代际负担问题。

从代内公平看，完全基金制的养老金或者公积金，由于得不到政府的补助，因此不存在代内公平的问题，也就是说，不存在同代人之间的相互调剂和相互帮助。但是在强制储蓄型社会保障制度下，并不是所有社会保障资金都独立地实行完全基金制，还有很多社会保障资金得到了政府的支持、补助甚至全部由政府来承担，如智利的医疗保险由政府支持和补助、智利的社会救济则全是政府承担。所以,没有纳入完全基金制的社会保障资金还是存在用政府一般预算资金支付并承担的现象,也就存在着当代人之间的收入分配,有利于代内公平的实现。

总之,实行非独立的社会保障预算模式的国家一般实行福利型社会保障制度,实行现收现付制的社会保险基金筹资模式,把所有社会保障资金都编入经常性预算中,这种模式代际负担明显,所有社会保障资金都存在代际负担问题;代内结果公平也很明显,所有社会保障资金都在经常性预算中,税收和社会保险税费统筹使用。实行政府预算体系内独立的社会保障预算或社会保险基金预算模式的国家和地区一般实行公平和效率兼顾型社会保障制度,实行部分基金制的社会保险基金筹资模式,将社会保险基金或者部分社会保障资金单独编制预算,但又不独立于政府预算,在这种模式下,部分基金制社会保险基金意味着部分社会保险资金现收现付制,部分社会保险资金完全基金制,现收现付制的社会保险部分存在着代际负担,而完全基金制的社会保险部分则不存在代际负担;社会救济和社会福利则全由政府承担,有利于代内公平;政府对社会保险基金进行补助,补助的部分也存在代内公平。实行独立于政府预算体系之外的社会保险基金预算模式的国家一般实行强制储蓄型社会保障制度,实行完全基金制的社会保险基金筹资模式,在这种模式下,独立于政府预算之外的社会保险基金(或部分社会保障资金)因为实行完全基金制,且没有政府的补助,所以既不存在代际负担,也不存在代内再分配;另外,不实行完全基金制的其他社会保障基金还是纳入政府预算,存在着代内再分配,有利于实现代内公平。

五、实现特殊公平:特殊政府基金预算

为了实现特殊公平,政府可以设立特殊政府基金预算。如在我国,曾经为了保障残疾人就业设置了残疾人就业保障基金,并将其纳入政府性基金预算,直到 2014 年 12 月我国政府认为没有必要再单独设置后才将其纳入一般公共预算中,但仍然实行专户管理模式。

日本实行复式预算体系,其中央预算分为一般会计预算、特别会计预算和政府关联机构预算三大类。日本的特别会计预算,就是政府的特殊政府基金预算。特别会计预算是指国家在基本事务之外,用于特定目的的国家项目支出预算。特别会计预算通常是政府为达到特定目的而设置的,日本的特别会计预算原来共有三大类、31 项内容。根据 2007 年《有关特别会计的法律》的规定,日本废除原有的 31 项特别会计法,制定了有关特别会计的总体法律,将 31 项特别会计合

并缩减为17项(东日本大地震复兴特别会计除外)。从2020年预算看,现在只剩下13项特别会计:转移支付税以及让与税分配金特别会计、地震再保险特别会计、国债整理基金特别会计、外汇资金特别会计、财政投融资特别会计、能源对策特别会计、劳动保险特别会计、年金特别会计、食品稳定供给特别会计、国有林野事业债务管理特别会计、特许特别会计、汽车安全特别会计、东日本大地震复兴特别会计。① 虽然并不是所有日本特别会计预算都是为公平而设立的,但除了劳动保险特别会计和年金特别会计与公平直接有关外,食品稳定供给特别会计以及汽车安全特别会计也都与公平有一定的相关性。

韩国的政府预算体系分为预算和基金两部分,基金包括国民住房基金、国有资本管理基金、公务员养老金基金、国民养老金基金、军人养老金基金、工伤保险基金、最低工资保障基金、放射性废弃物治理基金、中小企业发展基金等。韩国的国民住房基金、最低工资保障基金都是为了实现某类特殊的公平而设立的特殊政府基金。

韩国与日本一样,并没有将所有的社会保险基金综合在一起,建立综合的社会保险基金预算,但各类社会保险各自成为特殊政府基金预算中的子基金,实质上属于我国和美国所实行的政府预算体系内独立的社会保险基金预算模式,这些单独的政府社会保险基金与其他特殊基金一起构成了特殊政府基金预算,实行专款专用的管理。

我国香港地区也将预算分为政府一般收入账目和基金账目两部分。基金账目包括基本工程储备基金、资本投资基金、公务员退休金储备基金、赈灾基金、创新及科技基金、土地基金、贷款基金、奖券基金和债券基金等。② 其中,公务员退休金储备基金、赈灾基金就与公平有着直接的联系。

特殊政府基金预算可以按照政府的需要设立,政府为了实现某方面的公平或者效率可以设置相关的特殊基金进行管理,这样有利于实现某类特殊需要。如韩国在特殊政府基金预算中设置最低工资保障基金,就可以保障最低工资制度的顺利实现,从而有利于公平。日本的食品稳定供给特别会计账户有利于政府对食品稳定供给的保障,从而有利于实现普通公众对食品的稳定需求,进而有利于公平。我国香港地区的赈灾基金可以保障受灾群众的利益,从而实现公平。

从本节上文的分析看,分类预算体系要比综合预算体系更容易按照公平的

---

① 令和二年度特别会计预算[EB/OL].[2020-08-05]. https://www.bb.mof.go.jp/server/2020/dlpdf/DL202012001.pdf.
② 香港政府财政预算案[EB/OL].[2020-08-05]. https://www.budget.gov.hk/2020/sim/estimates.html.

需要设置特殊的预算。在分类预算体系下,我们可以通过设立经常性预算与资本性预算来避免代际负担,实现代际公平;可以通过设立社会性别预算来实现性别公平;可以按照各自的社保制度选择相应的社会保障预算来实现代内和代际公平;可以按照特殊公平的需要设置特殊政府基金预算。同时,在各分类的子预算下,按功能、按流动性和按法定性进行收支分类更有利于公平。前面的几种设置并不是矛盾的,而是可以同时存在、相互补充的。也就是说,我们既可以同时设置性别预算、社会保障预算以及特殊政府基金预算,又可以在政府一般(普通)预算中按流动性分为经常性支出和资本性支出,其作用与经常性预算和资本性预算的设置相同,还可以按功能和法定性进行分类,可以多种分类并存,从而达到公平的多元目标。

第四章 典型国家政府预算体系的公共财政责任分析

在第三章中,我们分析了政府预算体系与公共财政责任的核心——财政透明度、效率与公平之间的关系。事实上,很多国家并不是单一采用某一类政府预算分类模式,而是综合地采用了各类政府预算的分类模式以及各类政府收支分类方法,形成了复杂的政府预算体系。本章结合世界各国实际采用的政府预算体系的种类、预算分类和政府收支分类探讨它们各自的政府预算体系的公共财政责任。我们在选择典型国家时,是以各国所采用的政府预算体系的种类为依据的。由于世界上极少有国家采用纯粹的综合预算体系(单一预算体系),大部分国家采用复杂的分类预算体系(复式预算体系),因此我们在本章不探讨纯粹的综合预算体系国家的公共财政责任。我们在本章主要探讨实行三种典型政府预算体系国家的公共财政责任,并以具体国家为对象进行分析。

我们认为,世界上主要存在三种典型的政府预算体系:第一种是以美国为代表的混合预算体系,其名义上是综合预算体系。由于其政府预算体系分为预算内预算和预算外预算两类,具有了分类预算的特征,OASDI和邮政服务基金作为预算外资金脱离预算内而单独管理,但同时又将预算内和预算外紧密综合在一起形成统一预算,并将统一预算作为主体预算进行编制和管理,因此可以将其看成混合预算体系。第二种是以英国为代表的双重预算体系。英国将预算分为经常性预算和资本性预算,经常性预算是主体预算。英国虽然是双重预算体系的国家,但为了反映预算的总体情况,英国政府也会将经常性预算和资本性预算结合在一起。但与美国不同的是:美国联邦政府预算更关注将预算外资金包括在内的统一预算分析,而英国政府则更关注经常性预算和资本性预算的分类讨论,即美国联邦政府预算的主体预算是统一预算,而英国中央政府预算的主体预算是经常性预算。所以，我们将前者归为混合预算体系，而将后者归为双重预算体系。第三种是以日本为代表的多重预算体系。日本将预算分为一般会计预算、特别会计预算和政府关联机构预算三大类。日本并不提供三大预算合并的详细信息，一般会计预算是其主体预算。第二种和第三种政府预算体系都属于分类预算体系（复式预算体系）。当然，并不是所有混合预算体系都是一个样子的，也不是所有双重预算体系或者多重预算体系都是一个样子的，它们会涉及不同的预算分类模式和不同的政府收支分类，例如我国也实行多重预算体系，但我国实行的预算分类模式和政府收支分类，与同样实行多重预算体系的日本就有很大的不同。本章主要是针对具体国家的政府预算体系进行实证分析。由于美国、英国和日本既是经济发达国家，又是三种典型政府预算体系的代表，因此我们选择了这三个国家进行分析。

第一节 美国联邦政府预算体系的公共财政责任分析

美国政府预算体系分为联邦政府预算体系和州及地方政府预算体系。我们这里分析的是联邦政府预算体系，因为联邦政府预算体系实行典型的混合预算体系，而州及地方政府预算体系与英国模式一致，实行双重预算体系，将预算分为经常性预算和资本性预算。既然我们将对英国政府预算体系进行深入的分析，这里就不必重复分析和讨论美国的州及地方政府预算体系了。

美国联邦政府表面上实行综合预算体系，美国自己命名为统一预算，但又把统一预算分为预算内和预算外，OASDI 和邮政服务基金属于预算外。OASDI 又包括两个子基金：联邦老年和遗属保险信托基金（Old-Age and Survivors Insurance Trust Fund, OASI）以及残疾人保险信托基金（Disability Insurance Trust Fund, DI）。所以，美国联邦政府的预算既有预算内和预算外之分，又有联合在一起的统一预算，统一预算是主体预算。由此可见，美国联邦政府预算体系虽然表面上是综合的，但实际上是先分类预算再综合预算，我们把这种预算模式定义为混合预算体系。

一、美国联邦政府预算体系的具体架构——混合预算体系

就如前文所说的，美国联邦政府的预算体系先分预算内和预算外（也有学者

把"on-budget"翻译为"在预算",把"off-budget"翻译为"脱离预算。"[1]),再把两者联合起来,形成统一预算。

(一)预算外

美国预算外基金现在只有两个:OASDI 和邮政服务基金。OASDI 又包括 OASI 以及 DI。

美国并没有明确的法律规定一个基金脱离一般预算列为预算外的依据和条件。一个基金在列为预算外时,往往需要经过一定的政治程序才能决定,其实质是各种利益集团相互博弈的结果。每项预算外基金的设立都要事先提出议案,经国会审议通过后,形成专门的法律,才能具体运作。即便列入预算外的基金,也需要最终列入统一预算的大框架中,接受议会的审议和监督。

从 1937 年到 1968 年,美国的社会保障预算一直是单独编制,从 1969 年开始纳入联邦预算。1968 年约翰逊总统发布了 1969 年财政年度统一联邦预算计划,将社会保障预算纳入联邦预算。1971 年起,各机构为了逃避预算纪律的严格监督,试图将一些信托基金脱离预算,纳入预算外。有些甚至短暂地成功脱离预算,但在财政责任捍卫者的压力下,大部分被重新归入预算。现在只剩 OASDI 预算中的 OASI 和 DI 两个信托基金,以及邮政服务基金继续列入预算外。OASDI 从 1986 年开始被归类在预算外,而邮政服务基金从 1990 年开始被归类在预算外。其他在 1986 年前的不同时期曾经被归类在预算外的项目,至少从 1985 年起都重新被归类入预算。[2] 法律制定者设置预算外,是为了隔离归类在预算外的项目。将邮政服务基金归类在预算外,是为了让机构更自由地追求有效率的业务活动,而这种有效率的活动是传统预算程序不能达到的,但这样做其实并不能解决邮政服务项目的财务困难。而对于 OASDI 而言,将其归类在预算外,目的是保护其盈余不被其他项目用掉。从 1983 年起,OASDI 的两个信托基金已经累积了大量盈余,而这些盈余并不是真正意义上的盈余,因为这些都需要在将来支付给投保人。所以,国会认为应该将 OASDI 的盈余与政府其他预算的盈余或者赤字隔离开来。国会希望这样做能够促进其他政府开支严守财政纪律,最好能保障政府在社会保障之外的活动中平衡预算。[3] 1985 年的格拉姆-拉德曼-霍林斯法案本来是临时性地把 OASDI 归类在预算外管理,但 1990 年的

---

[1] 林冶芬,高文敏. 社会保障预算管理[M]. 北京:中国财政经济出版社,2006:33—37.
[2] 美国联邦政府预算范围[EB/OL]. [2020-08-05]. https://www.whitehouse.gov/wp-content/uploads/2020/02/ap_9_coverage_fy21.pdf.
[3] What does it mean for a government program to be off-budget? [EB/OL]. [2020-08-05]. http://www.taxpolicycenter.org/briefing-book/what-does-it-mean-government-program-be-budget.

预算执行法案却永久性把它归入预算外。

因为OASDI是联邦预算中最大的一个项目,所以预算外账户仍然是全部联邦收支的重要组成部分。尽管OASDI已经与预算内正式分开,但国会预算辩论和媒体的焦点主要集中在统一预算的平衡,即包括所有预算内和预算外项目的收支的综合平衡。许多人认为,强调综合预算平衡会导致OASDI盈余掩盖联邦政府的真正赤字。在OASDI被纳入预算外管理的二十多年间,预算内开支只在1999年和2000年保持大体平衡。OASDI的盈余主要用来购买国债,而国债又是弥补预算内赤字的,所以预算内和预算外通过国债建立了联系。

表4.1把联邦政府的全部收入、支出和盈余或赤字分为预算内和预算外。在表4.1中,OASDI和邮政服务基金已经被归类在预算外了。

表4.1　　　　　　美国预算内、预算外各年比较表　　　　单位:十亿美元

财政年度	收入 合计	收入 预算内	收入 预算外	支出 合计	支出 预算内	支出 预算外	盈余或者赤字(一) 合计	盈余或者赤字(一) 预算内	盈余或者赤字(一) 预算外
2015年	3 249.9	2 479.5	770.4	3 691.9	2 948.8	743.1	−442.0	−469.3	27.3
2016年	3 268.0	2 457.8	810.2	3 852.6	3 077.9	774.7	−584.7	−620.2	35.5
2017年	3 316.2	2 465.6	850.6	3 981.6	3 180.4	801.2	−665.4	−714.9	49.4
2018年	3 329.9	2 475.2	854.7	4 109.0	3 260.5	848.6	−779.1	−785.3	6.2
2019年	3 464.2	2 549.9	914.3	4 448.3	3 541.5	906.6	−984.2	−991.8	7.7

资料来源:[EB/OL].[2020-08-05]. https://www.whitehouse.gov/wp-content/uploads/2020/02/ap_9_coverage_fy21.pdf.

表4.2是一张美国OASDI的长期预算表,里面的数据是用占GDP的百分比来体现的。这张表反映了OASI和DI各自的税收收入、支出和收支差以及这两个基金联合后的税收收入、支出和收支差。美国的OASDI实行滚动的10年和75年的长期预算。美国的OASDI的收入主要来源于工薪税(payroll tax)的一种——OASDI税,它由雇员及其雇主平均各缴付一半的税金。自1990年以来,OASDI税率一直固定为12.4%,雇员与雇主各缴付6.2%。

表4.2　　　　　OASDI的税收收入、支出与收支差表　　　　单位:占GDP的比重

年份	实际 2014	规划 2039	规划 2064	规划 2089
OASI				
税收收入	3.86	3.77	3.78	3.81
支出	4.11	5.41	5.23	5.60

续表

	实际		规划	
差异	−0.25	−1.64	−1.45	−1.79
DI				
税收收入	0.64	0.60	0.60	0.59
支出	0.84	0.79	0.88	0.86
差异	−0.20	−0.19	−0.28	−0.27
联合 OASI 和 DI				
税收收入	4.50	4.37	4.38	4.40
支出	4.95	6.20	6.12	6.46
差异	−0.46	−1.83	−1.73	−2.06

资料来源：CBO's 2015 Long-Term Projections for Social Security：Additional Information[EB/OL].[2016-06-01].https://www.cbo.gov/publication/51047.

（二）美国联邦政府预算具体内容——以 2021 财年为例

美国联邦政府预算的具体内容体现在预算文件中，我们以 2021 财政年度（简称财年）的美国联邦政府预算为例介绍美国政府预算的具体内容。2021 财年美国预算文件包括[①]：

1.《2021 财年美国政府预算》

这主要包括总统的预算信息、各部门总统预算优先项目的信息和汇总的表格。此册预算的数据既包括预算内也包括预算外，是汇总的预算数。汇总的表格大部分按法定性分类，分为自由裁量支出和法定支出。这部分提供了美国政府预算的总体情况。

2.《分析视角，2021 财年美国政府预算》

2021 财年包含的分析旨在突出特定主题领域，或提供其他有利于分析的重要预算数据。此册包括经济和会计分析、联邦收入和税收信息、联邦支出分析、联邦借款和债务信息、基线或当前服务估算以及其他技术性陈述。这部分还有一些补充的材料可以在美国的预算网站[②]在线获取。这些补充材料主要是一些具体的预算表格，包括按机构和基金类别分类的预算和按功能、子功能（规划）和项目分类的具体预算等补充资料。

---

① 2021 财年美国联邦政府预算文件[EB/OL].[2020-08-05].https://www.whitehouse.gov/wp-content/uploads/2020/02/msar_fy21.pdf.

② [EB/OL].[2020-08-05].https://www.whitehouse.gov/omb/analytical-perspectives/.

3.《附录,2021 财年美国政府预算》

这包括了组成预算的各种拨款和基金的具体信息,附录比其他任何预算文件提供更多的关于项目和拨款账户的财务信息,具体列出了 28 个部门(包括立法和司法机构)和 1 个其他独立机构的预算。其实就是美国的部门预算。

美国部门预算分为三层:第一层按规划或者子部门分,因为有些部门是按照规划设置子部门,所以这一层中有按规划也有按子部门分的,但从原则上看应该是按规划分的;第二层在按规划或者子部门下又分为联邦基金和信托基金;第三层在第二层下(尤其是联邦基金下)按照项目、孙部门或者基金分,因为这些孙部门和基金就是按照项目设置的,所以第三层实质上是按项目设置的。在具体的项目下,又包括按活动分类的计划与资金明细表(Program and Financing)、按经济(用途)分类的支出明细表(Object Classification)和人员工作数表(Employment Summary)三张表组成。

4.《节约与改革的主要建议,2021 财年》

伴随着总统的预算,本册包含了关于节约与改革的主要建议的详细信息。既描述了主要的自由裁量支出项目的取消和削减,又描述了法定支出节约与改革建议。

二、美国联邦政府预算的政府收支分类

政府的收支分类包括收入分类和支出分类。美国联邦政府收入分类比较单一,主要按收入来源分。但支出有多种分类,包括按功能分类、按法定性分类、按部门(或者机构)分类、按基金类别分类、按用途(或者经济)分类和按流动性分类等几种。

(一)收入分类

美国收入主要按收入来源分类,包括个人所得税、企业所得税、社会保险和退休收入(社会保险工资税、医疗工资税、失业保险、其他退休收入)、消费税、房地产税与赠予税、关税、联邦储备系统的存款利息、其他杂项收入。[①]

(二)支出分类

1. 支出按功能分类

美国 2021 财年政府支出的功能分类:国防,国际事务,一般科学、航天和技

---

① 2021 财年美国联邦政府预算文件[EB/OL].[2020-08-05]. https://www.whitehouse.gov/wp-content/uploads/2020/02/budget_fy21.pdf.

术,能源,自然资源和环境,农业,商业和住房信贷,交通,社区和区域发展,教育、培训、就业和社会服务,健康,医疗保险,收入保障,社会保障,老兵福利与服务,司法行政,一般政府,净利息,津贴和未分配抵销收入。① 大类下又有规划、项目或者活动的分类,例如本书第 62 页的国际事务。

2. 支出按法定性分类

美国联邦政府按照是否是法定的支出将政府支出分为法定支出和自由裁量支出。法定支出一般是由法律规定的,有永久授权的,不需要经过每年的拨款过程确定就可以直接支付的支出。决定法定支出的依据是特定的联邦计划或联邦项目的资格标准或支付规则。② 自由裁量支出则往往需要年度授权,在年度拨款法中规定。国会可以直接设定每个自由裁量支出项目的支出限额,这是国会自由裁量权的体现。在拨款过程中,对于任何一个属于自由裁量支出的联邦项目,国会议员都可以决定是增加支出还是削减支出。

表 4.3 就是美国 2021 财年按法定性分类的预算表的格式,《2021 财年美国政府预算》中 Table S-3、Table S-4、Table S-5 都是按照这种法定性对政府支出进行分类的。

表 4.3　　　　　　　美国 2021 财年按法定性分类的预算表

项　目	2019 年	2020 年	2021 年	……
支出				
自由裁量支出(Discretionary Programs)				
国防(Defense)				
非国防(Non-Defense)				
自由裁量支出小计(Subtotal)				
法定支出(Mandatory Programs)				
社会保险(Social Security)				
医疗保险(Medicare)				
其他法定项目(Other Mandatory Programs)				

---

① 美国联邦 2021 财年预算文件[EB/OL].[2020-08-02]. https://www.whitehouse.gov/wp-content/uploads/2020/02/24-1_fy21.pdf.

② 麦蒂亚·克莱默,等.联邦预算——美国政府怎样花钱[M].上海金融与法律研究院,译,北京:生活·读书·新知三联书店,2013:89.

续表

项　　目	2019 年	2020 年	2021 年	……
法定支出小计（Subtotal）				
………				

资料来源：[EB/OL].[2020－08－06]. https://www.whitehouse.gov/wp-content/uploads/2020/02/budget_fy21.pdf。

很多时候，美国政府预算表格是功能分类和法定性分类的结合，如《分析视角，2021 财年美国政府预算》中的 Table 24-1 按功能、按法定性、按规划分类的净预算授权表（Net Budget Authority By Function, Category, and Program）[①]中的支出就是功能分类和法定性分类的结合，下面就选取该表中社会保险类的分法：

650 社会保险（Social Security）：

 自由裁量支出：

  651 社会保险：

   OASI 行政费用（预算外）

   DI 行政费用（预算外）

 自由裁量支出合计

 法定支出：

  651 社会保险：

   OASI（预算外）

   立法建议

   OASI 小计

   DI（预算外）

   立法建议

   DI 小计

   政府内部交易（统一预算）

   立法建议

   政府内部交易小计

 法定支出合计

 社会保险支出合计

---

① [EB/OL].[2020-08-06]. https://www.whitehouse.gov/wp-content/uploads/2020/02/24-1_fy21.pdf.

在 Table 24-1 中,先按功能分类分出 19 个大类,在大类下再按法定性将政府支出分为自由裁量支出和法定支出,最后按功能分为"款"和"项";同时,我们也可以看到,在 Table 24-1 中既包括预算内资金,又包括预算外资金。

3. 支出按部门分类

《分析视角,2021 财年美国政府预算》的 Table 25-1:按部门和账户分类的联邦预算表(Federal Budget by Agency and Account)是按部门和账户分类的联邦预算。这张表就是先按部门分类,然后在每个部门下分联邦基金和信托基金两类,在基金下再按账户分类。《2021 财年美国政府预算》中的 TableS-8:2021 主要部门的自由裁量支出总表(Discretionary Overview by Major Agency)也是按照部门列示的。各年预算的《附录》总共列出了 28 个部门和 1 个其他独立机构的详细部门预算,其实这个也是按照部门分类。

4. 支出按用途(或者经济)分类

在美国的总统预算网页上的《补充资料》(Supplemental Materials)提供了按经济分类的《政府预算分析》(Object Class Analysis),经济分类列到了"类"和"款"两层。经济分类包括人员补偿和福利(Personnel Compensation and Benefits)、商品和服务契约购买(Contractual Services and Supplies)、资本性资产购置(Acquisition of Capital Assets)、补助和固定费用(Grants and Fixes Charges)、其他共 5 类,每"类"下设若干"款"。如"资本性资产购置"下设设备、土地和构筑物、投资和贷款 3 款。①

5. 支出按基金类别分类

在美国政府预算中,政府支出按基金类别分为联邦基金支出和信托基金支出。

联邦基金又分为一般基金、专项基金和周转基金,一般基金是部门主要的收入,不指定专门的用途;而专项基金则是法律指定专项用途的那些收入账户,以及根据这些收入安排支出的拨款账户;周转资金被用来进行类似商业活动的持续循环,循环基金从销售产品或服务中获得收益,这些收益用于资助继续提供产品的持续活动或者服务,与专项资金一样,专款专用。

信托基金受法律限制使用于指定的项目和指定的用途。信托基金最主要的收入来源是一些特定的专项税收,有些信托基金也通过其他预算资金获得转移收入。信托基金(特别是用于社会保险或福利计划)的目的通常是将计划的收益

---

① 2021 财年美国预算文件[EB/OL].[2020-08-06]. https://www.whitehouse.gov/wp-content/uploads/2020/02/objclass_fy21.pdf.

和成本更紧密地联系起来,并试图在某些计划中建立财政纪律。

我们前文已经提到美国的部门预算,先按部门分,共分 28 个部门和 1 个其他独立机构的预算,然后在每个部门中按规划分,在每个规划下再按基金类别分,分为联邦基金和信托基金。《分析视角,2021 财年美国政府预算》的第 22 章就是专门按照联邦基金和信托基金分类进行分析的,Table22-1、Table22-2 都是按照基金类别分为联邦基金和信托基金两大类。[①]

6. 支出按流动性分类

除了上述几种分类外,美国联邦政府也采用了按流动性分类的方法。按流动性分类,政府支出可以分为经常性支出和资本支出。《分析视角,2021 财年美国政府预算》专门有一章分析联邦投资支出。联邦投资支出不仅包括公共实物投资,而且包括研发支出、教育和培训支出。把能够长期收益的支出定义为投资支出,可见美国的投资支出是广义的定义。但美国政府主要用这种分类进行分析,并不是真正意义上运用这种政府收支分类编制预算。

7. 支出还分为直接支出责任和可补偿支出责任

美国联邦政府预算中的政府收支分类非常多样,不仅有我们前面分析到的几种分类,而且存在着一些特殊的分类,如在部门预算的支出明细表上还有直接支出责任和可补偿支出责任的分类。所以,美国的支出分类有 7 种。但我们也可以将直接支出责任和可补偿支出责任的分类看成经济分类的第一层。

上面这些分类很多是混合使用,如法定性支出与功能性支出的结合;经济分类与直接支出责任、可补偿支出责任的结合;部门分类与基金类别分类、法定性分类的结合等。多视角、多方面分析了美国联邦政府统一预算和部门预算,从而有利于财政透明度的提高;也为实现多种效率目标和多种公平目标创造了技术可能。

三、美国联邦政府预算体系的财政透明度分析

我们在第三章第一节论述了要实现财政透明度,政府预算体系应该做到以下四点:首先应该明确政府预算体系的范围,其次应该明确政府预算报告的内容,再次是确保政府预算体系管理过程中的透明,最后是保障政府预算体系透明的信息质量。在本部分,我们将围绕这四个方面分析美国的政府预算体系的财政透明度。

---

① 分析视角,2021 财年美国政府预算[EB/OL].[2020-08-06]. https://www.whitehouse.gov/wp-content/uploads/2020/02/ap_22_funds_fy21.pdf.

(一)美国联邦政府预算体系的范围与财政透明度

《分析视角:2021财年美国政府预算》的第9章是预算的范围。在这章提到,预算提供有关联邦活动的成本和范围的信息,以便为决策提供信息,并作为控制资源分配的手段。另外,这章中还将联邦政府的活动分为预算(Budgetary)活动和非预算(Non-Budgetary)活动。那些涉及直接和可衡量的联邦资源分配的活动被称为预算活动。而不涉及直接和可衡量的联邦资源分配的联邦活动被称为非预算活动。预算活动的收支都会被记录在政府的收支账户中,而非预算活动的收支并没有被记录在政府的收支账户中。[①] 虽然如此,但美国政府的预算文件中不仅涉及预算活动,而且一些非预算活动也会在预算文件中体现。2021财年美国政府预算讨论了一些非预算活动并且报告了含有它们的汇总财务数据,如《附录:2021财年美国政府预算》中有联邦储备系统和政府支持的企业两部分的内容,《分析视角:2021财年美国政府预算》中有税收支出和信贷保险两部分的内容,这些都属于非预算活动。但这些非预算活动为什么会被纳入预算文件呢?因为美国政府认为,一些非预算活动是政府政策的重要工具;同时,这些非预算活动可以让阅读预算的相关方更深刻地了解联邦活动的范围和性质;另外,这些非预算活动还会影响预算收入和支出,所以将这些非预算活动在预算文件中体现。

1. 预算文件的范围

按照1967年总统委员会对预算的定义,预算活动包括联邦政府所有项目和机构的财务活动。因此,美国政府预算包括所有15个行政部门、所有独立机构和全部政府企业的财务行为信息。这一规定沿用至今。虽然预算活动分为预算内和预算外,但不管是预算内还是预算外,都是预算活动,相关收支都被记入政府的收支账户中,形成美国的统一预算。一些非预算活动并没有被纳入统一预算,但在预算文件中有所体现。这些非预算活动包括:税收支出、联邦信贷项目、存款基金、政府支持企业、其他联邦建立的非预算实体、公共管制、货币政策。[②] 这些共同构成了美国预算文件的范围。

从前面的分析可见,美国政府预算的范围已经非常全面了,不仅包括了政府和公共部门财务信息,而且包括了一些非预算活动。我们已经在前文中分析过影响政府收支,但本身并没有被纳入预算收支的政府活动,也就是准财政活动。

---

① 美国联邦政府预算范围[EB/OL].[2020-08-06]. https://www.whitehouse.gov/wp-content/uploads/2020/02/ap_9_coverage_fy21.pdf.

② 美国联邦政府预算范围[EB/OL].[2020-08-06]. https://www.whitehouse.gov/wp-content/uploads/2020/02/ap_9_coverage_fy21.pdf.

美国联邦政府预算提供的这些非预算活动正好符合准财政活动的定义。所以说,美国联邦政府预算也反映了准财政活动的信息。符合2014年IMF的《财政透明度守则》中关于优秀做法的范围。关于政府资产和负债的详细信息主要体现在美国联邦政府的财务报告中。

2. 财务报告的范围

美国联邦政府财务报告分为联邦部门与单位财务报告和联邦政府合并财务报告两大类。

美国联邦部门与单位的年度财务报告有4个内容:管理层讨论与分析、财务报表及相关附注、补充管理信息、补充资料,主体是财务报表与附注。财务报表主要是4张表:资产负债表、净成本表、净资产变动表和预算资源表。近年来,美国联邦政府还要求各部门汇报绩效情况。各部门与单位既可以选择与财务报告合并报送绩效和责任报告,又可以选择报送独立的年度财务报告和独立的年度绩效报告。在财务报告中还附上了审计报告。

美国联邦政府合并财务报告的内容与部门财务报告类似,主要由管理层讨论与分析、财务报表与附注、补充管理信息和补充资料组成,主体也是财务报表与附注。在财务报告中还附上了政府问责办公室(GAO)的审计报告。财务报表分为两部分:一是权责发生制的财务报表,有5张报表:资产负债表、净成本表、运营与净资产变动表、统一预算和其他活动现金余额变动表、净运营成本和统一预算赤字协调表。在资产负债表中,资产主要包括现金和其他货币资产、应收账款和税款、应收贷款、存货与房地产、有价证券、投资等,不包括联邦政府的自然资源、管制经济、增发货币等权力。负债主要是公众持有的联邦债券、联邦雇员与退伍军人薪酬、环境和治理负债、到期的应付社会保险福利、保险与担保负债、承诺和或有负债等。二是可持续性的财务报表,有3张:长期财政项目表、社会保险表、社会保险金额变动表。长期财政项目表按联邦政府收入和非利息支出的主要类别显示了75年预测的现值,旨在帮助读者评估政府在现行政策不变的情况下未来的预算资源是否足以维持公共服务和履行到期义务。社会保险表包括OASDI、医疗保险等项目未来75年收入与支出的长期预测,并折算为现值进行统计。①

从美国联邦政府的财务报告看,财务报告主体范围与总统预算涉及的范围一致。资产、负债、成本、绩效都进行了报告,比较有特色的是可持续的财务报

---

① 美国政府财务报告[EB/OL]. [2020-08-06]. https://fiscal.treasury.gov/reports-statements/financial-report/financial-statements.html.

表,为公众评估财政的可持续性提供了财务信息。但是自然资源并没有在报告范围内。

结合美国联邦政府的预算文件和财务报告,我们可以看出美国政府预算文件和财务报告已经涉及了政府的全部收入和全部支出,包括预算内、邮政服务基金等预算外;税收支出;一些特别的非预算活动(即准财政活动);政府各部门和机构的融资(这里的融资是指资金来源);社保基金和各类资产、负债;但是自然资源并没有在报告范围内,可见其资产负债表的报告范围还需要进一步完善。

(二)美国联邦政府预算报告的内容与财政透明度

我们在第三章第一节中已经分析了理想的政府预算报告(包括财务报告)应该包含财务信息与非财务信息两部分内容。

1. 财务信息

财务信息应该包括收支预测和执行信息、财务状况和运营情况信息以及成本绩效信息。

(1)收支预测和执行信息

在美国的政府预算中,收支预测已经在我们前面介绍的《2021 财年美国政府预算》《分析视角,2021 财年美国政府预算》和《附录,2021 财年美国政府预算》三册预算文件中以及预算管理办公室(OMB)关于预算的官方网页上得到反映,包括政府预算内收支、预算外收支、隐性收支和准财政活动引起的收支的预测信息。执行信息主要体现在美国国库部网页上公布的每月国库报告(以修正的现金制为基础[①];OMB 网页上的年度预算中期执行报告[②];另外,在预算文件中也有一些上年预算执行数,例如《分析视角,2021 财年美国政府预算》中的 Table 25-1,该书第 23 章就是专门对收支总数进行实际执行数与预算数对比分析的一章,表格中既有预算数和执行数,又有变化数。所以,美国的预算执行情况得以及时动态地体现。

(2)财务状况和运营情况信息

我们在第三章第一节已经提出,反映财务状况和运营情况信息的理想状况,就是要全面反映政府资产负债和各种收支的运营情况。既要在静态上向公众完整客观地呈现政府所持有或掌控的各类资产,向公众全面披露政府的负债情况,包括债务类别和结构,对或有及隐性债务的估计等;也要在动态上向公众披露当

---

① 美国联邦政府的每月国库报告[EB/OL].[2020-08-06]. https://fiscal.treasury.gov/reports-statements/mts/.

② 美国联邦政府年度预算中期执行报告[EB/OL].[2020-08-06]. https://www.whitehouse.gov/wp-content/uploads/2020/07/21msr.pdf.

期政府各种收入和支出的运营情况,及其对政府净资产的影响等。财务状况和运营信息应该以权责发生制为基础。在美国政府预算中,这些信息主要反映在美国联邦政府的合并资产负债表和运营与净资产变动表,以及部门与单位各自的资产负债表和运营成本表上。但正如前文提到的,美国政府并没有报告自然资源,这使得其资产负债的范围不够全面。

美国联邦政府的资产和负债不仅反映在联邦政府合并财务报告和部门与单位的财务报告中,而且反映在预算文件和相关网上资料中。美国的《分析视角,2021财年美国政府预算》的第4章"联邦政府的借款和债务"、第16章"联邦投资"、第18章"信贷与保险"都涉及这些信息,同时OMB关于预算的网页上的"补充材料"部分还提供了联邦信贷的补充表格。这些信息反映了联邦政府的金融资产和负债。第4章部分反映了美国政府债务被不同债权人持有的情况,如公众、预算内预算外基金、外国政府;分析了财政部门发行的债券和部门持有的债务的情况;并引入联邦政府的金融资产和负债分析联邦政府的债务。所以,在第4章中也反映了联邦政府的金融资产和负债。第18章和补充材料部分反映了美国联邦政府的直接贷款和贷款担保的情况。所以,美国联邦政府财务和预算文件对政府的资产和负债做了较全面的分析。

(3)成本绩效信息

我们在第三章第一节中已经对理想状况进行了分析,理想的成本绩效信息应反映政府提供各类公共产品和服务的规模、结构,及其为了完成上述职能所发生的各项成本情况和运作效率、效益等绩效情况。这部分信息应以权责发生制为基础。美国的成本信息反映在美国联邦政府合并的净成本表以及各部门与单位自己的净成本表中,各部门与单位的财务报告反映部门各项目的成本。这些成本表都是按照权责发生制编制的。而绩效信息主要是各部门与单位上报年度绩效报告,政府部门进行汇总,并在合并财务报告中有所体现。另外,美国联邦政府专门有一个绩效网站[1]反映各个部门的绩效目标,同时链接各部门的绩效网址,反映各部门绩效目标和绩效执行的情况。如美国农业部的绩效网站[2]上就挂着农业部的年度绩效报告和其他绩效信息,以及年度财务报告。

2. 非财务信息

在第三章第一节中,我们已经分析了为了更好地实现财政透明度,政府的预

---

[1] 美国联邦政府绩效网站[EB/OL].[2020-08-06]. https://www.performance.gov.
[2] 美国农业部绩效网站[EB/OL].[2020-08-06]. http://www.usda.gov/wps/portal/usda/usda-home?navid=PERFORMANCE_IMP.

算文件、财务报告和相关资料中也应该提供非财务信息。我们可以把非财务信息分为微观非财务信息和宏观非财务信息。微观非财务信息包括政府部门的基本数字表、职能表、战略目标书、项目评审情况书、部门财务分析书等,提供政府部门结构、部门职能、部门基本情况、战略目标、部门绩效评价情况、部门财务分析等信息。宏观非财务信息包括国民经济基本情况表、政府战略目标书、政府绩效评价情况书、政府财政经济分析书、政府财政政策效应书、政府财政财务管理情况书、税收支出书等,提供本级政府国民经济信息、政府的战略目标和财政政策、财政经济的分析情况、财政政策实施的效应、政府财政财务管理情况、政府目标实现的绩效情况等信息。

结合美国的预算文件、财务报告和相关资料,我们发现它们确实提供了微观和宏观的非财务信息。在美国联邦政府的部门预算、部门绩效报告和部门财务报告中提供了微观非财务信息:在部门绩效报告和财务报告中有部门的基本情况、部门结构、职能、绩效战略目标;在部门绩效报告中有绩效目标的执行情况,在部门财务报告中有部门财务的分析,在部门预算报告中有部门的基本情况、职能和工作量基本表。在联邦政府的预算文件、预算网站、绩效网站、联邦政府合并财务报告及相关资料中提供了宏观非财务信息:在绩效网站提供了政府的战略目标以及按季度反映目标实现的进程,在预算文件、预算网站及相关资料中提供了国民宏观经济情况、政府收支多视角经济分析、税收支出情况、政策效应及绩效管理情况等,在政府合并财务报告中有政府财政财务管理情况的体现。所以从前面分析看,美国联邦政府的非财务信息基本符合理想的状况,但政策效应分析还可以更合理和科学。

(三)美国联邦政府预算体系管理过程中的透明度

1. 过程透明

在第三章第一节我们已经分析过,预算体系管理过程包括预算决策、预算执行、决算和监督评价三个环节,也就是事前、事中和事后三个阶段。过程透明包括两个方面:一是将预算管理活动对公众公开(即过程公开),包括公开预算文本和公开预算程序(包括会议等现场);二是公众对预算管理活动的参与,即参与式预算。我们就从这两方面分析美国联邦政府预算的过程透明。

(1)预算管理活动对公众公开[①]

美国宪法第一条第九款明文规定:"一切公款收支的报告和账目,应经常公

---

① 财政部国际司.美国财政预算公开情况介绍[EB/OL].[2015-03-01]. http://gjs.mof.gov.cn/pindaoliebiao/cjgj/201309/t20130927_994354.html.

布。"这种公开不仅包括预算文件和相关资料的公开,而且包括预算从编制、审批、执行到决算和监督评价全过程的公开。美国1972年通过的《联邦咨询委员会法》规定:在编制、审查和审计预算的过程中必须由专家咨询介入,涉及专家咨询过程的所有文件、会议对公众公开,这样通过对整个专家咨询全过程的信息加以公开公示,可以让公众对专家参与决策的行为进行有效监督。美国1976年通过的《政府阳光法案》要求政府和国会对编制预算的程序公开,公众可以观察预算会议的进程,取得会议的文件和信息。公众根据这项规定取得出席、旁听和观看等观察权。1996年通过的《电子信息自由法修正案》要求采取更多方式公布政府信息。该修正案推进建立了政府预算公布的互联网主页,与联邦政府信息实现了链接。有关联邦政府预算的大量文件和数据都在网上予以公布。这些法律规定了预算信息公开的要求、组织、程序、方式和内容等,能够指导预算信息公开的各项活动。

美国政府每年都将所有与联邦政府预算和财务报告有关的正式文件,不论是提交总统的还是提交国会的,均通过互联网、新闻媒体、出版物等渠道向社会公布。美国政府(包括联邦政府、州政府及地方政府)的预算信息都能通过相关网站与相关的出版物获得。各级预算不仅对国会、议会公开,而且对社会公众公开。在政府预算的编制过程中,美国政府就通过平面媒体、电视、广播等多种媒体对其编制过程进行充分及时的报道,以便民众能够了解整个预算编制的过程。美国还有许多民间组织提供更为详尽的政府财政预算分析信息。例如,得克萨斯州公共政策基金会就有一个民间的预算信息公开网,详细公布了地方政府的预算及公务员的工资情况等。

(2)公众对预算管理活动的参与——美国的参与式预算

美国财政预算公开,要求从预算方案到预算审计整个过程中的信息全部公开。该工作与整个预算过程是紧密联系的,而透明清晰的预算流程保证了预算信息及时、连续地公开。这样,公众可以在知道相关信息的情况下通过各种渠道发表自己的观点,相关团体进而可以通过游说等措施表达自己的利益诉求,以便在预算成为法案之前对预算进行修改。而且,公众可以根据预算编制过程中的各种变化,知道相关部门是否正确行使其职权,从而对其进行监督。在美国联邦政府层面,公众通过利益集团游说和监督等参与预算,但这种预算参与的影响较小。在美国地方政府层面,公民参与预算的方式更加多样,影响较大。在美国地方政府层面,公民参与预算的主要机制包括公众听证、公民或消费者问卷、公民领袖和公民利益团体会议、焦点团体、公民咨询委员会、政府官员会议、公民陪审团等。马骏将公民参与预算的机制分为"非政策分享"和"政策分享"两类。① 在"非政策分享"类,虽然公民发表了意见,但政府不一定会采纳这些意见,或者这些意见对政府的影响较小,如前面提到的几种机制。反之"政策分享"类公民参与预算对政府的决策有较大的影响,这些机制一般由公众直接参与决策和监督,如在决策阶段,经常性支出的"非政策分享"类公民参与预算机制用得多,但在资本性支出中,"政策分享"类公民参与预算机制用得多,许多地方政府吸纳公民代表"直接地"参与对资本项目的排序和打分,从而直接影响了项目的决策,如纽约市;在预算的决算和监督阶段,随着美国绩效管理的推进,很多地方让公众一起参与设计绩效指标,并直接参与绩效评价的打分。这些都是公众的直接参与,而且参与程度较深。

从前面的分析可见,美国政府预算文件、财务报告文件和其他相关资料以及从预算编制到审计监督的程序(过程)的公开都做得不错,即本部分的第一方面做得不错,但在公众参与方面还有很大的空间可以提升,特别是"政策分享"类的参与可以进一步提升。尤其在联邦政府方面应该设计更好的制度促进"政策分享"类公众参与预算机制的发展。

2. 过程透明的技术支撑——新绩效预算

美国 1993 年通过了《政府绩效与结果法》(Government Performance and Results Act,GPRA),表示着新绩效预算的开展。《2010 年 GPRA 优化法案》更新了联邦政府的绩效管理框架,保留并完善了 1993 年 GPRA 的某些方面,同时解决了其一些不足之处。美国目前已全面实行新绩效预算,特别是联邦政府,每个部门都有自己的绩效目标,并公开目标,且按季公开目标实现的进程,也对年度绩效目标实现的程度进行公开,同时引入公众参与绩效目标和绩效指标的设置,也引入公众对相应的指标实现程度进行评价。但很多指标的设置和评价方式还可以进一步改善,还应更多引入公众参与。

(四)美国联邦政府预算信息的质量与财政透明度

保障政府预算体系透明的信息质量要求有真实性、可比性、可理解性、及时性和获得的便捷性等几方面。

从真实性来看,美国联邦合并政府财务报告和部门与单位财务报告每年都必须由审计部门审计来确保其信息的真实性。美国实行立法型审计,审计的独立性较强。根据 2004 年美国审计总署人力资源改革法案修正案,自 2004 年 7

---

① 马骏,罗万平.公民参与预算:美国地方政府的经验及其借鉴[J].华中师范大学学报(人文社会科学版),2006(7).

月 7 日起,美国审计总署(以下简称 GAO)正式更名。具有 83 年历史的 GAO 改变了其机构名称的用词,从 General Accounting Office 变为 Government Accountability Office。前者直译为总会计办公室,后者直译为政府问责办公室,表示 GAO 不仅进行财务审计,更多转向绩效评价和绩效问责。

从横向可比性看,美国的政府收支分类基本与 IMF 的 GFSM 统一,保证了国际可比。但由于美国是联邦制国家,州与地方有自己的灵活性,因此与联邦政府口径上不是完全统一。从纵向可比性看,虽然预算外资金有反复,历史口径不是那么统一,但美国联邦政府提供的数据都已经进行了调整,调整后的口径一致,便于历史纵向的可比,例如在美国 OMB 预算网页的历史数据栏,提供了数十年口径一致的数据,例如 Table 3.2—Outlays by Function And Subfunction:1962—2025,就提供了 1962—2025 年按功能和子功能(即规划)分类的支出。[①]这一点,我国政府也应该向美国学习。我国现在最多能对前一年的数据按照当年口径进行调整,不对再之前的数据按照当年的口径进行调整,导致前后口径不一致,不利于比较分析。

从可理解性看,本节第二部分分析了美国的各类收支分类,可以看到美国联邦政府各种分类都已经用到,并且为了分析,进行各种组合,所以可理解性较强。

从及时性和获得的便捷性看,美国联邦政府按月公开预算执行的简单信息,按季公开预算执行的具体情况,年度中期还公开预算中期执行报告,提前半年公开下一财年的预算文件和相关材料,应该说是非常及时了;同时可以从网站、新闻、书籍、报纸等多渠道获得相关信息,特别是网站发布的信息,即便身处异国的我们也可以方便获得,所以获得的便捷性较强。

四、美国联邦政府预算体系的效率、公平分析

第三章第二、三节我们已经对政府预算体系与效率和公平的关系做了深入的理论分析。我们按照第三章第二、三节的分析逻辑和顺序对美国联邦政府预算体系的效率和公平进行分析。

(一)美国联邦政府预算体系的效率分析

1. 从总体看,混合预算体系兼有综合预算体系和分类预算体系的优点,弥补了各自的弊端

[①] 美国联邦政府预算历史数据[EB/OL].[2020-08-08]. https://www.whitehouse.gov/omb/historical-tables/.

美国联邦政府预算体系采用混合预算体系,它一方面有综合预算体系的优点:整体性优势强,有利于宏观政策的决策(特别是动态决策),宏观政策效率高;预算资金支出之间配置最优化效率高;营运效率高;等等。另一方面有分类预算体系的优点:收支对应配置最优化效率高;交易费用低;等等。由于综合预算体系和分类预算体系各自的优点方面往往是对方的弱点,因此这种将两者结合起来的混合预算体系等于克服了各自的弱点,而保留了各自的优点,其实质是强强联合,是一种非常理想的预算体系。[①]

2. 从预算分类模式看,实行了按所有权分类的预算分类模式,有利于提高社会保险基金的管理效率和配置效率

美国联邦政府的预算分类其实是分为预算内和预算外,但由于预算外只有 OASDI 和邮政服务基金,而后者规模很小,OASDI 体量很大,因此我们可以将其归类在按所有权分类的预算分类模式。这种模式将预算分为社会保险基金预算和其他预算两大类。这种预算分类模式的优点有:有利于社会保险各子基金的自我平衡和社会保险政策的制定与调整;有利于社会保险基金管理、有利于社会保险基金的保值增值。而美国将 OASDI 归类在预算外,就是怕其他预算资金侵蚀 OASDI 的盈余,也可以加强对预算内资金赤字的控制。

3. 从政府收支分类看,多样化的政府收支分类有利于财政资金管理多元目标的实现

预算分类模式也有多种,而且每种都有各自的优点,我们在第三章第二节做了深入的分析,发现按流动性分类的预算分类模式宏观政策效率高,有利于债务风险防控,有利于债务管理;按收入性质的特殊性分类的预算分类模式,可以根据微观政策的需求进行特殊的资金配置,微观政策效率高,但会因为部门为争取成为特殊政府基金预算业务的单位而额外发生交易费用,所以其交易费用可能会高于其他模式。[②] 预算分类可以只采取一种模式,也可以采取多种模式如我国,从而获得更高的效率。但美国并不是从预算分类的多元化来提高效率,而是通过政府收支分类的多元化来实现。在政府收支分类中引入按流动性分类分析联邦政府预算,得到了与按流动性分类的预算分类模式一样的优点。在政府收支分类中引入按基金类别分类,将预算资金分为联邦基金和信托基金,又将联邦基金分为一般基金、专项基金和周转基金,从而得到了按收入性质的特殊性分类的预算分类模式的优点。传统的部门分类、功能分类和经济分类继续保留,一方

---

① 具体分析见第三章第二节。
② 具体分析见第三章第二节。

面有利于预算管理效率的提高,另一方面有利于国际比较。法定性分类有利于预算决策者责任的认定。

(二)美国联邦政府预算体系的公平分析

我们在第三章第三节分析了综合预算体系因为没有对预算进行分类,也就不可能像分类预算体系那样按照公平的需要设立一些特别的预算。但美国联邦政府实行的并非是真正意义上的综合预算体系,而是综合预算体系和分类预算体系的综合,是混合预算体系。所以其公平性比真正的综合预算体系强。美国政府预算将 OASDI 和邮政服务基金脱离预算内,另设置于预算外,就是为了保护它们。特别是 OASDI,在 OASDI 有大量盈余的情况下与其他预算隔离开来,避免让其他预算的赤字来侵蚀它的盈余,保证了缴纳 OASDI 税的纳税人的利益。

1. 从总体看,先分预算内、预算外,后统一预算的做法,为公平保留了空间

就如我们前文分析的,美国历史上并非只有 OASDI 和邮政服务基金归类在预算外,其他资金也曾经有在预算外管理的情况。所以,为了公平,美国有可能通过修改法律将需要得到法律保护的信托基金归入预算外。美国的医疗保险基金现在归在预算内,如美国的医疗保险基金发生大量盈余时,为了保护这些盈余不被其他预算侵蚀,就有可能被归在预算外,从而为公平保留了空间。

2. 从预算分类模式看,按所有权分类的预算分类模式符合美国的社会保障制度以及社保资金现状

美国的社会保障制度由社会保险、社会福利和社会救助三部分组成。社会保险包括养老保险和遗属保险、残疾保险、失业保险和医疗保险。社会福利包括老年福利、妇女儿童福利、残疾人福利、教育福利、住房福利和公共医疗补助等。社会救助包括一般家庭救助计划、食品券和救济金等。只有社会保险部分的养老保险和遗属保险、残疾保险成为 OASDI,放在了预算外。虽然美国政府并没有给缴纳 OASDI 税收的纳税人建立个人账户,但美国政府认为 OASDI 的大量盈余是未来要支付给那些纳税人的,不应该被其他预算赤字侵蚀,其实行的也是部分基金制的养老保险制度。这种预算体系内独立的社会保险基金预算模式的公平性我们已经在第三章第三节分析过,由于美国只有两类保险在预算外,其他保险和社会福利及社会救济都在预算内,特别是在其他保险并不存在大量盈余,甚至出现赤字时,也可以方便预算内其他资金对其平衡提供帮助,从而有利于实现代内公平。但就如在第三章第三节中分析过的,社会保险资金中实行现收现付制的部分仍然存在着代际负担。

3. 从政府收支分类看,多样化的政府收支分类弥补了单一预算分类模式的缺点,为多角度实现公平提供了基础

美国联邦政府实行单一预算分类模式(即只有一种预算分类模式,就是按所有权分类的模式),预算分类的公平作用会被削弱。为了弥补这一弊端,美国联邦政府实行尽量多样化的政府收支分类,以达到多元化的目标。

美国联邦政府没有像英国政府和美国州和地方政府一样实行按流动性分类的预算分类模式。按照流动性分类的预算分类模式有利于实现代际公平,具体分析见第三章第三节的第二部分,因为资本性支出是跨年度,应有跨年度的纳税人来承担。美国联邦政府为了弥补这一不足,就在政府收支分类中设置了按流动性分类,对投资支出进行了具体的分析。

另外,虽然美国联邦政府也没有像中国政府和日本政府那样实行按照收入性质的特殊性分类的预算分类模式,但设置了按照基金类别分类的政府收支分类,将资金分为联邦基金和信托基金,联邦基金中的专项基金和信托基金都具有特殊政府预算基金的特点,可以根据公平的需要设置特殊专项基金或信托基金,从而实现特殊的公平。但在预算内的特殊基金的盈余会掩盖其他预算的赤字,会被其他预算侵蚀,所以当特殊基金存在大量盈余时,其公平性就不如放在与其他预算隔离的预算外的信托基金了。但当其存在亏空时,其公平性就有了保障。所以,美国只将有大量结余的 OASDI 和邮政服务基金放在预算外,而把其他放在预算内(而不采用中国和日本的这种模式),是与信托基金的结余多少密切相关,从而有利于代内和代际公平的实现。而同时实行按基金类别分类的政府收支分类方法又有利于特殊公平的实现。

在功能分类中,如果我们将与公平相关的支出单独列示,成为功能分类里的一个大类,就会让公众、立法机构和政府更关注这类支出及其管理,从而有利于相关公平问题的解决。如美国 2021 年的政府支出功能分类中有一类是"老兵福利与服务",就是单独分类的,目的就是要保障老兵的福利。

美国政府收支分类中有一种特殊的分类就是按法定性分类,这样可以保障法定支出,而这些法定支出往往与公平有关,从而有利于公平的实现。

其他分类如经济分类、部门分类等更多的是为了提高管理的效率,与公平并没有直接关系。

总之:(1)财政透明度分析。从政府预算体系的范围看,美国联邦政府预算文件和财务报告已经涉及了政府的全部收入和全部支出,包括预算内和预算外、税收支出、准财政活动、政府各部门和机构的融资、社保基金和各类资产负债,但自然资源并没有在报告范围内。从政府预算报告的内容看,财务信息非常完善,非财务信息基本也符合理想的状况,但政策效应分析还可以更合理和科学。从政府预算体系管理过程中的透明度看,美国预算文本以及从预算编制到审计监督的程序、过程的公开都做得不错,但在"公众参与预算管理活动"方面还有很大的空间可以提升,特别是"政策分享"类的参与可以进一步提升。新绩效预算发展得很快,但很多指标的设置和评价方式还可以进一步改善,还应更多引入公众的参与。从保障政府预算体系透明的信息质量要求看,真实性、可比性、可理解性、及时性和便捷性都做得不错,但为了便于公众理解整个国家的情况,可以在联邦政府、州政府与地方政府之间建立相应的横向比较机制,以及为了分析预算而建立更多的政府收支分类。(2)效率公平分析。因为美国联邦政府实行混合预算体系,等于既实行了综合预算体系又实行了分类预算体系,从而保留了两者在效率和公平上的优点,是一种理想的预算体系。美国只实行一种预算分类模式,从表面上看是有一定的缺陷的,但由于预算外的信托基金范围是可以改变的,从而为其他信托基金进入预算外提供了公平的空间。在混合预算体系内部设立独立的 OASDI 预算,一方面有利于社会保险基金管理效率和配置效率的提高,另一方面符合美国的社保制度以及 OASDI 大量盈余的管理要求,为代内公平和代际公平提供了条件。为了弥补单一预算分类模式的弊端,美国采用了多样化的政府收支分类进行替代。多样化的政府收支分类一方面有利于财政资金管理多元目标的实现,另一方面为多角度实现公平提供基础。遗憾的是,美国政府并没有单独设立性别预算,为性别公平提供条件。

第二节　英国中央政府预算体系的公共财政责任分析

　　世界上很多国家实行双重预算体系,有些按所有权分类分为普通预算和社会保险基金预算,如匈牙利;有些按流动性分类分为经常性预算和资本性预算,如英国和德国。按流动性分类的双重预算体系也是最早的分类预算体系(复式预算体系),我们选择英国作为这种预算体系的代表进行公共财政责任的分析,分析框架与美国一样,运用第三章的分析框架和理论,因为很多具体的分析理论已经在第三章进行了论述,所以这里就不重复了。
　　英国政府预算由中央政府发布和地方政府发布两部分组成。为了便于比较,我们这里统一用中央政府发布的预算等相关资料进行研究和分析。所以,本书提到的英国政府预算都特指英国中央政府发布的预算。但与美国政府不同的是,美国联邦政府发布的仅仅是美国联邦政府本级的预算,而英国中央政府发布的预算里还有地方预算的内容。

一、英国中央政府预算体系的具体架构——双重预算体系

一般认为英国政府的预算体系是按流动性分类的双重预算体系,即分为经常性预算和资本性预算。英国从 1968 年开始编制正式的双重预算,分别设立了统一国库基金预算即经常性预算和国家借贷基金预算即资本性预算。但 1998 年英国通过了新的《财政法》等系列法律,对预算进行了改革,为了方便实行中期财政计划,开始引入 DEL 和 AME,以及资源预算和资本性预算的分类。DEL 和 AME 应该属于政府收支分类,资源预算(Resource Budget)和资本性预算才属于预算分类。但资源预算的实质就是经常性预算,只是具体预算编制的基础不同。所以我们还是采用了传统观点,认为英国采用按流动性分类的双重预算体系,分为经常性预算和资本性预算。为了反映预算的总体情况,英国政府也会将经常性预算和资本性预算结合在一起分析。但与美国不同的是:美国联邦政府预算更关注将预算外资金包括在内的统一预算分析,而英国政府则更关注经常性预算和资本性预算的分类讨论。所以,我们将前者归为混合预算体系,而将后者归为双重预算体系。

(一)经常性预算和资源预算的关系

在当今的英国,经常性预算(Current Budget)又被称为资源预算,英国在对经常性预算实行资源预算前,经常性预算实行的是现收现付制的预算,也就是以政府部门的现金支出需求为基础编制的预算。但将经常性预算改为资源预算后,其预算编制基础从现收现付制改变为权责发生制,成了权责发生制的预算。资源预算是以部门的全部资源需求为基础,以资源账户记录的公共服务成本即部门资源的使用成本为依据,既包括本阶段公共服务应该承担的付现成本,又包括本阶段公共服务应该承担的非付现成本,如折旧和坏账准备等,但不包括本阶段为下阶段预付的支出和购买的存货等,是一种全成本权责发生制的编制基础。所以说,资源预算其实只是经常性预算的一种编制方法或编制基础,资源预算和经常性预算的编制范围是一致的。

英国官方对经常性预算赤字(Current Budget Deficit)是这么定义的:"经常性预算赤字是公共部门经常性收入和经常性支出(广义)[①]的差异,换句话说,经常性预算赤字是公共部门的净借入剔除为资本性支出融资的借款后的数字。公共部门经常性收入是指与当年活动相关的收入,主要包括直接税和间接税,也包

---

① 在英国政府预算中,有广义的经常性支出和狭义的经常性支出,前者包括折旧,后者不包括折旧。

括社会保障缴款、利息收入、股息红利、资本税和来自贸易活动的利润。公共部门的经常性支出(狭义)是指公共部门当年消耗掉的科目(items)支出,例如公共部门的工资和转移支出等。折旧是资产的资本价值的减少,是经常性预算的组成部分。"[1]从前面的定义就可以看出,公共部门经常性收入是按照权责发生制核算基础确认的,也就是往年或未来活动带来的当年的现金流入不确认为经常性收入。公共部门的经常性支出(狭义)也是按照权责发生制来确认的,不是当年被消耗掉科目的支出,如预付来年被消耗掉科目的支出、支付上年被消耗掉科目的支出,都不是本年的经常性支出。而且明确折旧是经常性预算的组成部分,即经常性支出(广义)的组成部分。在英国2020年的政府预算中,Table1.11中就是把经常性支出(广义)分为资源性AME(Resource AME)、不包括折旧的资源性DEL(Resource DEL)和折旧三部分(具体见表4.6)。

由此可见,在英国的经常性预算中,收入是经常性收入,包括直接税和间接税,也包括社会保障缴款、利息收入、股息红利、资本税和来自贸易活动的利润。支出是经常性支出(狭义)和折旧。经常性预算赤字就是经常性收入和经常性支出(广义)的差异(具体见表4.4和表4.5)。

表4.4　　　　　英国资源预算和资本性预算的具体内容

项　目	资源预算	资本性预算
部门自己与私人部门的交易(Department's own transactions with the private sector)	1. 按照权责发生制核算的支出,包括行政运营成本、工资支出、各类养老金缴款、对个人和私人公司的补贴等 2. 准备金的提取、准备金价值的变动和准备金的发放(以及由准备金发放抵销的支出——与资本支出相关的准备金除外) 3. 资产处置的盈亏 4. 部门资产的折旧和损耗 5. 减去DEL/AME中保留的收入,例如服务销售	1. 按照权责发生制核算的新固定资产的支出,包括融资租赁和实质性借款交易(例如资产负债表上的PPP) 2. 减去销售的固定资产的净账面价值 3. 对私人部门的净政策性借出款 4. 对私人部门的资本性补贴 5. 研究和发展支出
ALB(一种非政府公共机构)与私人部门的交易(ALB transactions with the private sector)	与部门资源预算的范围相同 注:部门对ALB的补助支出是从预算中扣除的(这样就可以避免支出重复)	与部门资本预算的范围相同
国家健康服务信托机构 NHS Trusts(England)	与部门资源预算的范围相同	与部门资本预算的范围相同
对地方政府的支持	对地方政府经常性补助	对地方政府资本性补助

---

[1] PSF-aggregates-databank_JULY_2016[EB/OL].[2016-07-01]. https://data.gov.uk.

续表

项　目	资源预算	资本性预算
公共企业	1. 对公共企业的补助 2. 减去来自公共企业的利息收入和股息红利收入	1. 对公共企业的投资补助 2. 借给公共企业的净借出款 3. 公共企业从市场上和海外借入的借款(包括资产负债表上的PPP) 4. 减去从公共企业收回的权益

资料来源：Consolidated budgeting guidance 2020 to 2021[EB/OL]. [2020-08-09]. https://assets.publishing.service.gov.uk/government/uploads/system/uploads/attachment_data/file/876155/CBG_for_publication.pdf。

(二)资本性预算

英国官方是这样定义资本性预算(Capital Budget)的："资本性预算就是用于新投资的支出和新的政策性的借出款"[1]，如住房、交通和防洪等。资本性预算的收入是经常性预算的结余和借款收入，支出则是用于新投资的支出和新的政策性的借出款(具体见表4.4和表4.5)。资本性预算也分AME和DEL两部分。在英国中央政府的部门预算中，资本性支出不能用于行政运营支出，只能用于项目支出。

虽然英国政府实行经常性预算和资本性预算分类的双重预算体系，但在提供政府预算的文本时，有时会将两者结合在一起，反映预算的总体情况。如，2016年英国政府的预算附件PSF_aggregates_databank_Feb_2016_2文件中就将总收支合并在一起反映。表4.5清晰地表示了英国政府预算常用的几个概念之间的关系。在2020年6月的公共部门财务月报告(Public Sector Finances，PSF)中PSA6B"中央政府账目：概况"和PSA6C"中央政府账目：总收入、总支出与净借入"也将总收支合并在一张表中反映。[2]

---

[1] PSF-aggregates-databank_JULY_2016[EB/OL]. [2016-07-01]. https://data.gov.uk.

[2] Public sector finances，UK：June 2020[EB/OL]. [2020-08-08]. https://data.gov.ukhttps://www.ons.gov.uk/economy/governmentpublicsectorandtaxes/publicsectorfinance/bulletins/publicsectorfinances/june2020#other-pages-in-this-release.

表 4.5   英国政府 2016 年的预算总收入、支出平衡表   单位:10 亿英镑

项目		2015—2016年	2016—2017年	2017—2018年	2018—2019年	2019—2020年	2020—2021年
收入和支出	公共部门经常性收入(a)	682.2	723.4	762.7	796.5	831.1	871.9
	总管理支出[b(c+d+e)]	755.7	773.3	787.5	801.2	821.0	857.2
	公共部门的经常性支出(c)	682.3	696.0	710.7	725.3	742.0	767.0
	公共部门净投资(d)	33.6	35.8	33.4	30.6	32.2	41.3
	折旧(e)	39.8	41.6	43.4	45.0	46.8	48.9
	公共部门总投资(d+e)	73.4	77.4	76.7	75.7	79.0	90.2
赤字	经常性预算赤字(c+e—a)	39.9	14.2	—8.6	—26.0	—42.3	—56
财政目标	公共部门净借入(b—a)	73.5	49.9	24.8	4.6	—10.1	—14.7
	公共部门净债务(Net Bebt)	1 599.3	1 652.3	1 648.7	1 701.8	1 708.4	1 714.6

资料来源:PSF_aggregates_databank_Feb_2016_2[EB/OL].[2016-06-10]. https://data.gov.uk。

如表 4.6 所示,在英国政府预算分析支出时,经常把经常性支出和资本性支出放在一起分析,把两者的联合叫作总管理支出(Total Managed Expenditure)。

表 4.6   英国政府 2020 年总管理支出表   单位:10 亿英镑

项目	2019—2020年	2020—2021年	2021—2022年	2022—2023年	2023—2024年	2024—2025年
经常性支出						
资源性 AME	426.5	421.6	433.5	443.4	453.2	464.7
资源性 DEL,不包括折旧	330.4	360.6	384.6	400.7	417.6	435.5
折旧	30.8	33.6	35.9	37.4	39.0	40.6
公共部门的经常性支出	787.7	815.8	854.1	881.5	909.9	940.8
资本性支出						
资本性 AME	33.6	30.4	26.6	26.9	28.5	29.2
资本性 DEL(不包括金融交易)	65.5	81.6	96.7	102.3	106.5	110.2
公共部门总投资	99.1	111.9	123.3	129.2	135.0	139.4
总管理支出	886.8	927.7	977.4	1010.7	1 044.9	1 080.2
总管理支出(占 GDP 百分比)	39.8%	40.3%	40.8%	40.8%	40.8%	40.7%

资料来源:2020 年英国政府预算[EB/OL].[2020-08-08]. https://www.gov.uk/government/publications/budget-2020-documents/budget-2020#budget-report。

(三)部门预算中的资源预算和资本性预算

如表 4.7 所示,在中央政府的具体部门中,部门预算分为资源预算和资本性预算,资源预算也分为资源性 DEL 和资源性 AME,资本性预算也分为资本性

DEL 和资本性 AME,同时又将部门支出分为行政运行支出(Administration Budget)和项目支出(Programme Spending)。行政运行支出只能由资源预算中的 DEL 支出。换句话说,资源预算中的 DEL 又可以分为行政运行支出和项目支出。中央政府部门预算中资源预算和资本预算的范围见表 4.7。

表 4.7　　　　　　　　　　　英国部门预算的结构

类　　别	资源预算		资本性预算
DEL	行政运行支出	项目支出	项目支出
AME	项目支出		项目支出

资料来源:Consolidated budgeting guidance 2020 to 2021[EB/OL].[2020-08-08]. https://assets.publishing.service.gov.uk/government/uploads/system/uploads/attachment_data/file/876155/CBG_for_publication.pdf.

(四)英国中央政府预算具体内容——以 2020 财年为例

英国政府的预算内容同样主要反映在预算文件中,我们以 2020 财年英国中央政府发布的预算为例来介绍英国政府预算的具体内容。英国政府的预算文件有很多,主要包括以下几类:

1. 2020 预算(Budget 2020)

2. 对家庭的影响,2020 财年预算的分配影响

3. 2020 预算:政策成本

4. 2020 预算数字来源

5. 附表

另外,英国政府还发布了公共支出统计的年报系列文件,具体包括:《公共支出统计 2020.7》《公共支出统计指南》《部门预算》《预算的经济分析》《公共部门支出》《中央政府支出》《地方政府支出》《公共企业支出》《按地区分类的公共支出》,其他附件等。

这些文件主要介绍了国家经济情况、各种政策的成本及效应、公共部门收入情况、公共部门的各种支出情况、中央政府的部门预算。英国中央政府发布的预算文件中有两个层次的预算:一个是整个国家的预算,包括中央本级政府收支、地方政府收支、公共企业收支和英格兰银行净收支,剔除重复部分,即将四部分合并为一个整体的国家预算;另一个层次就是中央政府部门预算,包括中央政府部门的资源预算(包括资源性 DEL 和资源性 AME)和资本性预算(包括资本性 DEL 和资本性 AME),这些部门的预算汇总在一起,再按功能或者经济分类。中央政府部门的 DEL 加上中央政府部门的 AME 再加上其他的 AME 就是整个

中央政府本级预算,其他的 AME 就是一些会计调整事项。为了更好地反映整个国家预算的收支和部门预算的收支,在这些文件中,整个国家预算的收支叫作公共部门的收入和公共部门的支出;而部门预算的收支被称为资源预算和资本性预算。在部门预算中,收入在资源预算和资本性预算列为负数,支出则列为正数。当然,地方政府也有自己独立的预算,在自己的网站上发布。因为我们这里研究的是中央政府发布的预算文件,所以没有把地方政府独立发布的预算包括在内。

二、英国中央政府预算的政府收支分类

英国政府的收入分类也比较单一,与美国相类似,只有按收入来源分。但支出分类与美国差异较大,除按功能分类、经济分类、部门分类等基本分类外,还有按时间期限分类、按业务分类和按支出成分分类三种,没有如美国的,按法定性分类和基金类别分类两种。

（一）收入分类

2020 年英国政府经常性预算的收入分为:所得税、国家保险缴款、消费税、企业税、增值税、商业税、国会税、其他税收、其他非税收入。[①] 英美两国的收入分类大致相同,主要是两国的税种有所不同,所以关于税收的一些分类会有所不同。但这并没有太大的影响。

（二）支出分类

英国政府的支出分类除了大家共有的按功能分类、按经济分类和按部门分类外,有特色的分类就是按时间期限分类,将支出分为 DEL 和 AME;同时还在部门预算中采用了按业务分类,将部门预算支出分为行政运行支出和项目支出两类。

1. 支出按时间期限分类

按时间期限分,英国政府将政府支出(包括经常性支出和资本性支出)分为 DEL 和 AME 两类。DEL 是明确地计划在 3 到 4 年里都需要的支出;AME 则是客观需要的,但比较难预期和难控制的支出,所以每年都不一样。结合经常性预算(即资源预算)和资本性预算,又可以分为资源性 DEL 和资源性 AME,资本性 DEL 和资本性的 AME 四个细项(见表 4.6)。这种按时间期限分类有利于中

[①] 英国政府 2020 年预算文件[EB/OL].[2020-08-08]. https://www.gov.uk/government/publications/budget-2020-documents.

长期财政计划的编制和管理。DEL 是对各政府部门稳定的,跨度为 3 年(中期)的支出限额。这类支出具有非短期性,特性比较稳定,可以合理地确定它在 3 年内的限额。英国的公共支出委员会每两年对 DEL 进行一次全面检查,按照检查结果修订和确定新的 3 年支出限额。AME 主要包括那些需要根据年度经济情况调整的具有变动特征的支出,不适宜进行中期的限制和管理的支出,如社会保障、税收抵扣、住房补贴等支出。

2. 支出按功能分类

英国政府支出按照功能、子功能分类,公共支出分为 10 种如教育、健康、国防等,然后在按功能分类的"类"下再设置按子功能分类的"款",如教育进一步细分为小学、中学等。在子功能下还会进一步细分,设置"项"。这些分类都是在联合国出版的 OECD 制定的政府收支功能分类(以下简称 COFOG)基础上进行的。英国政府 2020 年的预算按功能分为 10 类再加一个"欧盟事务",总共是 11 类:一般公共服务、国防、公共秩序和安全、经济事务、环境保护、住房和社区设施、健康、娱乐文化和宗教、教育、社会保护、欧盟事务。[①]

709　教育
　　7091 学前教育和小学教育
　　　　70911 学前教育
　　　　70912 小学教育
　　7092 中学教育
　　　　……

与美国的功能分类相比,英国的功能分类大类少,仅 11 类,而美国有 19 类。英国的功能分类是按照 COFOG 制定的,美国的功能分类是以 IMF 的 GFSM 为基础制定的。但英美两国都设立了类、款、项三层。

3. 支出按经济分类

按经济分类,公共部门的支出被划分为工资、采购支出等。英国的经济分类也是在经常性预算和资本预算下有所不同。经常性支出下的经济分类:工资、总的经常性采购支出、商品和服务的销售收入(用负数列出,是支出的抵销项)、对地方政府的补助、对国外的补助、对个人和非营利实体的补助、对私人公司的补助、对公共企业的补助、净公共服务养老金、折旧等。资本性支出的经济分类:对地方政府的资本性补助、对个人和非营利实体的资本性补助、对私人公司的资本

---

① 公共支出统计 2020.7[EB/OL].[2020-08-09]. https://www.gov.uk/government/statistics/public-spending-statistics-release-july-2020.

性补助、对公共企业的资本性补助、总的资本性购买支出和资本性资产的销售收入(用负数列出,是支出的抵销项)等。①

与中国、美国的经济分类比,英国区分了经常性的经济分类和资本性的经济分类,虽然中国、美国的经济分类也可以从其细项中大致区别是经常性支出还是资本性支出,但并不准确,尤其是补助支出很难区分是经常性的还是资本性的。

4. 支出按部门组分类

英国的支出按部门分类也比较特殊,它们采用了按部门组分类。把部门按照内阁责任制进行分类,把相同责任的归为一类,这样分类更有利于问责。在每年发布的《公共支出统计》中就有按政府支出的各种分类所做的分析,其中有一种就是按照部门组分类。按照英国政府《公共支出统计 2020.7》,部门组总共分为健康和社会护理;教育;内政部;司法部;法律官员部门;国防;单一情报账户(Single Intelligence Account);外交部;国际发展;MHCLG 住房与社区;MHCLG 地方政府;交通;商业、能源和工业战略;数字、文化、媒体与体育;环境、商品和农村事务;国际贸易;税务海关总署;财政部;就业和养老金;内阁办公室、苏格兰;威尔士;北爱尔兰;小规模独立实体等 24 组②。

5. 支出按支出成分分类

英国政府在《公共支出统计》中,有一种按照支出成分进行的分类,将政府支出分为中央政府本级支出、地方政府支出、公共企业支出、英格兰银行净收支四部分。其实在《公共支出统计 2019.7》中 Table1.15 是一张合并的报表,已经把相互重复的因素抵消,按照四部分反映了英国整个国家的政府支出③。

6. 支出按业务分类

在英国政府支出中有一种按业务进行的分类,分为行政运行支出和项目支出。其与资源预算(经常性预算)和资本性预算,以及与 DEL 与 AME 的关系我们在前文中已经论述了(见表 4.7)。从表 4.7 中可见行政运行支出归属于资源预算中的 DEL 部分,行政运行支出既不属于 AME,又不属于资本性预算;同时,行政运行支出也不是资源性 DEL 的全部,后者还有一部分也是项目支出。在英

---

① 公共支出统计 2019.7[EB/OL].[2020-08-09]. https://assets.publishing.service.gov.uk/government/uploads/system/uploads/attachment_data/file/823160/1_Public_Spending_Statistics_July_2019.pdf.

② 公共支出统计 2020.7[EB/OL].[2020-08-09]. https://www.gov.uk/government/statistics/public-spending-statistics-release-july-2020.

③ 公共支出统计 2019.7[EB/OL].[2020-08-09]. https://assets.publishing.service.gov.uk/government/uploads/system/uploads/attachment_data/file/823160/1_Public_Spending_Statistics_July_2019.pdf.

国中央政府的部门预算中,将部门的支出除了分资源性 DEL 和资源性 AME,以及资本性 DEL 和资本性 AME 外,还区分行政运行支出和项目支出,这与我国部门预算分为基本支出与项目支出基本类似。在英国财政部的《公共支出统计 2019.7》[①]中提供一张行政运行支出预算表(Administration Budgets),将所有中央政府各部门的行政运行支出都统计在这张表中。大部分公共服务部门设置了行政运行支出,这种支出一般包括大部分支付功能,有利于控制政府部门的运行成本,提高运行效率。

英国政府的支出分类主要就是上述六种,这六种有时单独使用,有时为了分析的需要联合使用,如部门组分类与功能分类相结合、部门组分类与业务分类相结合等。但最具有特色的还是按时间期限分为 DEL 和 AME,这与美国按法定性分为自由裁量支出和法定支出有很大的不同,前者是为了满足管理的需要,后者则是为了满足法律的需要。另外,其经常性预算采用资源预算即权责发生制的编制基础也非常有特色,有利于绩效预算的开展。

三、英国中央政府预算体系的财政透明度分析

我们按照第三章第一节的分析框架,对英国中央政府预算体系也从政府预算体系范围、政府预算报告内容、政府预算体系管理过程与预算信息质量要求四个方面分析其财政透明度。

(一)英国中央政府预算体系的范围与财政透明度

政府预算体系的范围不仅从预算文件中体现出来,而且应该包括预算执行后政府财务状况的信息所反映的范围,所以这部分我们分预算文件范围和财务报告范围。

1. 预算文件范围

正如前文介绍的,英国政府预算体系包括整个国家预算和中央政府部门预算两部分。整个国家预算又包括中央本级预算、地方政府预算、公共企业收支预算、英格兰银行净收支这四个部分的合并,剔除了相互重复的因素。中央政府的部门预算,是中央政府计划和控制的支出,既包括中央政府部门自己的支出,又包括对地方政府和公共企业的补助和支持,具体见表 4.4,中央政府部门预算汇总调整以后就成为中央政府本级预算。另外,需要注意的是英国在经常性的

---

① 公共支出统计 2019.7[EB/OL].[2020-08-09]. https://assets.publishing.service.gov.uk/government/uploads/system/uploads/attachment_data/file/823160/1_Public_Spending_Statistics_July_2019.pdf.

AME中有一个税收抵免(Tax Credit)，这个其实就是美国的税收支出。

英国预算文件的范围基本与美国相似，英国没有专门定义"预算范围"的文本，但在《政府财政统计》各月报中都提到英国公共部门预算（国家预算）中的公共部门包括六个部分：中央政府、地方政府、公立的非营利企业、公共部门养老金、英格兰银行、公共金融机构，所以公共企业预算实际包括公立的非营利企业和公共金融机构。美国在《分析视角，2021财年美国政府预算》中有专门的一章来定义"预算范围"。在美国的"预算范围"一章中非常明确地指出，预算活动和一些对政府预算收支产生影响的非预算活动（即准财政活动），都是政府预算要反映的，只不过前者包括在预算收支中，后者则单独反映在相关预算文件中。总之，两国预算范围的异同包括：(1)美国的税收支出作为非预算活动的一种并没有包括在预算中，而是单独反映的。而英国政府的预算中包括了税收支出和所有预算活动，但对其他准财政活动并没有单独反映，只是在做相关论述和分析中提到。(2)不管是美国政府预算还是英国政府预算，都将公共企业的收支作为预算活动列入政府预算中。(3)英国政府的预算有两个层次，不仅有本级的，更有整个国家的。但美国联邦政府预算和州及地方政府预算并没有合并在一起，也就是美国只有联邦本级预算和州及地方本级预算，没有整体国家预算。

所以说，单论预算收支的范围，英国政府的预算因为包括税收支出，其范围要比美国广。但从预算文本的范围看，因为美国专门分析了一些准财政活动，而英国则没有，所以美国预算文本信息比英国广；但从整体看，英国有整个国家的预算，美国没有。

2. 财务报告的范围

英国政府财务报告有四个相关的内容：一是各部门的《年度报告和会计》，二是《财政持续性分析报告：公共部门资产负债表》，三是中央政府的年度财务报告和地方政府的年度财务报告，四是《整体政府会计报告》(Whole of Government Accounts)。

(1)各部门的《年度报告和会计2018—2019》分三部分：绩效报告、责任报告和财务报告。在财务报告部分，主要包括综合净支出表、财务状况表、现金流量表、纳税人权益变动表和报表附注。

(2)《财政持续性分析报告：公共部门资产负债表》全面分析了英国政府的资产、负债和净债务、净资产、净负债等财务信息。"公共部门净债务"是"流动金融资产"减去"期末全部负债余额"（这里负债是过去事项引起的现在义务，下同）的余额。"公共部门净资产"是指所有实物资产和金融资产减去"期末全部负债余额"后的余额。"用整个政府会计标准测量的净负债"(The WGA Measure of

Net Liabilities)是指所有实物资产和金融资产减去"期末全部负债余额""过去事项引起的未来负债"和"或有负债"后的余额。所以从这里可以看出,这个报告的财务范围是非常广泛的,不仅包括了所有实物资产和金融资产,而且包括了各类负债(包括或有负债和"过去事项引起的未来负债")。

(3)中央政府的年度财务报告和地方政府的年度财务报告。中央政府的年度财务报告分为财政部编制的会计报表和各部门编制的财务报表。各部门编制的财务报表主要有六张报表:议会批准资源表(该表主要反映政府部门获得议会批准的年度资源和净现金的预算数与实际发生数)、经营成本表(该表主要反映政府部门在一个财政年度内日常营运活动发生的成本和取得的收入)、确认的利得与损失表(该表主要反映政府部门的资产估值变动所产生的确认的利得与损失情况)、资产负债表、现金流量表、按部门活动目标分析的经营成本表(该表主要反映政府部门每类活动的成本情况)。财政部每年负责在每年末为统一基金编制会计报表,成为中央政府财务报告的组成部分。① 地方政府也每年都会编制和公布地方的年度财务报告。

(4)《整体政府会计报告》,这是一套合并的报告,整合了中央各部门、地方政府、权力下放的行政当局、NHS、院校及公营公司等九千多个公共部门经过审核的账目,共包括概况和绩效分析、会计管理责任申明、治理申明、财务报告、审计报告、附录六个部分。《整体政府会计报告》的主体是财务报告,包括收入支出表、综合收入支出表、财务状况表、纳税人权益变动表、现金流量表和报表附注等。在《整体政府会计报告》中包括承诺和或有负债。②

从上文可见,英国财务报告的范围也是比较广泛的,资产、负债、成本和绩效也都进行了报告。但与美国比较,更强调将或有负债和"过去事项引起的未来负债"纳入整个国家的资产负债表,虽然美国也将或有负债和养老金相关负债进行反映,但不是将所有的"过去事项引起的未来负债"都包括在内。另外,美国也没有联邦政府与州及地方政府整体的政府会计报告,所以整体财务信息不如英国广泛。

结合英国政府预算文件和财务报告的分析,英国政府预算文件和财务报告已经反映了第三章第一节中所论述的理想的预算体系的资金范围:政府的全部收入和全部支出、税收支出、政府各部门和机构的融资、社会保障基金、金融资

---

① 王淑杰. 英国政府预算制度[M]. 北京:经济科学出版社,2014:182.
② 整体政府会计报告[EB/OL].[2020-08-09]. https://assets.publishing.service.gov.uk/government/uploads/system/uploads/attachment_data/file/902427/WGA_2018-19_Final_signed_21-07-20_for_APS.pdf.

产、非金融资产、雇员的养老金负债、或有负债等都在相关的预算文件和财务报告中得到了反映。社会保障基金主要包含在经常性预算中,税收支出也包含在经常性支出中。金融资产、非金融资产、雇员的养老金负债、或有负债则反映在财务报告中。

(二)英国中央政府预算报告的内容与财政透明度

在这部分,我们也按照财务信息和非财务信息两部分进行分析。

1. 财务信息

财务信息从收支预测和执行信息、财务状况和运营情况信息和成本绩效信息三小点进行分析。

(1)收支预测和执行信息

英国政府的收支预测信息都在英国政府的预算文件中得到了体现,如《2020预算》《2020预算:政策成本》以及其他的预算文件。执行信息主要反映在每年都会出好几版本的《公共支出统计》,反映公共支出的执行情况;每年还会出一本《公共支出统计》年报,反映上年的公共支出执行情况,并对上年公共支出执行情况进行多角度的分析。美国联邦政府的《分析视角,20××年美国政府预算》主要是对预算数的分析,而英国则是对执行数的分析,这两者有所不同。

(2)财务状况和运营情况信息

《财政持续性分析报告:公共部门资产负债表》、《年度报告和会计》、中央政府的年度财务报告和地方政府的年度财务报告、《整体政府会计报告》都详细地分析了英国政府的资产、负债、收入、支出和纳税人权益等。财务范围是非常广泛的,不仅包括了所有的实物资产和金融资产,而且包括了各类负债(包括或有负债、"过去事项引起的未来负债")。资产负债表和纳税人权益变动表主要反映财务状况,收入支出表和现金流量表主要反映运营情况。

(3)成本绩效信息

英国中央政府每个部门的《年度报告和会计》都有一章是绩效报告。除了每年都有绩效报告外,每个季度也都会报告绩效执行的情况。英国的成本信息主要反映在部门的年度财务报告和《整体政府会计报告》中,部门的财务报告中的综合净支出表都详细地反映了部门的成本信息。在《整体政府会计报告》中,有对支出的具体分析,实质也是对成本的分析。

2. 非财务信息

为了更好地实现财政透明度,政府的预算文件、财务报告和相关资料中也应该提供非财务信息。我们把非财务信息分为微观非财务信息和宏观非财务信息。

英国政府的预算文件、财务报告和相关资料提供了微观和宏观的非财务信息。在英国中央政府部门各自的网站中提供了部门自己的微观非财务信息,如部门的基本情况、结构、职能等,在部门的绩效报告中能够找到绩效目标及其执行情况等,财务报告中也有财务分析。在政府的预算报告和财务报告以及政府的网站中,则提供了国民宏观经济情况、绩效情况、支出多角度分析、政策成本效应、绩效管理情况等。

虽然英国政府也提供了较全面的财务信息和非财务信息,但我们在做比较研究时发现,英国并没有像美国一样有独立的预算网站和绩效网站,所以寻找各个部门和政府的预算报告、财务报告及绩效报告都比较复杂。而且因为没有独立预算网站和绩效网站,与预算、财务及绩效有关的资料到底有多少,对于研究者来说很难把握,所以从这点可以看出,预算信息获得的方便性较美国差,从而降低了财政透明度。

(三)英国中央政府预算体系管理过程中的透明度

1. 过程透明

我们分两个方面对英国政府预算体系管理过程中的透明度进行分析:一是将预算管理活动对公众公开,包括公开预算文本和公开预算程序(包括会议现场)等;二是公众对预算管理活动的参与,即参与式预算。

(1)预算管理活动对公众公开

英国的《信息自由法案》《公共部门信息再利用规则》《财政稳定法》等法律都要求政府的预算应该向公众公开。特别是《财政稳定法》明确指出,该法案的目的就是提升财政预算的透明度以及财政责任。在该法案中提到了财政预算管理的基本原则是:透明度、稳定性、责任心、公平性和有效性。透明度原则要求制定和实施财政政策的整个过程都要保证公开透明,并且要及时公开政府财政账户。要求政府公布足够多的信息,以便公众能对财政政策的实施和公共财政的状态有清晰的了解。

英国政府的预算信息公开途径除了传统的报纸、广播电视新闻、书报等,更直接方便的就是网络途径,英国公众还可以在 YouTube、Flickr、Twitter 等民间网站查找到政府预算信息。美国政府运用白宫网站的总统预算专栏、国库部网站和绩效网站来发布预算、财务及绩效信息,而英国政府除通过英国政府网站(www.gov.uk)等官方网站发布外,还利用民间信息网站宣传其预算财务信息。利用民间信息网站发布政府财政信息是英国的特色,但由于没有像美国一样将信息集中在一起,因此无法全面掌握所有政府发布的财政信息,但英国政府网站的搜索功能很强。

（2）公众对预算管理活动的参与——英国的参与式预算

英国公众参与预算的主要方式包括公众听证、公民问卷调查、公民咨询委员会和公民陪审团等。这些都与美国相类似，随着绩效预算的开展，英国政府"政策分享"类的参与也与美国一样开始加强，公众会参与项目目标指标的设定和后评价的打分。但总体来看，参与式预算的制度还可以进一步地完善和发展。

2. 过程透明的技术支撑——新绩效预算

英国真正建立起较为规范和完善的绩效预算制度是以布莱尔政府于1997年颁布的《支出综合审查法案》和1999年颁布的《政府现代化白皮书》为标志的。《支出综合审查法案》要求各部门必须对本部门的预算和支出进行全面审查。各部门应与财政部签订《公共服务协议》，每年应向议会提交一份秋季绩效评价报告，内容是对本部门的目标完成情况进行综合评价。《政府现代化白皮书》强调政府追求三个目标：确保政策的高度协调性和战略性，强调结果导向和公众的广泛参与；以公共服务的使用者为中心，确保公共服务更符合人民需要；确保公共服务具有高效率和高质量等。同时，在地方政府层面引入最佳评价制度，倡导通过最佳评价体系提高地方服务质量。[①] 英国的绩效管理引入了 DEL 和 AME 的分类，引入了资源会计与资源预算的概念，经常性预算、财务会计开始以完全的权责发生制为核算基础。这些都为绩效预算的实施提供了良好的技术基础。

（四）英国中央政府预算信息的质量与财政透明度

英国政府预算体系的信息质量要求，也包括真实性、可比性、可理解性、及时性和获得的便捷性等。

从真实性看，英国政府公布的各种财务报告都要经过审计部门的审计来确保信息的真实性。国家审计署对中央政府及其机构进行审计，审计委员会对地方政府及其机构进行审计。英国也是立法型审计，为立法机构负责，审计署主要进行两大块的审计：政府各部门的财务审计和绩效审计。

从横向可比性看，英国的支出功能分类是在联合国的 COFOG 基础上进行的，财务报告是按照国际财务报告准则制定的，所以更有利于国际比较。另外，很多数据是剔除通货膨胀后的数据，这样有利于历史的纵向可比性。当然，如果统计口径发生变化，英国政府在做历史比较时会进行调整，所以很多资料是提供好几十年的数据的。与美国相比，英国更倾向于与国际组织的口径一致，如功能分类和财务报告，更有利于横向比较。从纵向可比性看，美国的很多数据是通过

---

① 国际司. 英国公共财政管理[EB/OL].[2020-09-02]. http://www.mof.gov.cn/mofhome/guojisi/pindaoliebiao/cjgj/201406/t20140625_1104296.html.

占 GDP 的比例来显示的,所以可以不受通货膨胀率的影响,也一样有利于纵向比较。

从可理解性看,英国与美国都对公共支出多角度进行了分析,提供了多种支出分类,可理解性都较强。

从及时性和获得的便捷性看,英美两国在及时性方面并没有很大的差异,但是在获得性方面各有利弊。英国利用 YouTube、Flickr、Twitter 等民间网站发布财政信息,有利于公众的获得。美国利用独立的预算网站和绩效网站将所有财政信息都链接在一起,特别容易系统地获得所有财政信息。英国的政府官方网站搜索功能很强,但没有独立的预算网站和绩效网站,也没有很好的链接功能,信息需要公众自己去搜索,而无法集中或通过链接获得。所以从研究角度看,英国的信息获得程度不如美国,从而在这方面其透明度不如美国。

四、英国中央政府预算体系的效率、公平分析

与美国相同,英国政府预算体系的效率与公平的分析我们也按照第三章第二节和第三节的框架和理论进行。

(一)英国中央政府预算体系的效率分析

1. 从总体看,英国实行双重预算体系具有分类预算(复式预算)体系的优缺点,但也不缺整体性的优点

英国虽然实行按流动性分类的预算分类模式,但因为英国政府在编制预算时经常将经常性支出和资本性支出放在一起组成总管理支出进行分析,同时也将所有收支放在一起,反映预算总体情况,所以在一定程度上具有混合预算体系的优点,但其与美国毕竟不同,美国联邦政府预算更倾向于包括预算内外的统一预算的分析和编制,而英国政府更关注经常性预算和资本性预算的分类讨论。从宏观政策效率看,由于英国政府也有将两大预算综合在一起的预算,因此其整体性也很强、宏观政策的效率也很高。从微观政策效率看,英国政府预算因为实行双重预算体系,所以具备分类预算的优点:容易实现收支对应的配置效率,即经常性收入对应经常性支出,收支对应的配置效率更高。从预算管理效率看,毕竟是双重预算体系,需要对双重预算进行管理,其营运效率肯定不如综合预算(单一预算)体系,但毕竟全世界纯粹实行综合预算体系的国家少之又少。最后因为英国实行分类预算体系,所以交易费用要比纯粹的综合预算体系少,特别是 DEL 和 AME 的分类,使得部门每年讨价还价的空间更小,交易费用更低。

2. 从预算分类模式看,实行按流动性分类的预算分类模式有利于宏观财政

政策的决策和债务的管理控制

按流动性分类的预算分类模式,其宏观政策效率较其他预算分类模式高,因为可以按照资本性预算决定债务的规模,也可以换一个角度分析,在这种模式下可以通过调整资本性预算的大小实现宏观政策。从微观政策效率看,因为英国的资本性支出并非都是用于经营性的,所以经营性与非经营性的配置效率是不存在的。但从预算管理效率看,按流动性分类有利于债务管理,因为资本性预算下可以看到债务的主要用途。另一方面,由于资本性支出是跨年度的,而经常性支出是当年度的,所以将两者分开有利于支出时间结构的管理,从而提高营运效率。具体分析见第三章第二节。

3. 从政府收支分类看,按时间期限分类的支出分类方法有利于中期财政计划和绩效管理

英国政府收支分类也是非常多元化的,满足多元化的财政管理目标。但它最有特色的就是按期限分类,将政府支出分为 DEL 和 AME,分开管理、分别预测,有利于提高中期财政计划预测的准确性,不同支出实行不同的管理办法也有利于提高中期财政计划的管理效率和绩效管理效率。[①] 英国的功能分类和财务报告都比较倾向于与国际接轨,基本与国际相同,从而提高了横向比较的可行性,为管理效率的提高提供技术基础。按部门组分类也是英国的特色之一,将相同职能的部门组成一组,进行预算编制、分析和管理,非常有利于绩效问责,从而提高绩效管理的效率。支出按业务分类,并单独编制行政运行支出预算,有利于控制政府部门的运行成本,提高运行效率。但英国并没有像美国那样设置按照基金类别分类的政府支出,这样在需要对特殊的资金进行特殊的管理时没有预算制度的保障。这是它的一个缺陷。

4. 从预算编制方法看,资源预算的编制方法非常有利于绩效预算的实施,有利于预算管理效率的提高

我们在前文已经分析过,资源预算其实是经常性预算的编制方法,即对经常性预算实行权责发生制的预算编制方法。这样的编制方法有利于对部门、项目、功能等支出的成本进行控制,有利于预测它们各自的成本,有利于对部门、项目和功能进行绩效评价和绩效管理。

(二)英国中央政府预算体系的公平性分析

1. 经常性预算和资本性预算的分类有利于实现代际公平

在第三章第三节我们已经具体分析了按流动性分类的预算分类模式,其有

[①] 具体分析见第三章第二节。

利于实现代际公平。因为经常性支出是用当年的收入(主要是税收收入)来支付当年消耗的公共服务的成本,特别是在经常性预算采用资源预算这种编制方法时,当年收入承担当年成本的对应关系更加明确;而跨年度的分摊支出(资本性支出)则通过债务由后代的受益人分摊承担。这样就可以成本与受益配比,一代人承担本代人受益的公共服务的成本,也就不存在代际负担问题。具体分析见第三章第三节。

2. 英国性别预算的发展有利于性别公平

英国其实并没有独立的性别预算,就如我们在第三章第三节所分析的那样,性别预算不仅仅反映在预算的内容上,而且反映在预算的过程中妇女的参与以及政府和公众对政府收支性别敏感度的重视上。在英国,妇女预算团体从1989年起就每项预算都进行公布,并致力于对政策议程中的社会性别问题和公共预算提出质疑。英国开展社会性别预算工作的主要侧重点是改变了那些不利于妇女的税收和社会保障系统。1997年劳工党上台后,妇女预算团体的能力进一步发挥,通过与财政部的广泛接触和举办研讨会等方式,促进了社会性别预算的发展。[①]

3. 非独立的社会保障预算模式,有利于代内公平的实现

英国是实行福利型社会保障制度的国家,保障标准高,资金来源不仅仅是雇主和雇员的缴费,还有很大一部分来自其他税收,保障标准与缴费没有必然的联系。社会保险筹资模式实行现收现付制。从现收现付制的社会保险制度看,会使得现在的工作一代为退休一代承担社会保险支出,这样就存在代际负担转移问题,存在着代际的不公平。但从代内看,由于英国这种福利型国家不实行独立的社会保障预算,将社会保障的绝大部分资金纳入经常性预算,用经常性收入保障社会保障支出,这样就存在代内的收入分配现象。因为经常性收入主要是税收,高缴税的纳税人与低缴税的纳税人享受同样的社会保障制度,这样就有利于代内公平的实现。具体分析见第三章第三节。

但是,英国政府并没有像其他国家那样设置特殊政府基金预算,这样不利于政府按照特殊的公平需要设立特殊的基金预算。另外,英国的功能分类也比较简洁,虽然功能分类可以根据需要设置特殊的功能,从而有利于公平的实现,但从英国的功能分类看,似乎并没有从这方面促进特殊公平。英国也没有美国的法定性分类,所以也不利于那些需要法律保障的支出从预算制度上得到保障。

总之:(1)财政透明度分析。从政府预算体系的范围看,英国政府的预算文

[①] 马蔡琛. 社会性别预算:理论与实践[M]. 北京:经济科学出版社,2009:78.

件包含了中央与地方的合并信息,其广度超越了美国。其预算文件和财务报告都已经涉及了政府的全部收入、支出;税收支出、政府部门和机构的融资、社会保障基金等都包括在预算中,但遗憾的是其他非准财政活动介绍得较少;资产和负债也都非常全面,特别是包括所有"过去事项引起的未来负债"。从政府预算报告的内容看,收支预测和执行、财务状况和运营情况以及成本绩效等财务信息一应具有,非财务信息也都在相关网站上公布。从政府预算体系管理过程的透明度看,英国政府的预算文本和政策程序过程也都对外公开,公开途径比较有特色的是通过民间信息网站推送,但是没有像美国一样独立的预算网站和独立的绩效网站,公众参与方面"政策分享"类的参与也需要进一步加强。新绩效预算在DEL 和 AME 分类、资源预算和资源会计以及《公共服务协议》的引入下,发展很快。从政府预算体系的信息质量要求看,强调采用与国际标准基本一致的功能分类和财务报告准则加强了横向可比性;采用剔除通货膨胀的真实货币进行比较加强了纵向可比性;在可获得方面,虽然英国官方网站的搜索功能很强,但由于没有单独的预算网站和绩效网站以及全面的链接,系统资料较难获取。(2)效率和公平分析。英国因为实行按流动性分类的双重预算体系,所以具备了有利于宏观财政政策决策、有利于债务管理控制、有利于代际公平的优点。同时,由于英国政府预算也提供包括经常性预算和资本性预算的总预算,因此也可以从总体上分析和把握预算整体,特别是英国政府还编制包括中央政府、地方政府、公共企业的国家预算,整体性就更强了。从政府收支看,英国按时间期限分类的支出分类方法非常有利于中期财政计划的编制和管理,有利于绩效管理。按部门组分类和引入资源预算也都有利于绩效管理。英国实行非独立的社会保障预算模式,虽然社会保险制度的现收现付制存在着代际负担问题,但将绝大部分社会保障资金纳入经常性预算,又保证了代内公平的实现。英国妇女预算团体促进了英国性别预算的发展。最后,英国政府没有设置政府特殊基金,不利于政府按照公平需要设立特殊的基金预算;从功能分类上看,也没有设置特殊的支出来保障特殊公平的实现;没有像美国那样设置法定支出,在预算制度上保障法律保障的支出。所以在这些方面,都还可以进一步完善。

第三节　日本中央政府预算体系的公共财政责任分析

实行多重预算体系的国家不少,尤其是东亚国家,如日本、韩国和中国。我们这里以日本为例进行分析。日本预算包括中央政府预算和地方政府预算,为了便于比较,本书分析的日本预算是日本中央政府预算。

一、日本中央政府预算体系的具体架构——多重预算体系

日本中央财政相关法律体系基本上是由"日本国宪法(第七章财政)——财政法——会计法——预算决算及会计令"构成的。日本的政府预算体系由一般会计预算、特别会计预算和政府关联机构预算三部分组成,所以是多重的分类预算(复式预算)体系。日本的一般会计预算收入主要是税收收入和公债收入,支出主要用于社会保障、教育与科学、国防、公共投资等。特别会计预算是为了实施某些特别项目,管理某些特殊基金所编制的预算,按照日本《财政法》第13条规定:"中央政府在经营特定事业、持有及运用特定资金,以及其他特定财政收入作为特定财政支出财源下,有必要与一般财政收支区分开来管理时,可依法设置特别会计预算。"政府关联机构预算是与政府相关联机构的财务预算。这些机构是政府提供全部资本金的法人,主要从事政策性投融资业务,与其他政府机构区别设置的目的是灵活运用企业经营规则,以提高效率;同时,为保证公正性,其预算也必须接受国会监督。

(一)一般会计预算

日本的一般会计预算与特别会计预算的区分实际上是按照收入性质的特殊性分类的预算分类模式。但日本的政府预算体系除了一般会计预算和特别会计预算外,还存在着政府关联机构预算,所以它不是双重预算体系,而是多重预算体系。按照收入性质的特殊性分类,收入性质普通、没有特殊指定用途、统筹统用的资金形成一般政府基金预算;收入性质特殊,有特殊指定用途、专款专用的资金形成特殊政府基金预算。日本的一般会计预算就是一般政府基金预算,日本的特别会计预算就是特殊政府基金预算。日本的一般会计预算是主体预算,它与特别会计预算和政府关联机构预算会产生相互调剂的关系。从表4.8可见,日本的一般会计预算收入主要是税收收入、公债收入及其他收入,支出则是公债费和基础财政收支对象经费。

表 4.8　　　　　　　日本 2020 年一般会计预算　　　　　单位:亿日元

类　别	2019 年预算	2020 年预算	比上年的增减数	变动比率
收　入				
1. 租税及印花税收入	624 950	635 130	10 180	1.6%

续表

类　别	2019 年预算	2020 年预算	比上年的增减数	变动比率
2. 其他收入	63 016	65 888	2 871	4.6%
3. 公债金	326 605	325 562	−1 043	−0.3%
合　计	1 014 571	1 026 580	12 009	1.2%
支　出				
1. 国债费	235 082	233 515	−1 567	−0.7%
2. 基础财政收支对象经费	779 489	793 065	13 575	1.7%
合　计	1 014 571	1 026 580	12 009	1.2%

资料来源：日本 2020 年一般会计预算［EB/OL］．［2020-08-09］．https://www.mof.go.jp/budget/fiscal_condition/basic_data/202004/sy202004a.html．

（二）特别会计预算

日本的特别会计预算的数量和内容随着时代的变化而不断变化，1995 年有五大类 38 项内容[1]，到 2020 年只剩下 13 项特别会计：转移支付税以及让与税分配金特别会计、地震再保险特别会计、国债整理基金特别会计、外汇资金特别会计、财政投融资特别会计、能源对策特别会计、劳动保险特别会计、年金特别会计、食品稳定供给特别会计、国有林野事业债务管理特别会计、特许特别会计、汽车安全特别会计、东日本大地震复兴特别会计。[2]

（三）政府关联机构预算

政府关联机构预算是与政府相关联机构的财务预算。这些机构是根据特殊法建立的非政府机构，是政府提供全部资本金的法人，主要从事政策性投融资业务。其预算也与一般会计预算和特别会计预算一起提交国会审批。2020 年的政府关联机构预算列出了四家机构的预算：冲绳振兴开发金融公库、株式会社日本政策金融公库、株式会社国际协力银行、独立行政法人国际协力机构有偿资金协力部门。[3]

（四）日本中央政府预算具体内容：以 2020 财年为例

日本的预算内容主要放在日本财政部的网站上，包括每年度的预决算、国家的财政状况、财政状况的报告、预算相关话题、相关资料数据等。

---

[1] 财政部财政制度国际比较课题组．日本财政制度［M］．北京：中国财政经济出版社，1998：34．

[2] 令和二年度特别会计预算［EB/OL］．［2020-08-10］．https://www.bb.mof.go.jp/server/2020/dlpdf/DL202012001.pdf．

[3] 令和二年度一般会计岁入岁出预算［EB/OL］．［2020-08-09］．https://www.mof.go.jp/budget/report/46_report/fy2020/r02b.pdf．

(1)每年度的预算、决算。按预算编制和审议过程提供了历年和当年的预算和决算,包括部门预算。

(2)国家的财政状况。这部分主要是财政预算相关内容的分析和比较。

(3)财政状况的报告。这包括按照《财政法》第46条规定的历年财政报告、预算使用状况(分季度)、国库状况报告数、国库收支状况月报告、部门和政府财务报告书等。

(4)预算相关话题。这包括财政大臣的财政演说、以后年度的影响试算、特别会计、国民负担率、会计检查、预算执行调查、公共采购、各府省预算执行相关网页链接等。

(5)相关资料数据。这主要提供财政统计数据、历年的决算书、预算数以及一些实际调查统计数据等资料。

日本所有相关的预算和财务文件都集中或链接在 http://www.mof.go.jp/budget,不用像英国那样去不同的网页寻找,也比美国的预算信息更集中。日本的特别会计预算中有一个财政投融资特别会计,这是比较特别的,英国和美国没有独立的财政投融资预算。

在每年度日本中央政府的预算中,包括概算要求、政府案和修正预算三部分。日本中央政府预算除按照一般会计预算、特别会计预算和关联机构预算的分类外,其预算还按照其管理需要分为内阁、复兴、外务和经济协力系关系预算;司法与警察、经济产业、环境关系预算;总务和地方财务、财务系关系预算;文教和科学技术预算;社会保障关系预算;农林水产关系预算;国土交通省和公共事业关系预算;防卫关系预算;公务员人头费[①]。这九大预算构成了日本中央政府预算的政府案中的主体。这是日本特有的一种预算分类。这种预算分类中国、英国、美国等国都没有。这九大预算包括一般会计预算和特别会计预算。

二、日本中央政府收支分类

日本政府的收入分类也与英美国家一样,按照收入来源来分。日本政府的支出分类并没有如英国那样按时间期限分,也没有如美国那样按法定性分类。其支出分类种类相对比较少。

(一)收入分类

日本中央一般会计预算收入分为"部""款""项""目"四个级次。与我国的

---

① 令和二年度预算政府案[EB/OL].[2020-08-10]. https://www.mof.go.jp/budget/budget_workflow/budget/fy2020/seifuan2019/index.html.

"类""款""项"和"目"相似。日本的政府预算收入有六个"部":租税及印纸收入、国有企业利润和国营事业收入、政府资产整理收入、杂项收入、公债收入和前年度剩余金收入。

(二)支出分类

日本的政府支出分类主要是世界通用的按部门分类、按功能分类和按经济分类三大类,比较特别的分类是按照政策目标(政策评价体系)进行的分类。另外,日本支出分类强调精细化,不仅按政策目标分类的支出精细化,而且按功能分类和按经济分类的支出也很精细化,比其他国家多一到两层。

1. 支出按部门分类①

日本中央一般会计预算按部门分为:皇室、国会、法院、会计检查院、内阁、内阁府、法务省、总务省、外务省、财务省、文部科学省、厚生劳动省、农林水产省、经济产业省、国土交通厅、环境省、防卫省这17个部门。部门下再分组织,如国会下再分为众议院、参议院、国立国会图书馆、裁判官追诉委员会、裁判官弹劾裁判所等组织。日本中央一般会计预算的部门就分为两个层次。

2. 支出按功能分类②

在日本,支出按功能分类被称为按"经费"分类,一般会计预算支出按功能分为社会保障关系费、文教及科学振兴费、国债费、养老金关系费、地方转移支付费、防卫关系费、公共事业关系费、经济支持费、中小企业对策费、针对能源的经费、粮食安定供给关系费、其他事项经费、预备费。日本中央一般会计预算支出按功能分类的大类也不多,分为13类。每一类下再进行细分。例如,社会保障关系费又分为年金给付费、医疗给付费、护理给付费、少子化对策费、生活扶助等社会福利费、保健卫生对策费、雇用工人灾害对策费等。在第二层下再细分为第三层和第四层。如社会保障关系费中的护理给付费:

  护理给付费
   生活保护对策费
   高龄者日常生活支援推进费
   护理制度运营推进费
    全国健康保险协会护理缴纳金补助金
    国民健康保险组合护理缴纳金补助金

---

① 令和二年度预算附表[EB/OL].[2020-08-10]. https://www.mof.go.jp/budget/report/46_report/fy2020/r02b.pdf.

② 令和二年度预算及财政投融资计划的说明[EB/OL].[2020-08-10]. https://www.mof.go.jp/budget/budget_workflow/budget/fy2020/seifuan2019/r02y_c.pdf.

护理缴纳费等负担金

……

这样就形成了类似于我国的"类""款""项""目"四层,但我国政府支出按功能分类目前只有"类""款""项"三层。美英两国也只有三层。

3. 支出按经济分类①

在日本,支出按经济分类被称为按"用途"分类。日本中央政府的一般会计预算支出按经济分为:人头费(包括职员工资和其他工资)、旅费、物品费、设施费、补助费和委托费、其他等②,这是政府预算的经济分类。但部门预算的经济分类要复杂得多,以文部科学省的部门预算为例,先按组织分,再按经济分。

经济分类第一层分为文部科学省共通费、教育政策推进费、初等中等教育振兴费、高等教育振兴费、文化振兴基本准备费等。第二层再细分,如文部科学省共通费再细分为一般行政必要经费、审议会等必要经费、国际会议必要经费等。第三层再在第二层的基础上细分,如一般行政必要经费再细分为职员基本工资等。第四层继续细化,如职员基本工资再细化为职员工资、抚养津贴等。所以,日本的经济分类总共有四层。

但日本特殊的地方在于经济分类的第一层和第二层与功能分类的第三层和第四层有不少科目是雷同的。这样设置可能是方便将功能分类和经济分类结合起来。

日本部门预算非常精细化,分五层进行列示:第一层是组织,第二、三、四、五层是经济分类(即经济分类的第一、二、三、四层)。又可以通过编码将各层支出进行归集,如第三层的 95 都是行政运行费用,第三层的其他编码则是其他费用;第四层的 02 都是职员基本费、08 都是旅费、09 都是厅费等。同时,我们也发现,日本的部门预算其实存在着类似于英国的按业务分类,在英国,按业务分为行政运行支出和项目支出;在中国,分为基本支出和项目支出;在日本,分为 95 行政运行费用和其他各种各样的费用(但日本没有把其他各类费用归集在一起)。这三个国家部门预算的这种分类其实是异曲同工的。

4. 支出按政策目标(政策评价体系)分类

虽然其他国家在政府预算和部门预算中也论述政策的目标,但并没有形成体系化的按政策目标(政策评价体系)分类的支出分类。这是日本政府支出分类

---

① 文部科学省令和二年一般会计支出预算各目明细表[EB/OL].[2020-08-10]. https://www.mext.go.jp/content/20200203-mxt_kaikeisou01-000004369_1.pdf.

② 第 29 表昭和五十七年以来一般会计支出预算按用途分类[EB/OL].[2020-08-10]. https://www.mof.go.jp/budget/reference/statistics/data.htm.

的一个特色，尤其是在部门预算中，单独有一个按政策目标（政策评价体系）分类的支出预算，政策目标分得特别详细，最多可以得到四个层次的政策目标，并按第四个层次列出支出。这种分类特别有利于考核部门政策的成本以及政策实施的绩效。

日本的部门预算支出有两个方面的内容：一个是按政策目标（政策评价体系）分类的支出；另一个是先区分一般会计和特别会计，再按组织（部门）和经济分类的支出，共分五层，参考按经济分类的论述。

所以，从前面的分析可见，虽然日本支出分类没有如美国那样按法定性分为法定支出和自由裁量支出，也没有像英国支出分类那样按时间期限分为 DEL 和 AME，但其按功能分类和按经济分类比其他国家都要精细，而且建立了相互之间的联系。同时，按政策目标分类有利于对政策目标实现的考核和评价。另外，虽然日本没有像美国那样按基金类别分类，但一般会计预算和特别会计预算本身就是按照收入的特殊性进行分类的预算，完全可以弥补没有按基金类别分类的缺陷；其次，虽然日本没有按流动性进行分类的支出分类，但对预算也分为按投资部门和非投资部门进行分析，而且完善的债务预算和投融资预算也完全可以弥补缺乏这种支出分类的缺陷。所以，结合预算分类和收支分类，各国一般会有按部门分类、按经济分类、按功能分类、按流动性分类、按收支特殊性进行支出或者预算的分类；同时，各国也都会有自己的特色，如美国的按法定性分类、英国的按时间期限分类及日本的按政策目标分类以及各种分类层次上的精细化。

三、日本中央政府预算体系的财政透明度分析

按照第三章第一节和本章前两节的分析框架，我们对日本政府预算体系的财政透明度也从政府预算体系范围、政府预算报告内容、政府预算体系管理过程及预算信息质量要求四个方面进行分析。

（一）日本中央政府预算体系的范围与财政透明度

日本与英国一样，并没有像美国那样专门有论述预算体系范围的文件。但政府预算体系的范围还是可以从日本政府的预算、决算和财务报告等相关文件中看出。

1. 预决算文件的范围

日本政府预算体系中最为特别的是有一个独立的政府关联机构预算，其是与政府相关联机构的财务预算。2020 年的政府关联机构预算列出了四家机构的预算：冲绳振兴开发金融公库、日本政策金融公库、国际协力银行、独立行政法

人国际协力机构有偿资金协力部门。这四个机构的收入和支出都在政府关联机构预算中详细地列示。这四个机构相当于政策性的金融机构。日本另一个非常有特色的地方就是有非常详细的债务和财政投融资计划、财政投融资特别会计。虽然各国都有较详细的债务计划,但英美两国都没有独立的财政投融资计划或者预算。还有一个特殊的地方就是部门预算中按照精细化的政策目标列出各项政策目标的支出。其实,英美两国也按照政策目标列出部门或者政府的支出,但这些目标不如日本的目标精细和系统,尤其在部门目标方面。

另外,日本中央政府预算收入包括租税及印纸收入、国有企业利润和国营事业收入、政府资产整理收入、杂项收入、公债收入和前年度剩余金收入六部分。国有企业利润是指国有企业上缴的利润,而国营事业收入主要是指医院等国营事业单位的收入。所以,与英美两国相比,日本国有企业只体现上缴的利润,并不体现其收入和支出,尤其在英国,公共企业的收支反映得更为详细。政府资产整理收入主要是指变卖国有财产收入和回收款。国有财产收入包括国有土地及股票的变卖收入,回收款主要包括中央政府贷款回收款和中央政府投资回收款,这些收入有些体现在一般会计预算,有些体现在特别会计预算。杂项收入是指国有财产利用收入和缴纳金,包括罚没收入、赔偿费及国立大学学费等,其他学费是归属于地方财政的收入。

但日本的税收支出并没有明显的体现,既不像英国一样作为一项预算支出体现,又不像美国一样作为准财政活动独立反映。另外,也没有独立的非财政活动的报告。所以,与英美两国相比,日本预决算文件中的信息既有自己的特色,又有自己的缺陷。特色方面:(1)详细的功能分类和经济分类信息;(2)详细的政策目标,以及不同政策目标下的支出信息;(3)详细的四大关联机构预算;(4)详细的投融资特别会计预算和投融资计划;(5)详细的九大关系预算;(6)预算收支也几乎涵盖了政府全部的收入和支出。缺陷方面:(1)事业收支包括在预算中,但公共企业部分只涉及了利润;(2)税收支出没有体现出来;(3)没有独立的准财政活动报告。

2. 财务报告的范围

(1)日本政府资产负债表

日本每年都会编制整个国家的资产负债表,不仅包括政府本身的资产负债表,而且有合并中央政府持有股份的公共企业的资产负债表,另外,独立的行政法人也合并在资产负债表中。整个国家的资产负债表不仅包括中央政府的,而且包括地方政府的资产和负债。资产包括金融资产和非金融资产,包括有形资产和无形资产。负债既包括金融负债,又包括日常运营的应付款,还包括或有负债以及养老金负债;另外,将各类准备金和承诺也作为负债,其实这就是英国定义的"过去事项引起的未来负债"。所以说,日本资产负债表的范围很广,几乎包括所有资产和负债。

(2)日本的财政报告①

每年一本的《向国民的财政报告》分为三个部分:第一部分是当年的预算、财政投融资计划的主要内容及附表,第二部分是上年的决算和附表,第三部分是国债、借款及国有财产现值。

(3)各类财务书类②

①《国家财务书类——一般会计和特别会计》包括四部分的内容:资产负债表、业务费用计算书、资产负债差额增减计算书、区分业务收支和财务收支的收支计算书共4张主表;4张主表的注释;所属明细表,即按部门分类的资产负债表、业务费用计算书、资产负债差额增减计算书、区分业务收支和财务收支的收支计算书,按会计种类分类(即分为一般会计和具体各种的特别会计)的资产负债表、业务费用计算书、资产负债差额增减计算书、区分业务收支和财务收支的收支计算书,以及这8张明细表的说明和解释表格;参考情报。②《一般会计财务书类》也包括四部分的内容:一般会计的资产负债表、业务费用计算书、资产负债差额增减计算书、区分业务收支和财务收支的收支计算书;四张主表的注释;所属明细表,即按部门分类的4张表以及这4张报表重要事项的说明和明细表;参考情报。③《各特别会计财务书类》提供了各特别会计的4张主表,以及注释及所属明细表。④《各省厅财务书类》提供了每个中央部门的财务报告,这里也分为各省厅的一般会计和特别会计合并财务报告;一般会计、特别会计及独立行政法人等相关机构合并财务报告;一般会计财务报告;各类特别会计财务报告等。特别的是各省厅还提供了各政策成本信息表。③ ⑤《合并的财务书类》,合并的对象为一般会计、特别会计、接受各省厅的监督并同时接受财政出资的特殊法人、认可法人、独立行政法人、国立大学法人等关联对象法人。另外,在关联对象法人的子公司中,从关联对象法人处接受出资的企业(除去从关联对象法人出资较少的企业)也被视为与各省厅有业务关联。《合并的财务书类》主要提供四

---

① 令和二年度 財政法第46条に基づく国民への財政報告[EB/OL].[2020-08-13]. https://www.mof. go. jp/budget/report/46_report/fy2020/index. html.

② 国の財務書類(省庁別、一般会計・特別会計、政策別コスト情報・個別事業のフルコスト情報)[EB/OL].[2020-08-13]. https://www. mof. go. jp/budget/report/public_finance_fact_sheet/index. htm.

③ 各省庁が公表している特別会計財務書類、省庁別財務書類及び政策別コスト情報等へのリンク(平成30年度)[EB/OL].[2020-08-13]. https://www. mof. go. jp/budget/report/public_finance_fact_sheet/fy2018/link. html .

张主表；按部门分类的 4 张报表；按合并关联对象法人分类的 4 张报表。

可见，日本不仅有部门的财务报告书和整体的财务报告书，而且最为关键的是有按会计分类的财务书，即一般会计财务书和各特别会计财务书。英国的预算是按照流动性分类的，分为经常性预算和资本预算，但没有分经常性预算财务书和资本预算财务书。美国预算分为预算内和预算外，但也没有预算内财务书和预算外财务书。即便美国也按照收入的特殊性分为联邦基金和信托基金，但在联邦政府并没有设立基金财务书，只在州和地方政府才按基金设立财务报告书。但日本的预算分为一般会计预算、特别会计预算和关联机构预算，则设置了一般会计财务报告书、各特别会计财务报告书和合并三个预算及独立行政法人机构、相关机构的合并财务报告书、合并一般会计预算和特别会计预算的财务报告书。

从前面的介绍和分析可见，日本的财务报告体系完善，范围也很广泛，资产、负债、成本（业务费用）、收支都进行了反映，把或有负债和过去事项引起的未来负债、养老金负债都涵盖在里面，财政投融资信息也很全面和详细；同时，各类重要会计事项的明细表也很丰富。

结合日本的预决算文件和财务报告的分析，政府的预算文件和财务报告已经反映了第三章第一节中所论述的理想的预算体系的资金范围：政府的全部收入和全部支出、政府各部门和机构的融资、社会保障基金、金融资产、非金融资产、雇员的养老金负债、或有负债等都在相关的预算文件和财务报告中得到反映。但税收支出没有单独或者明显地体现（英国的税收支出在经常性支出中单列，美国专门有一个税收支出的分析报告）。准财政活动信息与英国一样没有单独报告。但日本的信息的特色主要体现在精细上：功能分类和经济分类的精细；政策目标的精细；四大关联机构预算的精细和投融资预算及债务预算的精细。日本财务报告体系完善，不仅有政府整体财务报告、部门财务报告，还有分类预算的财务报告，而且每个财务报告书中不仅有 4 张主要的财务报表，而且有非常详细的会计项目的明细表和报表附注。

（二）日本中央政府预算报告的内容与财政透明度

这部分我们还是按照财务信息和非财务信息两部分进行分析。

1. 财务信息

（1）收支预算和执行信息

日本政府通过预算文件和决算文件提供收支预算和收支决算。按月披露预算执行情况，按季度发布国库状况书和预算使用状况书，按年公开各省厅的预算执行情况。

(2)财务状况和运营情况信息

日本的资产负债表和各类财务书类都提供了详细的资产、负债、收入、支出（费用）以及资产负债差额的变化信息。

(3)成本绩效信息

日本政府的各类财务书类有一张主表就是业务费用计算书。这张表就是提供成本信息。而且日本政府的各类财务书都是采用权责发生制的会计核算基础，与英美两国一样，都可以科学地反映成本信息。同时，在各部门的系列年度报告中，既有按政策目标分类的预算，又有按政策分类的成本信息表，内容非常丰富，方便将政策的目标、预算和成本结合起来，从而有利于对政策进行全面预算管理。另外，各部门还提供绩效评价报告（包括事前评价和事后评价），绩效信息也很全面。按照政策单独编制预算和报告成本信息，是日本政府预算管理的特色。

2. 非财务信息

日本政府的预决算文件、财务报告和相关资料提供了微观和宏观的非财务信息。在日本中央政府部门的各自网站中提供了部门自己的微观非财务信息，如部门的基本情况、结构、职能、目标等，最为特别的是非常详细的人员信息。在按政策目标编制预算的文件中详细地提供了政策的绩效目标；在各部门的财务书中有对各项目和各支出的目的和实现程度作出的详细说明，这些都是绩效信息。另外，在政府的预算报告和财务报告以及政府的网站中，还提供了国民宏观经济情况、绩效情况、支出多角度分析、政策成本效应等，特别是与债务和投融资相关的资料，不仅财务信息丰富，而且非财务信息也非常丰富。

(三)日本中央政府预算体系管理过程中的透明度

1. 过程透明

按照前面两节的分析框架，这部分包括两个方面的内容：一是将预算管理活动对公众公开，即过程公开，包括公开预算文本和公开预算程序（包括会议现场）等；二是公众对预算管理活动的参与，即参与式预算。

(1)预算管理活动对公众公开

日本对预算的公开透明是全方位的。日本宪法第91条规定：内阁必须定期，至少每年一次，就国家财政状况向国会及国民提出报告。日本的《行政信息公开法》《有关行政机关持有信息公开法》和《有关独立行政法人等持有信息公开法》都对预算等财政信息公开进行了规范。

①预算编制过程公开。政府每年六七月份会公布编制下一年度的预算方针，此后的预算编制进程、预算编制中的重要情况和重大变化等，都会予以公开。

②预算审查情况公开。在每年的预算审查过程中,预算审查先由财务大臣对预算提案进行说明,然后由预算委员会对提案提出总体质疑和一般质疑(即针对特定主题和范围的详细的质疑),在一般质疑阶段为反映广大国民的声音,还必须召开听证会和分科审查会。预算审查阶段预算信息被充分讨论,公众可以到预算审查现场旁听,审查现场通过网络视频向全国直播,有助于国民了解预算活动的情况,提高预算的透明度。①

③财政监察结果公开。财政监察机构每年都要编制检查报告提交国会和内阁,并编成《决算与检查》《会计检查梗概》等公开发行的书刊,明确报告哪个部门、哪个单位发生了哪些问题,造成了什么经济损失,原因是什么,改进意见如何等。

④预决算书、财政运行状况等财政信息多渠道公开。日本政府会在其出版物发行中心和普通书店的政府出版物专柜公开发售详细的财政预算书和决算书。财务省除了每年5月份都会公开详细资料外,六七月份还会编制《图说日本财政(××年度)》,大量运用图、表,图文并茂地详细介绍财政预算结构、年度预算资料及每项支出的来龙去脉等。网络渠道也被充分地利用起来,日本财务省网站上公布了丰富的预算资料,不仅包括每年的预算案,而且包括预算形成过程的各种提案以及提案商讨过程的会议记录,以满足公众的预算知情权。这些资料都公布在财务省的预算菜单下,部门预决算信息和部门财务报告书也都可以通过财务省的预算菜单链接找到,非常方便和全面。②

(2)公众对预算管理活动的参与——日本的参与式预算

自2000年以来,日本开始参与式预算的试验,其重点放在预算的编制阶段,共有4种不同的做法:①2003年,在名张市试验将预算权交由社区市民直接编制预算方案。②2004年,在志木市试验由市民委员会同时编制对照性预算方案,与政府的预算方案进行对比。③2004年,在千叶县试验先征集非营利组织的预算项目建议,然后再编制预算案。④2005年,在市川市试验将居民税的1%交给非营利组织并安排市民投票。市川市的参与式预算有五个结构性的步骤:非营利组织提出行动方案——由相关委员会筛选非营利组织——将居民税的1%交给非营利组织——由非营利组织并安排市民投票——按市民投票的优先次序决定居民税的最终用途。这一模式的优点明显,能唤起市民对参与式预算的兴趣,简单易行,容易操作;但其缺点在于,资助对象只限于非营利组织,且金

---

① 牛美丽.政府预算信息公开的国际经验[J].公共行政管理,2014(7).
② 蔡成平.日本启录:日本让预算在阳光下运行[EB/OL].(2016-02-01)[2020-09-02]. http://finance.sina.com.cn/review/hgds/20120806/164412770721.shtml.

额有限,只有1%的居民税。①

日本民众还通过公众听证和事业筛选来参与预算。事业筛选是指日本行政筛选会议在预算编制过程中开展事业筛选工作。由议员、官员及专家组成筛选委员会,对部分支出项目进行重新评估及审核。各省厅官员必须作出解释和说明。

从前面的介绍可见,日本的"政策分享"类的参与在地方试点方面要比英美两国更进一步,尤其是市川市的经验,虽然只有居民税的1%由公民直接决定使用用途,但这是一种方向。这种公众直接决策政府支出的"政策分享"类参与甚至比绩效评价中公众参与决策的"政策分享"类参与更加直接。当然,日本公众也参与日本预算的绩效管理,参与项目的目标指标的设定和后评价的打分。

2. 过程透明的技术支撑——新绩效预算

日本预算的绩效管理也非常有特色,政府部门不仅有详细的政策绩效目标,按照政策目标编制预算,分政策提供政策成本,而且有详细的政策绩效评价报告。所以,其绩效管理也体现了精细化的特点。这种绩效管理的特色有利于对相关政策的绩效评价和考核。但日本并没有如英国那样为绩效预算建立权责发生制的资源预算,也并没有为了配合绩效管理把政府支出按时间区分为 DEL 和 AME。同时,日本也没有如美国那样建立绩效的法律来保障绩效预算的实施。所以,日本的绩效预算还需要完善。

(四)日本中央政府预算信息的质量与财政透明度

对日本中央政府预算的信息质量要求,我们也从真实性、可比性、可理解性、及时性和获得的便捷性等进行分析。

从真实性看,日本实行独立的国家审计模式,最高审计机构——会计检查院对天皇负责,不属于立法、行政及司法。与美英两国相比,日本的会计检查院职责比较单一,主要就是对财政资金的使用进行审查,包括对中央各部门收支及财务状况的审查,对使用中央财政资金的地方政府机构、社团和企业收支及财务状况进行审查。日本通过会计检查院及其他财政监督体系保障预算信息的真实性。

从横向可比性看,日本政府支出的功能分类和经济分类都比较有自己的特色,而且强调精细化。在这一点上,日本的横向可比性要比英国和美国弱。英国特别强调与国际口径的一致性,几乎与联合国的 COFOG 一致,而美国则是按照 IMF 的 GFSM 制定的。从纵向可比性看,日本也提供了多年的财政统计数据,

---

① 朱圣明.国外参与式预算的实践与探索[J].四川行政学院学报,2014(3).

所以纵向的统计口径是有调整的,即是一致的。但日本并没有像英国那样以剔除通货膨胀的真实货币来表示各年的政府各类支出总量,也没有如美国那样通过各类收支占 GDP 的比例来剔除通货膨胀的因素。日本各年的收、支、赤字总量也有通过占 GDP 的比例来体现,从而实现通过相对数进行纵向比较。但日本并没有像美国那样,对详细的收支(包括各类支出分类的详细支出)都通过占 GDP 的比例来体现,从而实现通过相对数进行纵向比较。所以,从前面分析可见,日本的纵向可比性也如横向可比性一样,都不如英美两国。

从可理解性看,由于日本政府支出的功能分类、经济分类以及政府目标的列示都非常详细,因此,这方面有利于预算信息可理解性的提高。但其与英美两国比,支出的分类较少,主要就是按部门分类、按功能分类和按经济分类,这样就不利于对政府收支多角度的分析,从而也就降低了其可理解性方面的透明度。

从及时性和获得的便捷性看,日本的及时性与英美两国并没有很大的区别,都有按月和按季的财政执行信息的公布,预决算和财务报告书都及时得到公布。信息的获得除了出版物外,财政部预算菜单的信息非常集中和完善,所以获得也非常方便。

四、日本中央政府预算体系的效率、公平分析

与英美两国相同,日本中央政府预算体系的效率和公平的分析也依照第三章第二节和第三节的框架和理论进行。

(一)日本中央政府预算体系的效率分析

1. 从总体看,日本实行多重预算体系,具有分类预算(复式预算)体系的优缺点,整体性较低,不如英国和美国。

日本政府预算分为一般会计预算、特别会计预算与政府关联机构预算,是多重的政府预算体系。虽然日本政府也把一般会计预算、特别会计预算与政府关联机构预算进行合并,但只是收支总额简单的合并,没有详细的合并信息,大致能了解日本政府预算的整体情况。但毕竟不如美国,美国以预算内外合并的统一预算作为主体;也不如英国,英国经常将经常性支出和资本性支出放在一起组成总管理支出进行讨论和分析。所以,美国政府预算体系的整体性最强、英国其次,英国、美国、日本三国中日本最弱。整体性较弱,其宏观政策的效率就会下降,预算资金总体配置最优化也会下降。但日本实行多重预算的分类预算体系,所以具备了分类预算体系的所有优点:收支对应配置效率高,交易费用要比综合

预算体系(单一预算体系)低。①

2. 从预算分类模式看,实行按收入性质的特殊性分类的预算分类模式有利于实现特殊配置效率,但交易费用较其他分类预算体系高

日本虽然有三大预算,但主体还是一般会计预算和特别会计预算,而这两大预算就是按照收入性质的特殊性进行的分类。这种分类预算体系可以根据需要通过调整法律调整具体的特别会计预算,从而特别有利于实现政府的特殊目的。如 2011 年东日本大地震后建立东日本大地震复兴特别会计;日本特别重视财政投融资,所以建立财政投融资特别会计账户等。但从营运效率看,这种预算分类模式利弊各半,一方面保证了某些支出的资金支持;另一方面由于特别会计账户结余会造成资金沉淀,使资金使用效率下降。所以近年来,日本特别会计账户的数量在减少,从 1995 年的 38 项减到 2020 年的 13 项。另外,因为特别会计预算是由特别资金保障的,会导致各部门争取进入特别会计预算,从而造成了比其他分类预算体系更高的交易费用。

3. 从政府收支分类看,简单的支出分类种类、精细化的支出分层,一方面使支出管理精细化,另一方面由于支出分类不够多元化,很多效率无法实现

日本的支出分类比较单一,只有按部门分类、按功能分类、按经济分类以及按政策目标分类四种,而美国有七种支出分类,英国有六种支出分类。日本并没有按流动性分类、按法定性分类和按时间期限分类等,这样就不利于政府做各种角度的支出分析,其宏观政策效率和微观配置效率都会降低;但营运效率在一定程度上会提高,因为没有那么多分类,管理成本可以下降。日本支出分类的最大特点就是精细化,不仅功能分类比英国、美国、中国等国都多一层,经济分类也比一般国家多两层,这一方面有利于透明度的提高,另一方面可以使得管理更加精细化,但对绩效管理不一定有利,因为绩效管理强调分权,强调总额化拨款。但政策目标分类的存在又有利于对政策目标的绩效考核和评价。

4. 日本政府预算体系强调日本特色,比较符合国情

不管是从日本按管理需要分类的九大预算(内阁、复兴、外务和经济协力系关系预算;司法与警察、经济产业、环境关系预算;总务和地方财务、财务系关系预算;文教和科学技术预算;社会保障关系预算;农林水产关系预算;国土交通省和公共事业关系预算;防卫关系预算;公务员人头费。这九大预算构成了日本中央政府预算的政府案中的主体),还是比较有特色的并不强调与国际完全一致的支出的功能分类、经济分类和政策目标分类,再加上特别详细的债务预算和财政

---

① 理论方面的具体分析,见第三章第二节。

投融资预算,都体现了日本特色,也实现了日本特殊政策目标。另外,日本的部门预算虽然没有像英国那样特别明确地分为行政运行支出和项目支出,以及中国的基本支出和项目支出,但也有类似行政运行费用和其他各类费用(其他各类费用包括很多种费用,不是一种),这就是与英国和中国不同的地方。日本的这些做法都是为了弥补简单的支出分类和较为单一的预算分类的缺陷。

(二)日本中央政府预算体系的公平分析

1. 日本特别会计预算与一般会计预算的分离有利于特殊公平目标的实现

日本的13项特别会计预算账户,有些就是为了实现特殊公平的政策目标设立的,如食品稳定供给特别会计,食品稳定供给的受益方一定是穷人,所以设立这个特别会计是有利于公平的。再如日本的转移支付税及让与税分配金特别会计账户有利于地区之间公平的实现。日本的劳动保险特别会计、年金特别会计等社会保险基金也放在特别会计预算中,以实现社会保障的公平。

2. 日本的性别预算反映在部门预算中有利于性别公平的实现

日本并没有独立的性别预算,没有对公共政策及政府支出的性别反映敏感度作出分析,也没有像英国那样有相关的部门促进妇女对公共预算相关支出决策的参与,但在中央各部门的预算中安排了一些保障性别公平的专门项目。虽然做得不够全面和完善,但与其他国家相比,日本部门预算的性别安排已经比较注重性别公平。不仅有女性特有的保护支出,如生育、防止家庭暴力等支出,而且有促进女性参与社会活动的各种支出:如在2014年的内阁府部门预算中,按政府目标列示的支出中,"男女共同参与社会形成促进支出"安排了9亿日元的一般会计资金;总务省2016年的部门预算中安排了"女性活跃支持支出"18.1亿日元,等等。[①]

3. 特别会计预算中设立社会保险账户有利于代际公平的实现

日本政府虽然没有如美国那样单独设立社会保险预算,但在特别会计预算中设立了劳动保险会计账户和年金会计账户,相当于在政府预算体系内单独设立了社会保险预算。这种模式我们在第三章第三节中已经论述其公平性。这种社会保险预算对应于公平效率兼顾型的社会保障制度。社会救济和社会福利继续放在一般会计预算中,保障代内公平。社会保险实行部分基金制,放在政府预算体系中的特别会计预算中,实现代际公平。但将社会保险账户设立在特别会计预算中的缺陷是,社会保险资金的信托性质不明显,也就是所有权属性不明

---

① 日本2016年政府预算[EB/OL].(2016-07-01)[2020-09-02]. http://www.mof.go.jp/budget/budget_workflow/budget/fy2016/index.htm.

显,不能突出其保值增值的管理要求。

总之:(1)财政透明度分析。从政府预算体系的范围看,日本政府与英国政府一样,都会提供一些整个国家的信息。日本政府预决算文件和财务报告已经涉及了政府的全部收入和政府的全部支出(包括公立的学校收支),政府各部门和机构的融资、社会保障基金、金融资产、非金融资产、雇员的养老金负债、或有负债、过去事项引起的负债如承诺等都在相关的预算文件和财务报告中得到反映。但遗憾的是,税收支出和其他准财政活动信息并没有独立或者明显地体现出来,公共企业除四大关联机构外,只涉及利润未涉及收支。同时,支出的功能分类和经济分类、部门政策目标分类都非常精细化,并且具有独立、详细的财政投融资预算和四大关联机构预算。财务报告不仅有政府整体的财务报告、部门分类的财务报告,而且有会计分类的财务报告,甚至还有各个部门下会计分类的财务报告,以及各种合并财务报告,形成了非常完善的财务报告体系。从政府预算报告的内容看,日本政府的财务信息和非财务信息也较全面,收支预测和执行信息、财务状况和运营情况信息以及成本绩效信息都一应俱全,但与美国比较,各种支出分析还可以进一步强化。非财务信息也都在财政部网站和各部门的网站上公开,人员信息和部门政府绩效目标信息特别详细,以及更多的财政投融资信息。从政府预算体系管理过程的透明度看,日本政府的预算文本信息和政策程序过程也都对外公开,虽然没有像美国那样有独立的绩效网站,但所有与预算和绩效有关的信息都集中或者链接在财政部网站的预算菜单下,查询非常方便。日本地方政府的参与式预算非常有特点,特别是市川市的公民直接投票决策,虽然金额不大,但这种最直接的"政策分享"类参与方式透明度最高,参与度也最高。日本的绩效预算特点是政策目标的精细性,日本的政策有点类似英美两国的项目,公众也直接参与政府绩效目标和执行结果的绩效评价。从政府预算体系的信息质量要求看,日本的会计检查院是独立型的审计模式,独立性特别强。但日本的横向可比性和纵向可比性都不如英美两国。从横向可比性看,日本的支出分类比较突出自己的特色,从而在国际比较上需要一定的调整。在纵向可比性上既没能用剔除通货膨胀的真实货币体现政府收支,又没能用GDP的占比体现政府的详细收支,所以影响了纵向的可比性。从可理解性看,详细的功能、经济和政策目标分类有利于公众的理解,但不够多元化的分类阻碍了公众对预算的多角度认识。及时性和获得的便捷性方面与英美两国并没有很大的区别。
(2)公平效率分析。日本中央政府预算体系先是按照收入性质的特殊性分为一般会计预算和特别会计预算,同时又提供了政府关联机构的收支预算。一般会计预算是主体,特别会计预算是辅助,政府关联机构预算是补充。日本中央政府不仅有三大独立的预算,而且对三大类预算的收支总额进行合并,但仅仅是收支总额的简单合并,并没有提供和体现细节。所以,这种多重预算体系其整体性不强,宏观政策效率和预算资金总体配置效率也受影响。日本实行按收入性质的特殊性分类的预算分类模式有利于实现特殊配置效率和特殊公平目标,但交易费用较其他分类预算体系高,特别会计预算的资金因为专款专用会沉淀在账户导致资金使用效率下降。日本比英美两国简单的支出分类种类不利于支出多元目标的实现,精细化的支出分层也利弊各半,一方面有利于透明,有利于精细化管理;但另一方面与绩效管理的理念不一致,妨碍绩效预算的实行。日本的性别预算还是很有特征的,虽然没有单独的性别预算,但在部门预算中不仅单列了保护女性的一些必要支出,而且单列了一些促进女性参与社会的各种支出,有利于性别公平的实现。在特别会计预算中设立社会保险账户,相当于在政府预算体系内单独设立了社会保险预算。社会救济和社会福利继续放在一般会计预算中,保障代内公平。社会保险实行部分基金制放在政府预算体系中的特别会计预算中,实现代际公平。

第五章 我国政府预算体系的公共财政责任分析

分析完美国、英国、日本等典型国家的不同政府预算体系的公共财政责任后,我们在本章开始分析我国政府预算体系的公共财政责任。第一节先分析我国中央政府预算体系的公共财政责任,第二节将我国中央政府预算体系公共财政责任与美国、英国、日本的中央(联邦)政府预算体系的公共财政责任进行比较分析,第三节分析我国地方政府预算体系的公共财政责任。为了便于横向比较分析,我们在本章第一节、第二节采用了与第三章和第四章一样的分析框架,并运用第三章的理论进行分析。

第一节 我国中央政府预算体系公共财政责任的一般分析

因为前面三国都是采用中央(联邦)政府预算体系进行的分析,为了具有横向可比性,我们在本节也采用中央政府预算体系进行分析。在我国,中央政府预算体系与地方政府预算体系基本没有太大的差异,但在实际执行时,会有不一致的地方。所以,地方政府预算体系的公共财政责任的内容我们将在后文分析。

一、我国中央政府预算体系的具体架构——多重预算体系

我国实行多重预算体系。按照现行《预算法》的规定,我国政府预算包括一

般公共预算、政府性基金预算、国有资本经营预算和社会保险基金预算四大预算,所有政府收入和政府支出都必须纳入四大预算,但《预算法》并没有明确哪些是政府收入和政府支出。实际上,并不是所有政府收入和政府支出都完全纳入四大预算中,即存在未包括在四大预算内的预算外资金。一般公共预算、政府性基金预算、国有资本经营预算这三大预算的资金放在国库,而社会保险基金预算的资金放在财政专户。预算外资金也放在财政专户,俗称的财政专户资金特指预算外资金。所以,全部范围的财政专户资金的范围要大于预算外资金。另外,我国的预算外资金与美国的预算外资金有本质的不同,美国的预算外资金其实还是要合并在统一预算中交议会审批的。而我国的预算外资金既不公开,也不用提交人大审查。①

(一)我国中央政府本级预算具体架构及评价

我国四大预算是多种预算分类的综合。先按照所有权分类,分为社会保险基金预算和政府其他资金预算;政府其他资金预算再按照经营性分类,分为国有资本经营预算和非国有资本经营预算;最后将非国有资本经营预算按照收入性质的特殊性分类,将其分为一般公共预算和政府性基金预算,前者是不指定用途的普通政府基金,后者是专款专用的特殊政府基金。但这种分类并不是层层下分的,而是放在同一层次上,这样就形成了四大预算。所以,相对于社会保险基金预算来说,其他三大预算就是政府其他资金预算;相对于国有资本经营预算而言,一般公共预算和政府性基金预算就是非国有资本经营预算。所以,我国的预算体系是多种预算分类的结合,即按收入性质的特殊性、经营性及所有权分类的结合(见图 5.1)。

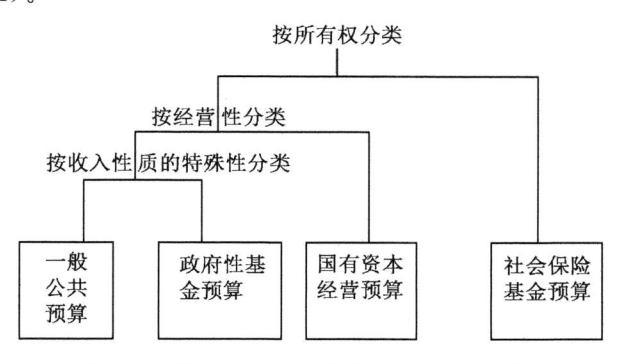

图 5.1 我国政府本级预算体系的具体架构

---

① 2020 年 10 月 1 日开始实施的新《预算法实施条例》要求各级政府按规定公开财政专户资金。

1. 一般公共预算

我国《预算法》第六条规定：一般公共预算是对以税收为主体的财政收入，安排用于保障和改善民生、推动经济社会发展、维护国家安全、维持国家机构正常运转等方面的收支预算。中央一般公共预算收入包括中央本级收入和地方向中央的上解收入。中央一般公共预算支出包括中央本级支出、中央对地方的税收返还和转移支付。中央一般公共预算包括中央各部门的预算和中央对地方的税收返还、转移支付预算。

虽然《预算法》规定中央一般公共预算收入包括中央本级收入和地方向中央的上解收入，但在2020年中央政府一般公共预算收入表中并没有体现地方向中央的上解收入。从该表可见，中央政府一般公共预算收入主要包括税收收入和非税收入两大类，政府性基金预算和国有资本经营预算调入一般公共预算的资金也很明显地体现在该表上。[1]

2020年中央政府一般公共预算支出表，包括中央一般公共预算支出和补充中央预算稳定调节基金两部分。后者是将当年的一般公共预算调出，进入预算稳定调节基金，以维持以后年度的预算平衡。前者包括中央本级支出、中央对地方转移支付和预备费三部分。中央本级支出按功能分类列示。[2]

2. 政府性基金预算

按照我国《预算法》第九条的规定：政府性基金预算是对依照法律、行政法规的规定在一定期限内向特定对象征收、收取或者以其他方式筹集的资金，专项用于特定公共事业发展的收支预算。所以，政府性基金预算是专款专用的，性质如同日本的特别会计预算。从2020年我国中央政府性基金收入预算和支出预算可见，我国中央本级现在有20个基金：中央农网还贷资金、铁路建设基金、民航发展基金、港口建设费、旅游发展基金、国家电影事业发展专项资金、中央水库移民扶持基金、中央特别国债经营基金、彩票公益金、国家重大水利工程建设基金、核电站乏燃料处理处置基金、可再生能源电价附加、船舶油污损害赔偿基金、废弃电器电子产品处理基金、彩票发行和销售机构业务费、国有土地使用权出让金、国有土地收益基金、农业土地开发资金、城市基础设施配套费、污水处

---

[1] 2020年中央一般公共预算收入预算表[EB/OL]. [2020-08-20]. http://yss.mof.gov.cn/2020zyys/202006/t20200615_3532354.htm.

[2] 2020年中央一般公共预算支出预算表[EB/OL]. [2020-08-20]. http://yss.mof.gov.cn/2020zyys/202006/t20200615_3532245.htm.

理费。①

我国的政府性基金预算就如日本的特别会计预算一样,是为了保护某种特定公共事业发展而设立的,所以有利于实现特定的公平和效率。但随着世界各国新公共管理思潮的发展,各国都在减少这种专款专用、脱离一般公共预算的特别预算,如美国的预算外资金种类的减少是这一趋势所致,日本的特别会计预算账户的减少也一样。我国从 2014 年新《预算法》开始实施后,当年年底就要求将 11 项政府性基金预算纳入一般公共预算。2014 年前我国中央政府有 29 项政府性基金预算,到 2020 年只剩下 20 项。地方政府涉及的种类更少。

3. 国有资本经营预算

按照我国《预算法》第十条的规定:国有资本经营预算是对国有资本收益作出支出安排的收支预算。国有资本经营预算应当按照收支平衡的原则编制,不列赤字,并安排资金调入一般公共预算。《预算法实施条例 2020》第十五条规定:国有资本经营预算收入包括依照法律、行政法规和国务院规定应当纳入国有资本经营预算的国有独资企业和国有独资公司按照规定上缴国家的利润收入、从国有资本控股和参股公司获得的股息红利收入、国有产权转让收入、清算收入和其他收入。国有资本经营预算支出包括资本性支出、费用性支出、向一般公共预算调出资金等转移性支出和其他支出。

4. 社会保险基金预算

《预算法》第十一条规定:社会保险基金预算是对社会保险缴款、一般公共预算安排和其他方式筹集的资金,专项用于社会保险的收支预算。从这个定义可见,社会保险基金的收入主要是社会保险缴款、一般公共预算转入和其他方式筹集三大来源。支出主要用于养老、医疗、工伤、失业等,也就是包括我国的四种社会保险基金:养老保险基金、医疗保险基金、工伤保险基金和失业保险基金。

5. 我国中央政府预算具体内容——以 2020 年为例

2020 年我国中央政府的预算包括两部分内容:《2019 年中央和地方预算执行情况与 2020 年中央和地方预算草案的报告》和系列预算表及其说明。

(1)《2019 年中央和地方预算执行情况与 2020 年中央和地方预算草案的报告》,这个报告包括三部分的内容:2019 年中央和地方预算执行情况,包括四大预算 2019 年收支情况及 2019 年主要财税政策落实和重点财政工作情况;2020 年中央和地方预算草案,包括 2020 年财政收支形势分析、2020 年预算编制和财

---

① 2020 年中央政府性基金收入预算表[EB/OL].[2020-08-20]. http://yss.mof.gov.cn/2020zyys/202006/t20200615_3532217.htm.

政工作的指导思想和原则、2020年财政政策和财政工作及2020年四大预算收入预计和支出安排;扎实做好2020年财政改革与预算管理工作。

(2)系列预算表及其说明,这部分包括了四大预算的各种报表及其说明。①一般公共预算的报表及其说明:2020年一般公共预算收入、一般公共预算支出预算表及说明;2020年中央本级支出、基本支出预算表;2020年中央基本建设支出预算表及说明;2020年中央对地方转移支付预算表及其说明;2020年中央对地方一般公共预算转移支付、一般性转移支付、共同财政事权转移支付和专项转移支付分地区情况汇总表;2019年和2020年中央财政国债余额情况表;2019年和2020年地方政府一般债务余额表。②政府性基金预算的报表及其说明:2020年中央政府性基金收入、基金支出预算表及其说明;2020年中央本级政府基金支出预算表;2020年中央对地方政府性基金转移支付预算表和分地区情况汇总表;2019年和2020年地方政府专项债务余额表。③国有资本经营预算表及其说明:2020年中央国有资本经营收入、支出预算表;关于2020年中央国有资本经营预算的说明;2020年中央对地方国有资本经营转移支付预算表和分地区情况汇总表。④社会保险基金报表:2020年中央保险基金收入预算表、支出预算表和结余预算表;中央调剂收入(上缴)情况表、支出(下拨)情况表和中央调剂基金缴拨差额情况表。⑤部分转移支付项目分地区情况表。

上面的报表及说明除按四大预算分类外,还可以分为收支预算表、转移支付预算表和债务预算表三大类。

6. 我国中央政府本级预算架构的总体评价

从中央政府本级预算的内容看,表格和信息种类并不少,但主要的问题就是太简单,信息内容较少。同时需要补充的是,除一般公共预算外,只有在《上年度中央和地方预算执行情况与本年度中央和地方预算草案的报告》中会大体提到中央与地方的合并总额信息,但只是收支总数而已,而且是分预算的全国收支总额。即便是一般公共预算,中央与地方的合并也只是到功能分类的类级,并没有"款"和"项级"的信息。另外,不管是预算报告还是预算表格及说明,都没能提到三大类预算或者四大类预算合并的收支信息,所以在预算中我们无法得知我国中央本级预算和全国汇总预算中四大类预算或者三大类预算合并的收支是多少。我国的中央政府本级预算与美国、英国、日本等国比,整体性较差,甚至不如日本,日本在中央本级至少还有三大预算合并的一些简略信息。

但从2019年全国财政决算中我们可以看出中央政府提供中央与地方汇总的较详细的决算信息。所以,中央政府的预算主要提供本级信息;而决算则提供全国的信息,包括中央本级的决算信息、地方汇总的决算信息、中央与地方汇总的决算信息。虽然决算还是没有四大预算合并的详细信息,但 2020 年发布的 2019 年全国财政决算中有一个"广义政府运行"表,这张表按照 IMF 的数据公布特殊标准(SDSS)要求公布的年度广义政府财政数据。该表中的广义政府收入,是指一般公共预算收入、政府性基金收入(不含国有土地使用权出让收入)、国有资本经营收入、社会保险基金收入的合并数据,并剔除了重复计算部分,所以可以理解为四大预算(剔除不含国有土地使用权出让收入)合并信息,但也只提供了收支的总计数,并没有收支的详细信息。

(二)我国中央政府部门预算具体架构及评价

部门预算与部门决算的结构一样,包括四个部分:部门概况、部门预(决)算表、部门预(决)算情况说明、名词解释和附件。部门概况由部门主要职能和部门预(决)算单位构成。部门预(决)算表包括部门收支总表、部门收入总表、部门支出总表、财政拨款收支总表、一般公共预算(财政拨款)支出表、一般公共预算(财政拨款)基本支出表、一般公共预算"三公"经费支出表、政府性基金预算(财政拨款收入)支出表,共 8 张表。这 8 张表分为两大类:一是部门总收支系列表,二是财政拨款收支系列表。

1. 部门总收支系列表

部门总收支系列表包括部门收支总表、部门收入总表和部门支出总表。因为并不是所有部门收支都纳入政府本级预算的范围。所以,部门总收支系列表反映的是部门全部的收支情况。而纳入政府本级预算的收支只有财政拨款收支,这部分由财政拨款收支系列表进行反映。

(1)部门收支总表

部门收支总表中,收入包括一般公共预算财政拨款收入、政府性基金预算财政拨款收入、事业收入、经营收入和其他收入;支出按功能列示,功能分类列示到了"类"一级。

财政拨款收入是指中央财政(同级财政)当年拨付给部门的资金,这些资金同时表现为中央本级财政的支出,它可以是一般公共预算支出,也可以是政府性基金支出,取决于中央本级是用一般公共预算资金进行的拨款还是用政府性基金进行的拨款。事业收入是指事业单位开展专业业务活动及辅助活动所取得的收入。经营收入是指事业单位在专业业务活动及其辅助活动之外开展非独立核算经营活动取得的收入。其他收入是指除上述"财政拨款收入""事业收入""经营收入"等以外的收入,主要是按规定动用的售房收入、存款利息收入等。"事业收入""经营收入"和"其他收入"虽然作为部门预算的收入,但与中央政府本级预算中的四大预算并没有关系,也就是说,这些收入既不是中央政府本级预算的收入,又不是中央政府本级预算的支出,所以这些资金虽然纳入了部门预算的收支,但并没有纳入政府本级预算的收支。这个问题不仅中央存在,地方也存在(各地的做法会有些不同)。但在分析美国、英国、日本三国的政府预算体系时,我们并没有发现这样的问题。

(2)部门收入总表和部门支出总表

部门收入总表中,在"行"上按政府支出的功能分,在"列"上按"一般公共预算财政拨款收入""政府性基金预算财政拨款收入""事业收入""经营收入""其他收入""使用非财政拨款结余"等分。功能分类列示了"类""款""项"三级,体现了各种功能支出的资金来源。

部门支出总表中,在"行"上按政府支出的功能分,功能分类也列示了"类""款""项"三级。在"列"上按"基本支出""项目支出""经营支出"等列示。基本支出和项目支出是非经营性的,而经营支出是经营性的。非经营性支出再按业务分为基本支出和项目支出。所以这张表是支出按功能分类、按经营性分类和按业务分类的综合。

基本支出是指保障机构正常运转、完成日常工作任务而发生的人员支出和公用支出。项目支出是指在基本支出之外为完成特定行政任务和事业发展目标所发生的支出。经营支出是指事业单位在专业业务活动及其辅助活动之外开展非独立核算经营活动发生的支出。基本支出和项目支出是行政事业单位为了完成专业业务活动及其辅助活动发生的支出,只有事业单位才有经营性收支。通过部门支出总表可以反映各功能支出在基本支出、项目支出和经营性支出方面的情况。

2. 财政拨款收支系列表

这部分内容才是真正合并在中央本级政府的预算中的。财政拨款收支系列表包括财政拨款收支总表、一般公共预算财政拨款支出表、一般公共预算财政拨款基本支出表、一般公共预算"三公"经费表、政府性基金预算支出表共 5 张。

(1)财政拨款收支总表

财政拨款收支总表中,收入分为一般公共预算财政拨款和政府性基金财政拨款,因为对于行政事业单位而言,只有政府本级预算中的一般公共预算和政府性基金预算会对其进行拨款,国有资本经营预算和社会保险基金预算都不可能对其进行拨款。支出按功能列示,列示到"类"一级。

(2)一般公共预算财政拨款支出表

一般公共预算财政拨款支出表中,"行"按功能分类,功能分类也列示了"类""款""项"三级。"列"按业务分为基本支出和项目支出。由于我国法律规定财政拨款支出不能用于经营性支出,因此在这张表中没有经营性支出。这张表反映了一般公共预算拨款花在各个功能支出的基本支出和项目支出的金额是多少。这张表是支出按功能分类和按业务分类的综合。

(3) 一般公共预算财政拨款基本支出表

一般公共预算财政拨款基本支出表中,"行"按"经济分类"列示,列示到"类"和"款"两级。"列"上按"人员经费"和"公用经费"分。只有基本支出才有"人员经费"和"公用经费"之分。"人员经费"和"公用经费"是支出按业务分类的第二层。

表 5.1　　我国部门预算支出按经营性分类与按业务分类的结合表

序号	支出分类	支出内容		
1	按经营性分	非经营性支出		经营支出
2	按业务分(第一层)	基本支出	项目支出	
3	按业务分(第二层)	人员经费	公用经费	

资料来源:作者研究所得。

所以,一般公共预算财政拨款基本支出表是按经济分类与按业务分类的综合,反映了政府部门基本支出各项具体经济用途。在表 5.1 中没有体现功能分类,也就是说,我国的部门预算中并没有将功能分类与经济分类结合起来,没反映各功能的具体经济用途支出。

(4) 一般公共预算"三公"经费表

这是我国部门预决算特有的一张表,反映了部门的一般公共预算财政拨款用于"三公"经费的支出金额。"三公"经费,是指纳入财政预决算管理的"三公"经费,即指中央部门用财政拨款安排的因公出国(境)费、公务用车购置及运行费和公务接待费。

在分析这张表时,我们应该注意两个方面:①"三公"经费只是表示一种投入总量,投入总量大并不一定是不好的,这个需要结合部门的绩效进行分析和评价。如果投入高,而绩效更高,单位绩效的成本或单位绩效的投入比其他单位低,其也是合理的。所以我们关注"三公"经费时,应同时关注部门绩效。在美国、英国、日本等国的分析中并未见到类似的表,这主要是我国反对腐败、控制行政支出的工具。②这张表只反映了一般公共预算用于"三公"经费的支出,而我们前面已经分析过,部门收入不仅有一般公共预算财政拨款,而且有政府性基金财政拨款,以及事业收入、经营收入和其他收入,那么政府性基金财政拨款、事业收入、经营收入和其他收入用于"三公"经费的支出并没有在这张表中体现,政府全部的"三公"经费应该包括所有资金用于"三公"经费的金额。所以,我国的"三公"经费还需进一步完善,才更加透明。

(5)政府性基金预算支出表

在政府性基金预算支出表中,"行"按功能分类,功能分类也列示了"类""款""项"三级;"列"是按业务分支出,列出基本支出和项目支出。因为财政拨款(包括一般公共预算财政拨款和政府性基金财政拨款)都不能用于经营性支出,所以"列"上只有基本支出和项目支出两项,用来反映政府性基金用于各功能支出的基本支出和项目支出上各有多少资金。

3. 我国中央政府部门预算具体架构的总体评价

我国部门预算的收入分为财政拨款收入、事业收入、经营收入和其他收入四种。财政拨款收入又细分为一般公共预算财政拨款和政府性基金财政拨款。只有财政拨款收入才会纳入中央政府本级预算的支出。这与美国、英国、日本三国不同,也就是我国的中央部门预算收支并没有完全纳入中央政府本级预算中。部门支出有按功能分类、有按经济分类、有按业务分类、有按经营性分类,并相互交叉、相互综合,如按功能分类和按业务分类、按经营性分类的交叉综合,按经济分类和按业务分类的交叉综合。遗憾的是,我国部门预算不仅没有提供按功能分类和按经济分类的结合,而且没能提供部门每个项目或活动的具体支出,只提供了一般公共预算财政拨款用于基本支出的具体经济用途。概括起来,我国部门预算没能提供以下几个方面的信息:①没有部门所有支出按经济分类的信息;②没有具体项目的支出信息;③没有所有项目的具体绩效目标和目标完成信息,也没有所有子部门的具体绩效目标和完成信息(会选择性地提供几个代表项目和代表子部门的具体绩效信息);④没有所有资金用于"三公"经费的信息;⑤没有按经济分类与按功能分类交叉综合的信息。美国、英国、日本一般会在部门预决算中提供这里前三项的信息,但一般不单独提供"三公"经费的信息。第五项的信息有的在部门预决算中体现,有的在政府本级预决算中体现。而我国政府本级预决算中都未能体现经济分类与功能分类的结合信息。没有项目的具体信息就没办法了解政府部门具体的运作和业务项目成本,也就不利于对项目实行绩效问责。

二、我国政府收支分类

我国政府的收入分类与美国、英国、日本三国并没有显著的差异。我国政府预算的支出分类如日本政府一样,比较简单,只有按部门分类、按功能分类、按经济分类和按业务分类4种,加上在部门预算的按经营性分类,共5种。如果将部门预算中的按经营性分类和按业务分类看成一种,那就只剩4种了(我们在美国、英国、日本、中国四国对比时采用了4种支出分类的观点)。支出分类并没有像美国、英国、日本那样有自己特有的分类。所以我国支出分类没有特色。

(一)我国政府收入分类

我国政府的收入分类与国外类似,分为税收收入、社会保险基金收入、非税收入、贷款转贷回收本金收入、债务收入和转移性收入六类。总共有"类""款""项""目"四层。

(二)我国政府支出分类

按照财政部每年制定的《政府收支分类科目》,我国政府支出分类只有两种,即功能分类和经济分类。但由于我国要公布每个部门的预决算,因此我们认为也存在着部门分类。即便政府本级预算中并没有真正按照部门分类的支出表。另外,在部门预决算中,又有按业务分类的基本支出和项目支出,所以一般我们认为我国的支出分类实际有4种。

1. 支出按部门分类

在美国、英国、日本三国的中央(联邦)政府本级预算中都会提供按部门分类的支出表,同时还会提供按部门与按经济分类、按部门和功能分类等相结合的支出表等。世界上其他国家一般也会有类似的表。但因为我国中央政府本级预算和地方政府本级预算中都没有提供按部门分类的各种支出表,所以我国在这方面的透明度是不如其他国家的,也不利于部门之间的比较和对部门的问责。

我国各级政府都让部门各自提供各自的预决算表。中央政府2020年共提供了102个中央部门的预决算。但如果读者要对部门之间的相关信息进行对比,需要自己进行整理和收集,方便性远不如西方国家。另外,如表5.2所示,美国联邦政府有28个部门和1个独立机构的预算,也就是总共29个部门预算;英国将所有中央政府部门归类为24个部门组,也就是有24个部门预算;日本有17个部门预算;而我国有102个部门预算。这是不是意味着我国的部门预算更全面?其实并非如此,一方面,我国的部门设置比西方国家多,某种程度上说明部门职能并未完全厘清;另一方面,美国、英国对部门预算都有归类,如美国的一个独立机构的预算中有很多独立机构(也就是我们的中央直属单位),我们所有中央直属单位一个单位一本部门预算,而美国则合并在一个独立机构的预算中了。另外,如英国把相同职能的部门合并在一个部门组中,所以总共有24个部门组,这样有利于对部门进行问责和比较。102个部门预算实在是不便于横向对比,也不利于对政府职能完成情况、职能完成所需要的成本和支出进行分析,从而不利于对政府及政府部门问责。所以建议我国可以借鉴英国,将相同职能的部门预算合并在一个部门组中。

表 5.2　　2020 年美国、英国、日本、中国四国中央(联邦)政府部门预算的个数

类别	美国	英国	日本	中国
部门预算的个数	29	24	17	102

数据来源:作者根据各国财政部网站提供的数据整理所得。

2. 支出按功能分类

我国 2007 年曾经发生过一次较大的政府收支分类改革,政府支出由原来的按用途和经济分类,改为按功能和经济两种分类,把用途分类改为了功能分类,这样在纵向比较时出现了信息断层。2006 年的政府支出按照用途分类分为:基本建设支出、企业挖潜改造资金、科技三项费用、农业支出、林业支出、水利和气象支出、工业交通等部门的事业费、流通部门事业费、文体广播事业费、教育支出、科学支出、医疗卫生支出、其他部门事业费、抚恤和社会福利救济、行政事业单位离退休支出、社会保障补助支出、国防支出、行政管理费、外交外事支出、武装警察部队支出、公检法司支出、城市维护费、政策性补贴支出、对外援助支出、支援不发达地区支出、海域开放建设和场地使用费支出、车辆税费支出、专项支出、其他支出和总预备费支出 30 类。而 2007 年按照功能分类只分为一般公共服务、外交、国防、公共安全、教育、科学技术、文化体育与传媒、社会保障与就业、社会保险基金支出、医疗卫生、环境保护、城乡社区、农林水、交通运输、工业商业金融等事务、其他、转移性支出 17 类。到 2020 年我国的功能分类分为:一般公共服务、外交、国防、公共安全、教育、科学技术、文化旅游体育与传媒、社会保障和就业、社会保险基金支出、卫生健康、节能环保、城乡社区、农林水、交通运输、资源勘探工业信息等、商业服务业等、金融、援助其他地区、自然资源海洋气象、住房保障、粮油物资储备、国有资本经营预算支出、灾害防治级应急管理、预备费、其他、转移性支出、债务还本支出、债务付息支出和债务发行费用支出,共计 29 类。①

从 2007 年的 17 类支出发展为 2020 年的 29 类支出,不是一蹴而就的,而是逐年改变的,而且这种改变是配合政府的政策进行的,政府政策认为重要的支出都需要从原来的支出中分离出来单独列出设"类"。如"住房保障支出"2007 年时属于"社会保障与就业支出",随着房价的上涨,政府必须通过增加住房保障支

---

① 中华人民共和国财政部.2020 年政府收支分类科目[M].上海:立信会计出版社,2019.

出维持房价稳定,所以从"社会保障与就业支出"类中分离出来,单独设立了"住房保障支出"类。

我国现行的政府收支分类是按照 IMF1986 年版 GFSM 制定的,而美国则是按照 IMF2001 年版 GFSM 制定的,再加上各国考虑本国政策的需要,所以我国和美国之间也有着一定的差距。

我国不管是政府预算还是部门预算,采用的是相同的功能分类,分为"类""款""项"三层。而美国、英国和日本部门预算中采用的功能分类与政府预算的功能分类有一定的联系,但并不完全相同。

表 5.3　2020 年美国、英国、日本、中国四国中央(联邦)政府预算功能分类比较表

类别	美国	英国	日本	中国
功能分类的层数	3 层	3 层	4 层	3 层
功能分类的"类"数	19 类	10 类(如加上"欧盟实务"总共 11 类)	13 类	29 类

数据来源:作者根据各国财政部网站提供的数据整理所得。

从表 5.3 中可见,我国的功能分类层数适中。但"类"数较多,是四个国家中最多的。虽然为了突出重点支出,满足政策实现的需要,对重点支出单独列示"类",但长此以往,"类"会越来越多,会肢解政府同一职能的支出,从而无法将相同职能的支出放在一个"类"上,也就是说,政府同一职能总共花了多少钱,就不能直观地获得,需要几个相关"类"数据的合并。这样不便直接了解政府各个职能的各自支出总数,也不利于对政府各个职能进行绩效评价和对相关部门进行问责。

功能分类应该完全按政府的职能进行分类,一个职能一个"类",不应该把其分解为几个"类",而且这些类可能职能有交叉,这样就更混乱了。同时,理想的功能分类也应该与部门分类结合起来,一个政府职能由一个部门完成,一个部门对应一个政府职能,不要涉及两个政府职能,这样部门的职能也很清楚了。也就是说,我们可以按政府职能设置"类",一个职能一个"类",一个"类"对应一个部门预算。这样政府部门的职能厘清了,功能分类也厘清了,政府职能的成本也清楚了,政府某个职能绩效不高,我们就可以问责对应的部门,而部门之间也就不能相互推诿。这样,部门分类和功能分类就统一了。但改革部门毕竟是比较大的改革,不是那么容易的,那么我们可以一步一步来,先厘清部门的职能,让一个部门只涉及一个职能,一个职能可能会对应几个部门,一个"类"可能对应一个或几个部门预算,但一个部门预算只能对应一个"类",这样也可以厘清政府职能的成本,提高绩效管理的效率。

另外，我国由于每年都会对政府收支分类进行微调，但每年的预决算口径只调整上一年的，也就是2020年只调整2019年，2020年就无法与2018年比较，因为口径不一致。2007年是较大的变化，2007年只调整了2006年的数据，那么2007年与2005年的数据完全不可比。所以，我国预算信息的纵向可比性差。但西方国家则会调整以前几十年的收支统计口径，从而具有可比性。如美国2017财年的预算里，有些数据调整到1942年。

3. 支出按经济分类

支出按经济分类和支出按功能分类是我国支出的两大主体分类。现行的经济分类是2007年政府收支分类改革时形成的。虽然2007年前也有经济分类，但之前的经济分类内容不全，不包括基本建设等支出。2007年时，我国经济分类分为工资福利支出、商品和服务支出、对个人和家庭的补助、对企事业单位的补助、转移性支出、赠予、债务利息支出、债务还本支出、基本建设支出、其他资本性支出、贷款转贷及产权参股、其他支出共12类。经过历年的微调，2020年时我国的经济分类已经分为政府预算的经济分类和部门预算的经济分类，两者有所不同。前者包括机关工资福利支出、机关商品和服务支出、机关资本性支出（一）、机关资本性支出（二）、对事业单位经常性补助、对事业单位资本性补助、对企业补助、对企业资本性支出、对个人和家庭的补助、对社会保障基金补助、债务利息及费用支出、债务还本支出、转移性支出、预备费及预留和其他支出共15类。后者包括工资福利支出、商品和服务支出、对个人和家庭的补助、债务利息及费用支出、资本性支出（基本建设）、资本支出、对企业补助、对企业补助（基本建设）、对社会保障补助、其他支出10类。

我国的经济分类有"类"和"款"两层。日本的经济分类有四层。美国和英国纯粹的经济分类只有一层，但美国在经济分类上又有直接责任支出和可补偿责任支出，所以可以看成两层。英国在纯粹的经济分类上又有经常性经济分类和资本性经济分类，所以也可以理解为二层。

与功能分类一样，由于2007年有一次大的改革，此后历年又有些微调，但我国的数据只调整上年数，所以与功能分类有一样的问题存在：纵向可比性较差。

4. 支出按业务分类

我国的部门支出先按经营性分，分为非经营性支出和经营性支出，再将非经营性支出按业务分，分为基本支出和项目支出。但在部门支出中并不体现非经营性支出这一说法，直接将支出分为基本支出、项目支出和经营支出。但我们认为，只有基本支出和项目支出是按业务种类区分的，经营支出与前面两者的区分则是是否具有经营性。原来只有部门预算才有基本支出和项目支出之说。但从

2014年执行新的《预算法》后,我国政府本级也提供一般公共预算的基本支出。所以,我们也可以认为我国政府本级预算也有了按业务区分的基本支出和项目支出。由于我国政府本级预算不包括行政事业单位的经营性收支,因此政府本级预算中的经营性资金仅仅只有国有资本经营预算资金,不包括行政事业单位的经营性收支。

虽然英国的部门预算也按业务分为行政运行支出和项目支出,类似于我国的基本支出和项目支出,但实际执行时,我国基本支出和项目支出的区分非常僵硬,严重阻碍了部门日常运行支出和项目支出的准确预算和统计,这种分类人为阻碍了部门和项目的绩效管理。

(1)把有些项目成本列在基本支出中。按照我国相关规定,本单位在编人员的工资福利必须列入基本支出,即便这些人员是为某个项目提供服务的,是某个项目的人员成本,也不能列入项目支出。但如果项目外聘不在编人员,其工资福利则可以列入项目支出,而不列入基本支出。这种按照人员是否在编来判断是否是项目支出的方式非常不科学、不准确,无法准确预算和统计项目成本,也就不利于对项目进行绩效管理。

(2)同时又把一些基本支出列入项目支出中。由于基本支出实行定员定额管理,基本支出与部门人员编制有关,人员编制多则基本支出多,人员编制少则基本支出少,因此有些单位明明基本支出不够用,但定额不能突破,就会将财政多补充的基本支出作为一个项目列入项目支出,从而无法准确核算和统计部门日常运行支出,也就不利于部门基本支出的绩效管理。这种现象在地方政府特别多见。

(三)我国政府支出分类的总体评价

我国的政府收支分类种类上并没有多大的特色。部门分类中部门个数太多,各部门职能交叉,不利于对部门问责;功能分类也没能完全按职能厘清,不利于统计政府的同一职能支出;经济分类和功能分类都没能进行历年统计口径的调整,从而严重影响了纵向可比性;而按业务分类则由于执行僵硬,从而无法准确预测和统计基本支出和各项目支出的数据,也就不利于对部门和项目实现绩效管理。我国没有特有的政府支出分类,表明我国没有特别的管理方式或内容需要特别的政府支出分类来满足。另外,我国的支出分类少,尤其没有按流动性分类的支出分类,不利于经济分析、不利于国家制定宏观财政政策和货币政策,也无法为确定公债额度提供依据。

三、我国中央政府预算体系的财政透明度分析

与前文的分析框架一致,我国中央政府预算体系的财政透明度分析也从政府预算体系范围、政府预算报告内容、政府预算体系管理过程及预算信息质量要求四个方面进行分析。

(一)我国中央政府预算体系的范围与财政透明度

我国《预算法》规定,政府的全部收入和全部支出必须纳入四大预算和国库。但是相关法律并没有明确什么是政府的全部收入和全部支出。所以,我们只能通过预决算报告来分析我国预算体系的范围。

1. 预决算文件的范围

从我国的预算文件看,我国预算收入包括税收收入、社会保险基金收入、非税收入、贷款转贷回收本金收入、债务收入和转移性收入。非税收入包括专项收入、行政事业性收费收入、罚没收入、国有资本经营收入、国有资源(资产)有偿使用收入、国有土地使用权出让收入等。但与美国、英国、日本等国比,我国中央政府预算报告:①没有体现税收支出,更没有税收支出报告;②没有准财政活动信息,更没有准财政活动报告;③没有将事业单位的事业收入、经营收入和其他收入及其安排的支出纳入四大预算,其他三国都纳入政府预算;④只将国有企业上缴的利润纳入政府本级预算,而英美两国则是将国企的财务收支纳入政府预算;⑤没有详细的债务预算,特别是分偿还期限的债务预算,这是各国必备的;⑥没有四大预算或者三大预算合并的详细预算信息,整体性是四个国家中较差的。

2. 财务报告的范围

我国在2011年前并没有政府的财务报告。2013年党的十八届三中全会通过的《中共中央关于全面深化改革若干重大问题决定》提出了建立权责发生制的政府综合财务报告制度的改革要求。2015年1月1日开始实行的新《预算法》第九十七条明确规定,各级政府财政部门应当按年度编制以权责发生制为基础的政府综合财务报告,报告政府整体财务状况、运行情况和财政中长期可持续性,报本级人民代表大会常务委员会备案。[1] 将"编制以权责发生制为基础的政府综合财务报告"首次写入《预算法》中,奠定了权责发生制的政府综合财务报告制度的法律地位。

---

[1] 中华人民共和国预算法(2014年修订)[EB/OL]. (2015-01-08)[2020-09-02]. http://www.mof.gov.cn/mofhome/fujian/lanmudaohang/zhengcefagui/201501/t20150108_1177747.html.

2011年财政部选择了北京、天津等11个省市试编了权责发生制政府综合财务报告。到2013年将试编范围扩大到全国所有的省份。2015年11月,财政部发布了政府会计基本准则,并于2015年12月发布了《政府财务报告编制办法(试行)》《政府综合财务报告编制操作指南(试行)》《政府部门财务报告编制操作指南(试行)》(简称为"一个办法两个指南"),自此我国权责发生制的政府综合财务报告制度雏形已基本建立。[①] "一个办法两个指南"颁布后明确了我国的政府财务报告制度由两部分组成:一个是政府部门的财务报告,另一个则是政府本级的综合财务报告。2018年和2020年先后两次修订了"一个办法两个指南"。

(1)政府综合财务报告[②]

政府综合财务报告以权责发生制为基础,主要反映政府整体财务状况、运行情况和财政中长期可持续性等信息,内容包括财务报表、政府财政经济分析和政府财政财务管理情况。财务报表包括会计报表和报表附注。会计报表包括资产负债表、收入费用表。政府财政经济分析以财务报表为依据,结合国民经济形势,对政府财务状况、运行情况,以及财政中长期可持续性等内容进行分析。政府财政财务管理情况,主要反映政府财政财务管理的政策要求、主要措施和取得成效等。

政府综合财务报告的会计报表中,资产包括流动资产和非流动资产,流动资产又包括货币资金、各种应收预付款、短期投资、存货等;非流动资产包括长期投资、应收转贷款、研发支出、固定资产、在建工程、无形资产、政府储备资产、公共基础设施、文物文化资产、保障性住房等,非流动资产以净值表示。负债也分为流动负债和长期负债,包括长短期应付政府债券、长短期借款和各种长短期应付款。

政府综合财务报告还要求提供各种重要项目明细表,如货币资金明细表、应收及预付款项明细表、长期投资及投资收益明细表、应收转贷款明细表、固定资产明细表、政府储备资产明细表、公共基础设施明细表、在建工程明细表、应付及预收款项明细表、应付长期政府债券明细表、应付转贷款明细表、长期借款明细表、政府间转移性收入明细表和政府间转移性支出明细表等,明细信息较全面。

政府综合财务报告的会计报表中,资产比较全面,但不包括自然资源。负债只包括三类:政府债券、借款和应付款,并没有包括或有负债,也没有包括承诺、

---

① 徐曙娜.2015中国财政发展报告:中国政府综合财务报告制度研究[M].北京:北京大学出版社,2015:1.
② 政府部门财务报告编制操作指南(试行)[EB/OL].[2020-09-02]. http://www.mof.gov.cn/gp/xxgkml/gks/201512/P020151210611674647961.docx.

准备金、养老金负债和其他"过去事项引起的未来负债"。所以,会计报表中的负债的统计口径很小。为了弥补这些缺陷,《政府综合财务报告编制操作指南(试行)》还规定了未在会计报表中列示但对政府财务状况有重大影响的事项需要在报表附注中披露,这些信息包括:

①社保基金。按照社保基金的种类,分别列示社保基金的收入、支出及结余情况。

②资产负债表日后重大事项。

③对于政府部门管理的公共基础设施、文物文化资产、保障性住房、自然资源资产等重要资产,披露种类和实物量等相关信息。

④在建工程中土地收储项目名称及面积等情况。

⑤或有事项。披露政府或有事项的事由和金额,如担保事项、未决诉讼或仲裁、承诺(补贴、代偿)、救助等,若无法预计金额应说明理由。

⑥政府会计具体准则中要求附注披露的其他内容,以及其他未在报表中列示,但对政府财务状况有重大影响的事项。

但毕竟我国的这些信息是在会计报表附注中单独揭示的,不能完全统计在资产和负债中,即便如此,养老金负债还是没有揭示,除承诺外的其他"过去事项引起的未来负债"也没能体现,公共企业的借款也没包括在里面,所以负债的口径还是偏小,而在英国和日本,这些都包括在政府财务报告中。

关于上述财务报告的内容只是《政府综合财务报告编制操作指南(试行)》所规定的,截至2020年9月,中央政府和地方政府未公开过政府综合财务报告。

(2)政府部门财务报告[①]

政府部门财务报告以权责发生制为基础,主要反映政府部门(单位)的财务状况、运行情况等信息,具体包括财务报表和财务分析。财务报表包括会计报表和报表附注。会计报表包括资产负债表、收入费用表。政府部门财务分析主要包括资产负债状况分析、运行情况分析、相关指标变化情况及趋势分析,以及政府部门财务管理方面采取的主要措施和取得成效等。

政府部门财务报告由纳入部门决算管理范围的行政单位、事业单位和社会团体逐级编制。各单位先编制本单位财务报告并报送上级单位;上级单位除编制本单位财务报告外,还应当按照指南规定对所属单位财务报表进行合并,撰写财务分析,形成合并的部门财务报告。

---

① 政府部门财务报告编制操作指南(试行)[EB/OL].[2020-09-02]. http://www.mof.gov.cn/gp/xxgkml/gks/201512/P020151210611674647961.docx.

会计报表中的资产负债与政府综合财务报告中会计报表的资产负债信息类似(除了负债不包括应付政府债务外)。同样也包括政府综合财务报告中提到的资产负债重要项目明细表,在报表附注中也披露与政府综合财务报告制度类似的信息(除了社保基金外的其他五项都要披露)。现在部门确实在试编部门财务报告,但并没有公开。

我国现在已经开始按照"一个办法两个指南"试编政府综合财务报告和政府部门财务报告,但这些报告都未公开。按照"一个办法两个指南"编制的财务报告,资产比较全面,但负债信息还是比较少,养老金负债、"过去事项引起的未来负债"、公共企业的借款都没能揭露。虽然或有负债和承诺、自然资产等难以计量的资产和负债在报告中有所揭示,但未被统计在会计报表中,这样负债和资产的总量就很难准确统计。所以,我国财务报告制度的发展不仅要扩大资产尤其是负债的范围,而且应该研究如何科学准确地计量那些难以计量的资产和负债。另外,与英国、美国、日本三国相比,我国的会计报表种类少了一些,目前只要求编制两张。随着政府综合财务报告制度的建立和完善,应该会进一步地增加。

结合我国中央政府的预决算报告和财务报告,我国中央政府预算体系在收支方面缺乏的信息有税收支出、准财政活动、四大预算的合并信息;事业单位的事业收入、经营收入和其他收入没能纳入政府预算;国有企业只有上缴的利润纳入政府预算。在资产负债方面,养老金负债、"过去事项引起的未来负债"(除承诺外)、公共企业的借款等没有包括在负债中,很多难以计量的自然资源等资产和或有负债等只是披露事项,未能被科学合理地量化,也未能被合并在会计报表中。也未能像日本一样体现四大预算各自的资产负债,还未能提供整个国家合并的政府资产负债信息。

(二)我国中央政府预算报告的内容与财政透明度

1. 财务信息

(1)收支预测和执行信息

我国有预算报告也有决算报告,预算报告是收支预测信息,决算报告就是体现预算执行信息的。还有每个月收支执行简报,但我国没有按季编制的具体的收支执行报告。另外,与西方国家相比,我国的一些预算外资金没能纳入预算,税收支出等隐性收支没在报告中体现,准财政活动也没能报告。这些都使得我国的收支预测和执行信息范围较小。

(2)财务状况和运营情况信息

按照我们前文介绍的,我国实行权责发生制的政府综合财务报告制度,编制政府综合财务报告和政府部门财务报告,资产负债表、净资产变动表反映财务状况,现金流量表和收入费用表反映运营信息。只是我国缺少净资产变动表和现金流量表。

(3)成本绩效信息

权责发生制的收入费用表最多能体现部门或者政府整体的成本信息,但没有像日本那样按政策编制的政策成本表,部门财务报告中也没有体现具体项目的成本,虽然在部门决算中有按功能分类的相关支出信息,但不是按照权责发生制核算的,所以不是成本信息。更没有完整的绩效报告,只是在部门决算时简单介绍了部门绩效管理或者某些代表性项目的绩效情况。

但毕竟我国的政府综合财务报告制度工作才刚刚起步,政府综合财务报告和政府部门财务报告都没有公开。

2. 非财务信息

在之前的论述中,我们把非财务信息分为微观非财务信息和宏观非财务信息。

从微观非财务信息看,我国公布的部门预决算和"一个办法两个指南"的规定没有要求部门公开基本数字表、战略目标书等,但要求有部门财务分析书。实际上,从已经公开的报告看,这些预算信息中没有提供人员信息(而之前我们分析美日两国时,他们都会提供非常详细的人员配置信息),也没有战略目标信息,但提供了政府部门的职责、部门绩效管理的情况(没有详细的部门和所有项目的绩效目标及实现信息)、部门结构信息。

从宏观非财务信息看,我国已经公开的中央政府预决算报告简单地提供了一些国民经济基本情况;总括地提供了政策目标,但没有很详细的政府战略目标和具体的绩效指标,也没有政府绩效评价的情况;同样也会简单地提到上年政策的实施情况、当年的财政政策和财政管理情况,但没有税收支出书等。同时,《政府综合财务报告编制指南(试行)》要求政府进行财政经济分析和提供政府财政财务管理情况,但由于现在不管是中央政府还是地方政府都未公开政府综合财务报告,因此这些信息现在都还没公开。

(三)我国中央政府预算体系管理过程中的透明度

按照前文的分析框架,政府预算体系管理过程中的透明度分析包括两个方面:一个是过程透明,另一个是过程透明的技术支撑——新绩效预算。

1. 过程透明

预算体系管理过程涉及预算决策、预算执行和决算及监督评价三个阶段。过程透明也就涉及这三个阶段的透明。但不管是哪个阶段,过程透明主要包括:一对公众公开预决算相关的文本、相关程序(包括会议等现场),也就是对公众公开预算管理活动;二是让公众参与预算管理活动。

(1)预算管理活动对公众公开

2014年的新《预算法》、2008年的《政府信息公开条例》以及2020年的《预算法实施条例》都规定我国的政府预决算信息应该对外公开。尤其是新《预算法》以及《预算法实施条例》详细规定了公开的内容和程度,对公开的主体、公开的范围、公开的时间和程度都作出了规定。主要要求政府预决算报告、部门预决算报告、财政收支执行审计报告、政府采购预算都要对外公开,政府债务、机关运行经费、政府采购、财政专户资金等情况按照有关规定向社会公开,政府预决算和部门预决算信息按功能分类公开到"项",要求基本支出按经济分类公开到"款"。我国的这些预决算文本信息可以通过网络和报纸、电视等传统媒体获得。2020年的《预算法实施条例》新增了财政专户资金按有关规定公开,从2020年10月1日开始实行。

但我国的相关法律并没有规定预算管理的程序(包括会议等现场)公开,如预算决策和审查会议公开等。所以实际情况是:在中央,我国的公众是没有办法通过出席、旁听和观看等全过程观察预算决策、预算审查等会议的。我们只能通过媒体介绍大致了解一些信息,不能亲自观摩。但在地方(特别是县及县以下的地方),有些地方正在进行改革,可以允许观摩。如作者曾经亲自现场观摩了浙江温岭人大审查预算的过程。

(2)公众对预算管理活动的参与

在我国中央政府,公众对预算管理活动的参与主要有两个渠道:一个渠道是公众了解预决算信息后,可以通过网络或其他渠道向财政部、人大以及相关部门提供相关建议;另一个渠道就是参与对中央政府部门的绩效评价,因为现在我国中央政府部门的项目需要进行绩效评价,会对社会满意度作出评价,这样就需要公众参与打分。提建议这种"非政策分享"类公民参与的参与程度太低。通过对社会满意度评价来间接影响项目的选择,这种"政策分享"类公民参与的参与程度还是没有公众直接参与决策的"政策分享"类公民参与度高。不过中央政府的公众预算管理活动的参与程度世界各国基本相同,方式也类似。

2. 过程透明的技术支撑——新绩效预算

我国中央财政从2003年起就开始对中央部门项目绩效进行考评,并出台了一系列部门规章制度,如《关于推进预算绩效管理的指导意见》《中共中央、国务院关于全面实施预算绩效管理的意见》等一系列与预算绩效管理有关的文件。但并没有如美国GPRA这样的一部法律规范我国的新绩效预算,也没有像英国那样引入资源预算和权责发生制的预算编制方法,以及按期限分类的支出分类,也就是说,在技术层面还需要向英国学习。虽然规章制度要求全过程、全资金范围覆盖、全方位进行绩效管理,但现实是,并不是所有部门都能完全做到。

(四)我国中央政府预算信息质量与财务透明度

我国中央政府预算信息质量也从真实性、可比性、可理解性、及时性和获得的便捷性进行分析。

从真实性看,我国实行行政型审计,行政型审计又分为横向审计模式和纵向审计模式。而我国实行的是横向审计模式。我们在第三章第一节已经分析过,行政型审计是世界上所有四种国家审计模式中独立性最差的模式,而横向审计模式的独立性还要差于纵向审计模式。所以,我国现行的横向行政型审计模式的独立性是所有审计模式中最差的,对同级财政收支执行进行监督,但又受制于同级政府。我们之前分析的英美两国是属于立法型审计,日本属于独立型审计。我国很难一下子实行立法型审计,所以我们建议可以先过渡到纵向行政型审计。我国审计机构每年要对同级财政的收支执行进行审计,但并不覆盖全部部门决算和财务报告审计。也就是说,并不是所有部门决算和财务报告每年都经过审计,这样也就没有办法保证部门决算和财务报告的真实性,其实同样不能完全保证政府决算和政府综合财务报告的真实性,因为政府本级决算很多是由部门决算的信息构成的,政府综合财务报告的很多信息来自政府部门财务报告。所以要保证我国政府本级决算信息和政府综合财务报告、部门决算信息和部门财务报告的真实性,至少应该保证政府部门决算、财务报告和其他财政信息的年度审计。

从横向可比性看,我国 2007 年政府收支分类改革是按照 IMF1986 年版的 GFSM 设置的,但随着这几年的调整,口径已经越来越有中国特色。而且世界上很多国家采用的是 IMF2001 年版,并也根据自己国家的国情做了一定的调整。但我国政府决算报告中提供的"广义政府运行"是完全按照 IMF2001 年版提供的。另外,我国的地方政府预算体系与中央政府预算体系是一样的,这个便于地方与中央的合并,也便于地方之间的横向比较,这一点美国就不如中国了。从纵向可比性看,因为我国预(决)算报告只提供上年数和本年数,上年数和本年数的口径会统一,但前年的数据,甚至更前年的数据都没有按照当年的口径调整,所以不具有可比性。另外,我们既没有像美国那样用 GDP 占比来表示详细的各年预算信息,又没有如英国那样用剔除通货膨胀的真实货币来表示详细的各年预算信息,这样使得纵向可比性进一步降低。

从可理解性看,我国支出分类比较单一,也没有特色分类,历年的支出没有按照收支分类科目的调整进行调整,按业务分类也比较僵硬。同时也没有如美国、英国、日本三国那样把各种分类进行交叉,如经济分类未能与功能分类结合起来,也没能将部门分类和功能分类、部门分类和经济分类等放在一张表中,所以不能进行全方面地分析和统计比较。可理解性不如美国、英国、日本三国。

从及时性看,我国新《预算法》规定,政府预决算报告必须在人大批复后的20天内公布,政府部门预决算报告必须在同级财政批复后的20天内公布,我国中央政府完全按照这个规定执行。我国政府综合财务报告和政府部门财务报告目前不管是中央政府还是地方政府都未能公布,所以更谈不上及时性了。

从获得的便捷性看,财政部网站的网页上有"中央预决算公开平台"专栏,该专栏分为"政府预决算""政府部门预决算"和"中央对地方转移支付"。将历年的这三部分内容都集中链接在这个平台上,应该说还是相对集中的,可获得性比较强,不会像英国那样容易遗漏。

四、我国中央政府预算体系的效率、公平分析[①]

(一)我国中央政府预算体系的效率分析

1. 我国实行典型的多重预算体系,整体性较差

我国没有四大预算或者三大预算合并的详细信息。虽然在决算中,有中央与地方合并的信息,但也只是分四大预算各自的合并。在本级预算中,也没有四大(或者三大)预算合并的详细信息。我们不能简单地将四大预算加在一起,因为四大预算之间有相互的资金调剂,所以没有具体的合并信息,我们无法了解各种收支在整个预算中的情况。这个缺陷是分类预算的通病,这样会造成宏观政策效率不高、预算资金整体配置效率也不高,同时因为要分预算进行管理,营运成本会提高。但我国政府预算体系也有分类预算模式的效率优点,如收支对应效率高、交易费用较低等。所以,为了既保留分类预算模式的效率优点,又具有综合预算整体效率高的特点,建议我国提供合并的整体预算的具体信息。

另外,我们前文已经分析了,我国存在着不并入四大预算的预算外资金,部门的事业收入、经营收入、其他收入都没纳入中央本级预算,国企的利润只有很少部分归入四大预算,这些都使得我国的预算范围小于美国、英国、日本三国。进一步降低了我国预算体系的整体性。所以,我们还需将这部分资金纳入四大预算。

2. 多元的预算分类弥补了支出分类的简单化,但缺陷还是非常明显

---

① 这部分的具体理论分析见第三章第二节和第三节。

前文已经介绍,我国的预算分类采用了按所有权分类、按经营性分类和按收入性质的特殊性分类的多元分类方法。这样可以拥有不同预算分类方法的优点:按所有权分类,有利于社会保险基金各子基金的自我平衡和社会保险政策的制定及调整;有利于政府合理安排其他预算资金平衡社会保险基金预算,达到其他预算资金在社会保险补贴和其他方面的配置最优化;有利于社会保险基金管理和社会保险基金的保值增值。按经营性分类,有利于对经营性预算资金和非经营性预算资金适用不同的管理方式,前者追求利润,后者追求公共服务的效益,提高不同财政资金的使用效率。按收入性质的特殊性分类,可以灵活配置资源,提高特殊配置效率;但营运效率利弊各半,虽然保证了特殊用途的特殊资金来源,但会造成资金在政府性基金的沉淀,也会使得各部门为了追求成为特殊的对象而提高交易成本。

因为我国支出分类比较简单,所以通过按预算分类多元化,弥补了一些缺点。但是缺陷还是非常明显:

(1)我国没有按流动性分类的预算,也没有按流动性分类的支出,这是我国预算体系最大的弱点。虽然我国开始编制中央本级的基本建设支出表,但基本建设支出并不是全部的资本性支出,还是有差距的。在我国达到一定规模和一定条件的由发改委审批的项目,才归为基本建设支出,而不符合条件的由财政部门审批的项目则没归在基本建设支出中。这样按审批单位的不同来定义基本建设支出本身就是不合理的。① 按照这样的制度统计的基本建设支出就更不是资本性支出的全部了。而缺乏按流动性分类,不利于对债务风险的控制,不利于宏观政策的制定。

(2)将国有资本经营预算、政府性基金预算、一般公共预算和社会保险基金预算放在一个层面上,不利于对所有权归国家的真正意义上的财政资金的统计和管理。因为按所有权分,社会保险基金预算实质上是一种信托基金,是公众将其缴纳的社会保险税费委托政府代为保管,当公众退休时或者需要时提取,这种资金的管理重点是保值增值。但所有权归国家的资金(一般公共预算、政府性基金预算和国有资本经营预算所有权都归国家)才是真正意义上的财政资金,是政府代替公众使用资金为公众服务,所以必须对这种资金的使用效益负责。也就是说,这种资金的管理重点是资金的使用效益,只不过经营性资金的使用效益是利润,而非经营性资金的使用效益是公共服务的绩效,所以应该将国有资本经营

---

① 事实上,据我们调研所知,我国很多行政事业单位为了避免发改委复杂的审批程序,通过分解或者其他方面的改头换面,使得基本建设支出变成非基本建设支出,但实际上是真正的基本建设支出,所以这种按照审批单位统计基本建设支出的方法是非常不科学、不准确的。

预算和政府性基金预算、一般公共预算共同形成一个政府公共预算,有利于对真正意义上的财政资金的统计和管理。不像现在,不管媒体还是公众一直都搞不清楚财政资金和一般公共预算资金的区别,以为一般公共预算资金就是全部的财政资金,从而不利于对全部财政资金的监督。

3. 不完善的支出分类阻碍了预算资金使用效率的提高

部门预算个数繁多,各部门职能交叉,不利于按照同一政府职能对部门预算进行管理和问责;功能分类也未能将同一职能放在同一功能分类上,不利于对政府职能和政府政策的成本进行分析,没办法合理评价政府的政策和职能的绩效;按功能分类和按经济分类的纵向口径不调整,不利于按照历史对中央政府的政策效应进行合理分析;僵硬地按业务分类,无法准确获知真正的基本支出和项目支出,从而无法有力控制政府部门的行政运行支出和项目成本,不利于绩效管理,这些都阻碍了我国预算资金使用效率的提高,所以必须完善支出分类。[①]

另外,我国没有如英国那样按时间期限的分类,不利于现在正在推行的中期财政规划。按照新《预算法》,我国各级政府及行政事业单位必须实行中期财政规划,但如果没有像英国这样按期限分类,分为 DEL 和 AME,这样所有的资金每年都要重新审批,重新预算,一方面工作量大,另一方面有些需要固定资金的项目没有固定资金的保障,没有跨年度较稳定的预算,从而大大降低了中期财政规划"中期"的特点和优点。

(二)我国中央政府预算体系的公平分析

政府预算体系与公平的关系我们已经在第三章第三节中做了充分的讨论,我们这里主要是按照第三章第三节的理论分析我国中央政府预算体系的公平情况。

1. 社会保险基金预算的预算内独立编制,有利于代际公平和代内公平的综合平衡

我国的社会保险制度实行部分基金制的筹资模式,是现收现付制加完全基金制。完全基金制部分,是工作一代为自己一代积累,为自己年老享受社会保险积累,这部分就不存在代际负担问题;现收现付制部分,是工作一代承担上一代的社会保险支出,这部分就存在着代际负担问题。由于我国上一代没有为自己积累或者只是部分积累社会保险,因此必须要工作一代作出贡献,这是我国国情所决定的。另外,社会救济和社会福利还保留在一般公共预算内,有利于政府对弱势群体的扶持,有利于代内公平。最后,我国的社会保险基金预算虽然是独立

---

① 具体分析见本节第二部分。

的,但不像新加坡等国放在预算外,我们还是预算内的,这样当其自身不能达到平衡时,有利于其他资金对其的补助,有利于代内公平和代际公平的平衡。

2. 预算按收入性质的特殊性分类,有利于实现特殊的公平目标

按收入性质的特殊性分类,有利于实现特殊的公平目标。例如我国中央政府预算的 20 个政府性基金预算中,"中央水库移民扶持基金"就具有特殊的公平目的。因为这些水利项目是为了解决缺水地方公众的用水问题,降低他们的用水成本,保障他们正常的用水,这本身就是一项关于公平的项目,现在对这些项目提供资金保障,就更有利于这些特殊公平目标的实现。

3. 预算按经营性分类,特设国有资本经营预算,不利于代内公平

由于我国在政府预算体系中特设国有资本经营预算,一方面,使得公众和媒体对财政资金进行监督时容易遗漏,不将国有资本经营预算资金纳入公共财政的范围进行监督;另一方面,国有资本经营预算的单列使得国有资本经营收入首先安排国有资本经营相关的支出,确保了国有资本经营相关利益方的利益。而事实上,国有资本经营预算收入是财政资金的投资收益,它同样应该为一般公共服务提供资金支持,不应该首先保证与国有资本经营预算有关的相关利益方的利益。这样不利于代内公平。

4. 没有按流动性分类的预算分类,不利于代际公平

按照流动性分类,将政府预算分为经常性预算和资本性预算。经常性预算的支出是当期消耗的,它可以为当期的公众提供公共服务,所以当期的公共服务成本就应该由当期的税收来承担,这样就不存在代际负担问题。资本性预算的支出是投资性的,是在几个年度内消耗的,所带来的好处是跨年度的。所以,对这类资本性支出应主要通过债务来筹集,如果是营利性的,将来通过政府投资收益、投资形成的财产出卖收入来归还本息;如果是非营利性的,就用经常性预算结余转入即税收在其使用期限内分期归还本息。这样,受益人与成本承担人就对应起来,也就不存在代际负担问题。而我国没有按照流动性设置经常性预算和资本性预算,就无法准确预估债务的筹集规模和严控债务使用的方向,从而一方面造成代际负担,另一方面不利于控制债务风险。所以,为了避免代际负担,实现代际公平,就需要按流动性分类,设置经常性预算和资本性预算。

5. 支出分类的公平性有得有失

为了督促政府对一些公平问题的关注,并有利于考核政府对这些公平问题的解决情况,可以在功能分类中安排特殊的"类""款""项"进行。我国支出功能分类中的"住房保障支出"和"援助其他地区支出"就是为了实现住房公平和地区之间的公平安排的支出"类"。这样可以体现各个地方在这两方面的资金安排,

从而了解各个地方对这些问题的关注性,并考核这些公平问题。如"住房保障支出"在没被重视以前,各地的年初预算几乎都完不成,但被重视以后,完成率就马上提高了。支出分类的一个缺陷就是没有如美国那样按法定性进行支出分类,对需要法律特殊保障的支出没能通过法定性支出体现,也就不能对这些支出提供稳定的资金保障,从而无法保证这部分支出体现的公平。

6. 我国的性别预算没有得到关注,不利于性别公平

我国不是完全没有性别预算,我国的河南焦作市和河北张家口市都有一定的试行。不过在国家层面上并没有什么制度保证性别预算的实施,中央层面也没有特别的实践来保障性别公平。我国预算体系中没有如日本那样专门设置一些特别的支出"项"和"目"来促进女性参加社会活动;也没有如韩国那样设立专门的部门——性别平等部,然后通过部门预算安排性别预算;更没有如澳大利亚那样编制专门独立的妇女预算。所以为了促进性别公平,国家应该通过一定的预算制度安排来保障这一块。

总之:(1)财政透明度分析。从政府预算体系的范围看,我国预决算报告中没有四大预算或者三大预算合并的信息,也没有公开中央与地方合并的财务报告,所以整体性较弱;同时,在预算收支方面缺乏的信息有税收支出、准财政活动、四大预算的合并信息等;中央事业单位的事业收入、经营收入和其他收入没能纳入中央政府本级预算,国有企业只有上缴的利润纳入政府预算;在资产负债方面,养老金负债、"过去事项引起的未来负债"(除承诺外)、公共企业的借款等没有包括在负债中,很多难以计量的自然资源等资产和或负债等只是披露事项,未能被科学合理量化,也未能被合并在会计报表中。从中央政府预算报告的内容看,财务信息中收支预测和执行信息较全面;由于财务报告还未对外公开,财务状况和运营情况信息、成本绩效信息是缺失的,即便公开也缺少详细的项目或者政策的成本信息和政府净资产变动信息;非财务信息中,部门的微观信息除了部门职责和绩效管理的情况的简单介绍外,其他微观非财务信息几乎都是缺失的,特别是人员信息;而政府的宏观信息从总体看,似乎都有所涉及,但都非常简单和总括,没有政府绩效评价信息、税收支出书和准财政报告书。从中央政府预算体系管理过程的透明度看,我国中央政府的预决算文件都已经在网上集中链接,但预算管理程序(包括会议等现场)的公开,法律上没有规定,中央本级也未在实行;我国公众对预算管理活动的参与与世界各国的中央政府类似,一般只有提建议和参与满意度评价等;我国新绩效预算还需通过立法进一步全面推广。从中央政府预算体系的信息质量要求看,我们的政府预决算和部门预决算并不是百分百经过审计的,加上横向的行政型审计模式使得我国的预算信息的真实

性得不到保证;我国财政并不要求历年数据口径调整,也不要求剔除通货膨胀,纵向可比性有待提高;从及时性看,中央政府还是比较规范的;预算信息的获得,近年来越来越方便,特别是中央政府。(2)效率公平分析。我国政府预算体系因为实行多重预算体系,而且没有将四大预算或者三大预算信息进行科学的合并,导致我国预算体系的整体性较差,而且预算时地方和中央的合并信息也不充分,进一步降低了我国预算的整体性。多元的预算分类带来不同预算分类的优点,但缺乏按流动性分类的预算分类,不利于债务风险的控制、不利于宏观政策的决策,也不利于代际公平的实现。单独设立经营性国有资本经营预算,将其他三大类预算与社会保险基金预算放在同一个层次上,不利于对真正由政府委托代理使用的财政资金的监督,也会导致用国有资本经营预算资金优先保障于国有资本经营预算相关利益方的利益,从而不利于代内公平的实现。社会保险基金预算的预算内独立编制,有利于代内公平和代际公平的综合平衡;预算按收入性质的特殊性分类,有利于特殊公平目标的实现。不完善的支出分类,阻碍了预算资金使用效率的提高。功能分类的特殊设置也可以为特殊公平提供一定的制度保障,但按法定性支出分类的缺失不利于对法定支出的预算保障。最后,我国的性别预算在地方有一定的发展,但在中央和国家制度层面上,没有很好的制度安排,需要建立和完善。

第二节 我国中央政府预算体系公共财政责任与美国、英国、日本三国的比较

我们在前文已经非常详细地分析了美国、英国、日本、中国四国中央(联邦)政府预算体系的公共财政责任。在本节我们将把这四个国家中央(联邦)政府预算体系的公共财政责任进行比较分析。分析的框架与前文相同,先比较预算体系的具体架构,接着比较各国收支分类,随后比较各国政府预算体系的财政透明度,最后比较各国政府预算体系的效率和公平。

一、中央政府预算体系具体架构的四国比较

我们已经在前文中将政府预算体系分为综合预算体系(单一预算体系)和分类预算体系(复式预算体系)两大类,分类预算体系按照预算的数量可以分为双

重预算体系和多重预算体系。由于世界上极少有国家采用纯粹的综合预算体系，大部分国家采用复杂的分类预算体系，因此我们不探讨纯粹的综合预算体系国家的公共财政责任。我们只选取了比较接近综合预算体系的美国，把其作为混合预算体系的代表加以讨论和分析；选取了英国作为双重预算体系的代表加以分析；选取了日本作为多重预算体系的代表进行分析。我国也是典型的多重预算体系的国家，与日本一样。

（一）美国、英国、日本、中国四国中央（联邦）政府本级预算架构比较

表5.4是我们从前文的研究中得到的结论。美国按所有权分类，分为预算内预算和预算外预算。虽然有预算内、预算外两个预算，但更强调包含两者的统一预算，所以将其定义为混合预算，其整体性强，很多预算表格、文件是包含预算内外数据的，包含预算内外数据的统一预算是美国的主体预算。英国按流动性分类，分为经常性预算和资本性预算。经常性预算为主体预算，经常性预算结余还是资本性预算的收入。英国政府也经常提供经常性预算和资本性预算合并的数据，所以其整体性也较强，但明显不如美国。在合并的整体预算中，美国的预算内外项目是有机融合在一起的，而英国则是独立的两个部分合在一起。日本按照收入性质的特殊性分类分为一般会计预算、特别会计预算，再加上政府关联机构预算，形成三大预算。日本的主体预算是一般会计预算，它与特别会计预算和政府关联机构预算都有相互的调剂。虽然日本按照管理需要，也编制了包括一般会计预算和特别会计预算资金的9个预算，但这些预算只是将相关的内容罗列在那里，并没有合并和整理。这9个预算也不是日本主要的预算体系，所以我们并没将其体现在表5.4中。日本也会对一般会计预算、特别会计预算和政府关联机构预算进行合并，但只是将三大预算的收支总额简单地合并，并没有体现里面的细项，不利于对具体细项在整体情况下的分析，所以其整体性较弱，只能大概了解整个的财政收支平衡的总体情况。

表5.4　美国、英国、日本、中国四国中央（联邦）政府本级预算架构比较表

国家	预算体系的种类	主体预算	预算的个数	预算分类模式	整体性
美国	混合预算体系	包含预算内、预算外的统一预算	2	按所有权分类	强
英国	双重预算体系	经常性预算	2	按流动性分类	较强
日本	多重预算体系	一般会计预算	3	按收入性质的特殊性分类	较弱
中国	多重预算体系	一般公共预算	4	按所有权、按经营性和按收入性质特殊性三种分类的结合	最弱

资料来源:根据前文分析研究所得。

而我国政府预算由一般公共预算、政府性基金预算、国有资本经营预算和社会保险基金预算组成,一般公共预算是主体预算。但不管是在预算报告中还是在决算报告中,都没有将四大预算或者前三大预算合并起来。只在全国财政决算报告的"广义政府运行"中提到了整个广义政府的收入总额和支出总额(但剔除了国有土地使用权出让收入)。不仅如此,预算中缺乏税收支出、准财政活动信息;事业单位的事业收入、经营收入和其他收入没能纳入中央政府预算;国有企业只有上缴的利润纳入中央政府预算。这些一方面使得预算范围小,没有包括全部的政府预算信息,整体性打折;另一方面没有四大预算合并的预算信息,使得各项收支在预算整体中的情况无法掌握,从而不利于政府政策的制定、实施和评价等。我国预算的整体性即便与较弱的日本比,还是四国中最弱的,因为日本还是会对三大预算收支做简单的合并,而我们只是提供了收入总额和支出总额两个数据,并没有任何合并的信息。更何况还有很多信息没涵盖在政府预算中。

(二)美国、英国、日本、中国四国中央(联邦)政府部门预算架构的国际比较

表 5.5　美国、英国、日本、中国四国中央(联邦)政府部门预算架构比较表

国家	第一层	第二层	第三层	第四层
美国	按规划(或者子部门)分	按基金类别分为联邦基金和信托基金	按项目(或者孙部门、基金)分	按活动和按经济分类分
英国	按机构(组织)分	按流动性分为资源预算和资本性预算	按时间期限分为资源性DEL、资源性AME、资本性DEL和资本性AME	按业务分为行政运营支出和项目支出(行政运营支出只属于资源性DEL,其他都是项目支出),再接下去就是经济分类的支出明细
日本	日本部门预算分为两部分内容,第一部分是按政策目标(政策评价体系)分的部门预算	第一部分先按组织分	按政策目标(政策评价体系)分支出明细,最多分为四层,最少两层	
	第二部分是按经济分类分的部门预算	第二部分先按收入性质的特殊性分为一般会计和特别会计	按组织分	按经济分类分支出明细,最多分为四层(项、事项、目和节)
中国	第一层没有分类,就是部门收支总信息	第二层分为财政拨款收支系列表和其他,但其实没有单独的表格提供其他信息	第三层将财政拨款分为一般公共预算的财政拨款和政府性基金的财政拨款	第四层有按功能、经济、业务(经营)性等分类,并相互交叉相互综合,但没有功能分类与经济分类的交叉

资料来源:根据前文分析研究所得。

表 5.5 概括了美国、英国、日本、中国四国部门预算的具体框架。美国、英国、日本三个国家共同的地方有四个：(1)部门预算非常详细，要么如英国、日本两国在部门预算中按机构(组织)分，也就是把部门下属机构(组织)的预算信息都详细地体现出来；要么如美国按规划分，提供部门所有规划、项目和活动的详细预算数据。但我国的部门预算既不按机构(组织)进行细分，又不提供具体项目的数据，只体现该部门的汇总的数据。虽然在部门预算中也提到了汇总的下属机构有哪些，但不体现这些机构各自的数据，所以透明度大大不如美国、英国、日本三国。(2)经济分类是每个国家部门预算必备的，而且一般是最后一层的信息。英国在第五层，日本第一部分没有经济分类，但第二部分主体就是经济分类，共四层，能够详细说明部门支出的具体用途。而我国并没有把整个部门支出按经济分类，只提供了一般公共预算财政拨款基本支出按经济分类的情况。所以，我国部门预算经济分类信息不详细、不具体。(3)每个国家一般都会在部门预算中体现它们的主体预算分类模式，如英国在部门预算中有经常性预算(资源预算)和资本性预算之分，在日本的部门预算中则分为一般会计账户和特别会计账户。但美国由于预算外涉及的面特别少，因此一般部门预算就不分预算内外了。这一点，我国的部门预算也做到了，我国的部门预算将一般公共预算和政府性基金预算分开列示。(4)项目预算是部门预算的主体。美英两国都有项目预算，日本虽然没有明显的项目预算，但按政策目标分类也与项目有关。而且这三个国家的项目预算都很详细，我国也有项目支出预算，但只有总额，并没有提供具体的项目预算。

　　我国部门预算与美国、英国、日本三国比较，除了上面提到的部门预算不够详细，经济分类没有覆盖全部外，最大的缺陷就是项目信息的缺乏，在我国的部门预算中既没有全部项目的绩效目标信息，又没有具体项目的支出额和支出经济细项信息。而我们看表 5.5，美国从第三层就开始按项目列支出，美国最终体现的要么是项目的经济(用途)支出表，要么就是项目的活动支出表。在英国，因为最后一层分为行政运行支出和项目支出，项目支出按项目提供详细信息，所以英国也是提供项目信息的。而日本，虽然表面上看是按政策目标(政策评价体系)列支出，但一个政策目标往往就是由一个项目或几个项目完成的，所以也是与项目有关。应该说，项目是部门活动的载体，按项目提供信息才能真正反映部门支出的成本，才能有利于建立在项目管理上的绩效预算管理。何况我国目前也在大力推进预算的绩效管理，实行项目预算。所以，项目预算应该按项目一个一个地公开，这样才能提高资金使用效率，有利于问责，有利于绩效管理。

　　四个国家的部门预算各有特点：美国主要将部门预算按基金类别分为联邦

基金和信托基金,弥补没有按收入性质的特殊性进行支出分类的缺点。英国的特点就是经常性预算采用了资源预算的方式,即采用了权责发生制的预算编制基础,这样为绩效预算管理提供了科学的技术基础。日本则是在其部门预算中提供了非常详细的按政策目标分类的支出,其经济分类也是非常精细化的,总共有四层,既体现了日本政府强调精细管理的用心,又提高了透明度。而我国部门预算最大的特点就是没有采用分层的方式编制部门预算,而是以并列的一系列表格体现。但这些表格其实也是有一定的分类的,就是分为政府总收支系列表和财政拨款收支系列表。在财政拨款收支系列表中再分为一般公共预算系列表和政府基金预算表。所以,我们在表 5.5 就按照这样一个分层来填写我国部门预算的架构。我国部门预算的另一个特点就是提供了"三公"经费的信息,但这个"三公"经费只是一般公共预算财政拨款用于"三公"经费的信息,并没有提供整个部门所有来源的资金用于"三公"经费的信息。

另外,我国的部门预算没有按经济分类与按功能分类交叉综合的信息。从第四章我们对美国、英国、日本三国的分析看,其他三国关于这方面的信息有的在部门预决算中体现,有的在政府本级预决算中体现。而我国,不管是政府部门预算还是政府本级预决算中都未能体现经济分类与功能分类的结合信息,这样不利于经济分析和政府管理。

二、中央政府收支分类的四国比较

美国、英国、日本、中国四国收入分类基本一致,这里不做比较。主要是比较美国、英国、日本、中国四国中央(联邦)政府支出分类的不同(见表 5.6)。

美国、英国、日本、中国四国共有的分类有:(1)按部门分类,英国虽然按部门组分类,但由于各国部门设置有所差异,因此基本是按照部门分类,按部门分类有利于部门对部门绩效负责。中央政府的按部门分类一般分为:部门、机构(组织)两层。我国虽然没把所有部门预算按部门列在一张表中,但因为每个部门都提供各自的预算,所以我们也可以认为我们有部门分类。(2)按功能分类,美国和英国强调与国际接轨,特别是英国,几乎是按照联合国的 COFOG 进行的功能分类,美国按照 IMF2001 年版 GFSM 进行功能分类,都分为三层。但需要说明的是,美国在联邦本级预算的功能分类中分为三层,但在部门预算中按规划、基金、项目、活动进行了分类。日本的功能分类即便是在中央本级预算中也分为四层,所以要比英国、美国两国精细。我国的功能分类是按 IMF 1986 年版 GFSM 进行设置的,也分为三层。(3)按经济分类,英美两国和我国的经济分类最多两层,但日本则有四层。所以说,日本的功能分类和经济分类都比英美两国精细。

表 5.6　美国、英国、日本、中国四国中央(联邦)政府支出分类比较表

国家	支出分类的种类数	特有分类
美国	7	按法定性分为法定支出和自由裁量支出
英国	6	按时间期限分为 DEL 和 AME
日本	4	按政策目标(政策评价体系)分成四层,非常精细化
中国	4	没有特色分类

资料来源:根据前文分析研究所得。

美国、英国、日本三国特有的支出分类不仅表现了一个国家预算体系的特色,而且体现了一个国家与众不同的管理追求和政策目标:

(1)美国政府支出分类的特色是:按法定性分,分为法定支出和自由裁量支出。这样可以保障法定支出受法律的保护,有永久的授权,不需要每年重新审批和授权,有利于实现与法定支出相关的公平。所以说,美国政府比较关注法定支出保障的相关公平。

(2)英国政府支出分类的特色是:按时间期限分,分为 DEL 和 AME,这种支出特别有利于中期财政规划的制定和实施,强调中期财政规划和年度预算的有机结合。说明英国政府在支出方面更关注预算的管理功能,为中期财政管理和绩效预算管理提供技术基础。

(3)日本政府支出分类的特色是:四层的政策目标分类,体现了日本政府强调资金使用与政策目标的关系,这种分类特别有利于结合部门政策的成本考核政策实施的绩效。

(4)我国并没有特色的支出分类。如果一定要算的话,那么按经营性分类可以算一种。但我们一般将按经营性分类看成业务分类的一层,即先分为经营性业务和非经营性业务,再将非经营性业务分为基本支出业务和项目支出业务,体现了我国政府对部门预算中经营性业务的控制。

从总体看:(1)美国的支出分类比较多元,这种多元化的分类又相互交叉、相互结合,特别有利于各种视角的分析,也有利于实现多元的管理目标和多元的公平目标。(2)英国的支出分类则注重管理需求,特别是中期财政管理、绩效管理和各国间比较的需要。所以,不仅有资源预算的引入,在支出方面更是把按时间期限分和按业务分作为政府本级预算和部门预算的主体分类,而且功能分类和经济分类也特别强调遵循联合国的分类体系。(3)日本政府追求精细化,不仅功能分类、经济分类有四层,而且政策目标分类也有四层。虽然日本的政策目标分类是为了有利于对政策实施情况的绩效评价,但过细的各种分类,有时反而会阻碍绩效管理。因为绩效管理遵循新公共管理理论,强调分权、总额拨款,而非精细化。过细的分类往往会造成支出僵硬,政策目标没有实现时较难对部门问责,容易使执行方推脱责任。所以,日本从整体上看似乎没能厘清绩效管理和精细化的关系。(4)我国的部门预算有102个,比美国的29个、英国的24个和日本的17个都要多很多,这样既不利于对部门进行问责和比较,又不利于对政府职能完成情况、职能完成所需要的成本和支出进行分析,从而不利于对政府及政府部门问责。所以,建议我国可以借鉴英国,将相同职能的部门预算合并在一个部门组中。我国的功能分类的"类"较多,美国19类、英国10类、日本13类,而我国有29类。这些"类"有些是相同的政府职能,甚至涉及的职能相互交叉,没有把功能分类按政府职能进行厘清,没把相同政府职能的支出集中在一个"类",不利于对政府职能的分析和评价。我国经济分类和功能分类的纵向可比性是四个国家中最差的,就是因为没有对历年的数据进行口径调整和剔除通货膨胀因素。另外,按业务分类的基本支出和项目支出实际执行制度僵硬,数据混乱。因为基本支出定额无法突破将基本支出列入项目支出、按照人员是否有编制确定是项目支出还是基本支出,这两个因素都使得基本支出和项目支出的数据无法准确统计,不利于对行政运行成本进行控制,不利于项目的绩效管理。所以说,虽然我们也有如美国、英国、日本三国的功能分类、经济分类、部门分类,但各种分类都存在着或多或少的瑕疵,需要进一步完善。

三、中央政府预算体系财政透明度的四国比较

(一)美国、英国、日本、中国四国中央(联邦)政府预算体系的范围比较

由于预算文件的范围和财务报告的范围有很多是重复的,因此我们这里不再按照前文的框架进行分析。在本部分,我们从另一个视角进行分析,分三部分:预算及财务信息的范围比较、预算及财务报告的层次比较和预算及财务报告的种类比较。

1. 美国、英国、日本、中国四国中央(联邦)政府预算及财务信息的范围比较

从表5.7中我们可见,美国的预算及财务信息较全面,特别是税收支出和准财政活动都有单独的报告,但并不强调过去行为引起的未来负债的全面性。英国的其他信息都较全面,也强调关注过去行为引起的未来负债,但遗憾的是准财政活动没有单独报告。日本正好与美国相反,税收支出和准财政活动并没有单独报告,但或有负债和过去行为引起的未来负债(包括承诺)都体现在债务中,可

见日本对债务风险的控制要求较高,所以日本的债务预算和投融资预算都非常详细。除了在特别会计预算设置财政投融资特别会计账户和国债整理基金特别会计账户外,还有专门的财政投融资计划和债务计划。

表 5.7 美国、英国、日本、中国四国中央(联邦)政府预算及财务信息的范围比较表[①]

类别	美国	英国	日本	中国
政府行政部门的收支	有	有	有	有
政府出资的独立机构收支	有	有	有	中央政府本级预算中不体现事业单位的事业收入和经营收入等
公共企业收支	有	有	除政府关联机构预算外,其他国有企业只体现上缴的利润	只体现上缴的利润和分配的股息红利等
税收支出	有(单独报告)	有(经常性预算中列出)	没有单独报告	没有单独报告
准财政活动(税收支出除外)	有(单独报告)	没有单独报告	没有单独报告	没有单独报告
政府各部门和机构的融资	有	有	有	有,但不包括公共企业的融资
社会保障基金	有(OASI 和 DI 放在预算外)	有(社会保障支出主要放在经常性预算中)	有(劳动保险和年金放在特别会计预算)	有
金融资产、非金融资产	有	有	有	有
雇员的养老金负债	有	有	有	没有
或有负债	有	有	有	报表附注揭示
过去行为引起的未来负债(包括承诺)	部分包括	有	有	对承诺进行报表附注揭示,其他没有

资料来源:根据前文分析研究所得。

我国在收支方面与美国、英国、日本等国的不同:(1)并没有如美国那样有单独税收支出报告和准财政活动报告。在四个国家中,美国和英国都有明显体现税收支出,但我国和日本没有。英国和日本虽然没有单独的准财政活动

---

① 本表中的"有"是指全部内容都涵盖。"没有单独报告"特指税收支出和准财政活动,可能在相关论述时提到一部分内容,但没有单独完整的报告。

报告,但在其他预算文件中都或多或少地会提到一些。但我国并没有涉及准财政活动,既没有单独的准财政报告,又没有在其他预算文件中报告准财政活动。(2)我国的部门预算和政府本级预算是交集关系,而美国、英国、日本三国则是包含关系。我国部门的事业收入、经营收入和其他收入及其支出只体现在部门预算中,没体现在政府本级预算中,这也是我国与美国、英国、日本三国最大的不同,其他三国的部门预算都涵盖在中央政府本级预算中,而我国部门预算与政府本级预算的关系不是包含的关系,而是交集的关系,即部门预算中有一部分是政府本级预算的收支,政府本级预算的另外一些收支也没有通过部门预算实现。而大部分国家的部门预算包含于政府本级预算中,政府本级预算是合并的部门预算加上其他预算事项。(3)我国的公共企业利润并不是全部都在政府本级预算中,我国只体现国有企业上缴利润的部分。但其他国家要么以收支净额的方式如英国将公共企业的收支体现在政府本级预算中,要么以利润的方式体现在政府本级预算中。

我国在资产负债方面与美国、英国、日本等国不同:(1)我国资产的信息还是比较全面的,关键在于资产如何计量,现在规定对难以计量的资产用名义金额即1元体现,并在报表附注中揭示,这样还是不利于统计资产的总额,不利于计算资产负债率等财政偿债能力指标,也就难以对政府进行债务风险控制预警。(2)在负债方面,我国养老金负债、公共企业借款和"过去事项引起的未来负债"(除承诺外)都没有包括在负债中,致使我国的负债口径要比美国、英国、日本三国小,而且我国的或有负债和承诺虽然在报表附注中揭示,但也没有科学的计量方式,同样不利于对政府偿债能力的分析,不利于债务管理。

2. 美国、英国、日本、中国四国中央(联邦)政府预算及财务报告的层次比较

中国和日本将政府预算执行的最终报告称为决算报告,而英国、美国两国则以收支统计报告的形式呈现。如表5.8所示,中国、日本两国中央政府既有预算报告又有决算报告,中国政府部门也有预算和决算报告,但日本只有部门预算报告没有部门决算报告,部门决算信息体现在部门财务报告中,这一点与英国、美国两国一致。英国、美国两国没有决算这一说,政府本级收支统计报告都有,但部门收支统计报告则没有(日本也没有部门收支统计报告)。部门收支的执行结果就反映在部门下年的预算报告和当年的财务报告中,同时,英国、美国、日本在本级政府收支统计报告(本级政府决算报告)中会报告各部门的收支总额信息。所以说英国、美国、日本政府部门的收支执行信息是有的,只是没有作为单独的政府部门收支统计报告或者部门决算报告体现。

表 5.8　美国、英国、日本、中国四国中央(联邦)政府预算及财务报告的层次比较表

类别	美国	英国	日本	中国
中央政府部门预算报告	有	有	有	有
中央政府部门决算报告	没有单独报告(决算信息体现在财务报告上)	没有单独报告(决算信息体现在财务报告上)	没有单独报告(决算信息体现在财务报告上)	有
中央政府本级预算报告	有	有	有	有
中央政府本级决算(收支统计)报告	有	有	有	有
整个国家预算报告(包括地方政府)	没有	有	没有	没有单独的报告(但会按四大预算分别提供中央与地方合并的总收入和总支出,四大预算的数字不合并)
整个国家决算(收支统计)报告(包括地方政府)	没有	有	整个国家决算信息体现在整体政府合并财务报告中,没有单独国家决算报告	有(中央与地方的合并只发生在"类"层面上)
中央政府部门财务报告	有	有	有	目前还没公开(但按规定将来会有)
中央政府本级财务报告	有	有	有	目前还没公开(但按规定将来会有)
整体政府合并财务报告(包括地方政府)	没有	有	有	目前还没公开(但按规定将来会有)

资料来源:根据前文分析研究所得。

因为美国是联邦制国家,联邦政府的预算体系和财务报告与州及地方政府有很大的不同,所以没办法将预算和财务报告直接进行合并,也就缺少了整个国家的预决算信息和整体政府的财务报告。日本则有中央与地方合并的财务报告,却没有合并的预决算报告,虽然日本没有国家决算报告,但决算信息都体现在整个国家合并的财务报告中了。我国与日本有点相似,没有整个国家合并的预算报告,但单独提供了整个国家合并的决算报告。而英国整个国家预算报告和整个国家收支统计报告都有。当然,美国、日本、中国三国都会有整个国家预算收支的统计数,这里指的是没有单独的整个国家的政府收支预算报告。

在财务报告方面,我国目前还没有公开如美国、英国、日本三国的部门财务报告和政府综合财务报告。但按规定,我们在不远的将来会公开部门财务报告和政府综合财务报告。另外,日本部门和政府本级的财务报告书都分一般会计

财务报告书和特别会计财务报告书,但我国不按预算分类建立各个预算的财务报告。在这点上,我们的透明度不如日本。

3. 美国、英国、日本、中国四国中央(联邦)政府预算及财务报告的种类比较

从报告书的种类进行比较,如表5.9所示,美国有预算报告、收支统计报告、支出分析报告、绩效报告和财务报告等;英国有预算报告、收支统计报告、政策成本预算报告、年度报告与会计(包括绩效报告、责任报告和财务报告)等;日本有预算报告、决算报告、政策情况书、绩效报告、财务报告等;我国有预算报告、决算报告、财务报告(还未公开),但其他报告目前没有。美国的支出分析报告是多视角的分析,而英国中央政府的政策成本预算报告、日本中央政府部门的政策情况书(即政策成本信息表)和按政策目标编制的预算书都是从政策角度上的分析,分析视角较美国政府要单一一些。我国的报告种类比日本还要少,我们没有日本的政策情况书,更没有绩效报告、责任报告(但部分绩效信息在部门预决算中体现),所以在四个国家中,我国是报告种类最少的一个国家。没有绩效报告和责任报告,就不利于绩效管理和绩效问责。没有支出分析报告,不利于公众对预算信息的理解,也不利于国家政策的制定。没有政策成本预算和执行报告,不利于对政策的绩效评价,同样不利于政策的制定和退出。所以,我国应该借鉴西方国家,完善各种报告制度。

表5.9　美国、英国、日本、中国四国中央(联邦)政府预算及财务报告的种类比较表

类别	美国	英国	日本	中国
预算报告	有	有	有	有
政府收支统计报告(决算报告)	有	有	有	有
绩效报告	单独报告	有(《年度报告与会计》的一章)	有	决算报告中有部分绩效信息,但没有绩效报告
责任报告	没有	有(《年度报告与会计》的一章)	没有	没有
支出分析报告	有	没有单独报告,但有相关的内容	没有单独报告,但有相关内容	没有
财务报告	有	有(《年度报告与会计》的一章)	有	有,但现在还没公开
按政策成本编制的预算和执行报告	没有单独报告,但有相关内容	只有按政策成本编制的预算报告	两者都有	没有

资料来源:根据前文分析研究所得。

（二）美国、英国、日本、中国四国中央（联邦）政府预算报告的内容比较

前文中，我们都是按照财务信息和非财务信息分析美国、英国、日本、中国四国的中央政府预算报告的内容。本节也是如此。

从表5.10可见，财务信息中各国的收支预测及执行信息都比较全面。在财务状况和运营情况信息方面，资产负债表各国都有；收支信息中各国一般都既有权责发生制的成本表或收支表，又有现金流量表，我国现在不要求编制现金流量表；在净资产方面，美国、英国、日本三国有净资产变动表，我国目前没有。在原来的设想中，我国也要编制现金流量表和净资产变动表，但现在由于财务报告制度刚刚建立，条件不成熟，所以没有要求编制。

表5.10　美国、英国、日本、中国四国中央（联邦）政府预算报告的内容比较表

	类别	美国	英国	日本	中国
财务信息	收支的预测及执行信息	预算报告 收支统计报告	预算报告 收支统计报告	预算报告 决算报告	预算报告 决算报告
	财务状况和运营情况信息	政府：资产负债表、净成本表、运营与净资产变动表、统一预算和其他活动现金余额变动表、净运营成本与统一预算赤字协调表、长期财政项目表、社会保险表、社会保险金额变动表 部门：资产负债表、净成本表、净资产变动表和预算资源表	财务状况表（即资产负债表）、收入支出表、综合收入支出表、纳税人权益变动表、现金流量表	借贷对照表（资产负债表）、业务费用计算表、分类收支计算表、资产负债差额增减计算表	资产负债表 收入费用表
	成本绩效信息（权责发生制）	净成本表 按项目分类的支出表（报表附注中体现） 绩效报告	收入支出表 按功能分类的成本表（报表附注中体现） 绩效报告	业务费用计算表 按政策分类的成本信息表 绩效报告	收入费用表 政府部门决算报告中会简单提及绩效管理的情况
非财务信息	微观运营信息	全面	全面	全面（特别是人员信息）	不提供基本数字表、人员具体信息
	宏观运营信息	全面	全面	全面	简单

资料来源：根据前文分析研究所得。

在成本绩效信息方面：从成本信息看，美国、英国、日本三国不仅都有成本总表，而且有按项目或者政策目标分类的支出表（成本表），也就是既有成本总信息，又有单项项目或者政策成本。但我国目前只设置了权责发生制的

收入费用表,最多算有成本总信息,根本没有单项项目或者单项政策的成本信息,不利于统计和评价单项活动或者政策的绩效。从绩效信息看,美日两国有专门的绩效报告,英国在《年度报告和会计》中有一章是绩效报告。我国没有独立的绩效报告,各部门只是在部门决算中简单介绍各部门绩效管理的情况和代表项目的绩效信息,不直接提供部门整体和所有项目的绩效完成信息。

美国、英国、日本三国的非财务信息比较全面,政府部门的各自网站中提供了部门自己的微观非财务信息,如部门的基本情况、结构、职能、目标等,日本还提供了非常详细的人员信息,美国部门预算中也按规划提供人员的雇佣情况;各国也都在各自的绩效报告中提供了各个部门绩效目标的相关信息。但我国部门的微观非财务信息在部门预决算报告中提供得很少,只提供部门职责和部门包括的机构,既没有基本数字表,如详细的人员信息都是缺失的,又没有部门或者所有项目详细的战略目标和绩效目标的设置和执行等完整信息。美国、英国、日本三国都在政府的预算报告和财务报告以及政府的网站中,提供了国民宏观经济情况、绩效情况、支出多角度分析、政策成本效应等丰富的宏观非财务信息。虽然我国在政府本级的预决算报告提供了一些宏观非财务信息,但都非常简单,没有详细的介绍。这些都使得我国政府预算体系的透明度不如美国、英国、日本三国。

(三)美国、英国、日本、中国四国中央(联邦)政府预算体系管理过程中的透明度比较

1. 过程透明比较

过程透明包括预算管理活动对公众公开和公众参与预算管理活动两部分的内容。

表 5.11　美国、英国、日本、中国四国中央(联邦)政府预算管理过程透明比较表

国家	文本公开的途径	程序公开的途径	参与式预算
美国	官方网络、出版物、其他传统媒体; 民间组织收集整理信息上传网络	公众取得出席、旁听和观看等观察权观察预算会议; 通过平面媒体、电视、广播等对预算编制过程进行充分及时的报道	通过绩效预算推进资本支出中的"政策分享"类公共参与(主要就是公众参与资本项目的排序和打分); 经常性支出中则主要是非"政策分享"类公共参与
英国	官方网络、出版物、其他传统媒体; 官方在民间网络 YouTube、Flickr、Twitter 上发布	公众旁听预算会议; 通过媒体报道	英国与美国类似

续表

国家	文本公开的途径	程序公开的途径	参与式预算
日本	官方网络、出版物、其他传统媒体	公众旁听预算会议；通过媒体报道；网络公开会议记录	日本比较有特色的是市川市的公民直接决策，虽然金额不大，但这是更直接的"政策分享"类公共参与
中国	官方网络、出版物、其他传统媒体	通过媒体的新闻报道	公众可以给政府提建议；公众也可以参与社会满意度打分；地方有些参与式预算的试点

资料来源：根据前文分析研究所得。

从表 5.11 可见，美国、英国、日本三国都既公开预算信息文本，又公开预算编制、审查等程序过程。而我国公开的主要是预算信息文本，相关法律没有规定对程序（包括会议等现场）的公开，中央层面最多也就是媒体的新闻介绍，没有听证、旁听、观摩等（但在地方上会有一些试点）。在这一点上我们的透明度不如美国、英国、日本三国。

日本的信息最集中，预决算信息、绩效信息和财务报告信息都集中在财政部的预决算专栏下。美国的预算和收支统计报告集中在 www.whitehouse.gov 的总统预算专栏下，财务报告集中在 fiscal.treasury.gov，而绩效信息则集中在 www.performance.gov。我国的中央政府预决算和部门预决算报告都集中在财政部的中央预决算公开平台，我国中央政府没有公开财务报告，也没有独立的绩效报告，所以也没有平台集中公开。英国的各种信息集中在 www.gov.uk，但需要通过搜索获得。在研究的过程中，我们明显觉得日本的信息获得最便捷和清晰，我国和美国也不错，英国却只能按照关键词搜索。英国政府网站的搜索功能很强，虽然如此，但如果公众本身不知道信息的存在，不知道搜索些什么信息，就有可能遗漏相关信息，美国和日本则不会。所以从这点上我们可以认为，英国这方面的透明度不如其他三国。英国的特点是官方在民间网站上发布信息，更亲民，使得公众在日常生活和工作中能更直接地接触信息。

在程序公开方面，三个国家的途径也比较类似，但日本不仅公开旁听、通过媒体充分报道和现场直播，而且在网络上公开会议记录，程序公开的途径更多样，满足了不同公众的需求。而我国的程序公开是四个国家中做得较弱的，因为我国程序公开的途径只有通过媒体进行新闻的简单介绍。当然，我国地方上也有些试点程序公开的例子。

在参与式预算方面，我国、美国与英国经验是一致的，都是通过绩效预算推进资本支出中的"政策分享"类公众参与；而日本比较有特色的是市川市的公民直接决策,虽然金额不大,但这是更直接的"政策分享"类公共参与,更公开透明、更民主。我国有些地方政府通过其他途径如浙江温岭的民主恳谈会来推进参与式预算的发展。

2. 新绩效预算的比较

英国通过经常性预算实行资源预算,引入 DEL 和 AME,为新绩效预算奠定了技术基础。美国的《政府绩效与结果法》为美国实现新绩效预算提供了法律保障。而日本的绩效预算主要体现在预算报告和财务报告中按政策目标(政策评价体系)分类的支出表及情报书中对政策目标精细化的分层和详细的描述。但日本的精细化管理在某种意义上与绩效管理的理念不一致,所以妨碍了日本绩效预算的实施。另外,日本的绩效目标也不是非常系统和定量化,绩效的全过程管理还需要进一步的完善。我国与这三个国家比较,我们既没有英国的技术基础,又没有美国的法律保障,同时也没有日本的政策目标分类,但我国现在也开始通过制定规章制度推进预算的绩效管理。为了更好地发展绩效预算,我国还需要向其他三国学习,颁布相关法律,完善技术支撑。

(四)美国、英国、日本、中国四国中央(联邦)政府预算信息质量的财政透明度比较

从表 5.12 可见,美国政府预算信息质量的财政透明度最高,因为它在真实性、可比性、可理解性、及时性和获得的便捷性方面都比较完善。英国的缺点是信息容易遗漏,获得的便捷性一般;而日本的缺点则是可比性较差,支出分类少也导致可理解性降低。总之,在预算信息质量方面,美国的财政透明度最高,其次是英国,而日本则是三国中最低的。

表 5.12　美国、英国、日本、中国四国中央(联邦)政府预算信息质量的财政透明度比较表

类别	美国	英国	日本	中国
真实性	立法型审计(GAO)	立法型审计	独立型审计(会计检查院)	横向的行政型审计
横向可比性	支出分类与 IMF 的 2001 年版 GFSM 接轨,方便国际比较	支出分类基本遵循联合国的 COFOG,方便国际比较	比较有本国特色,横向可比性比美英国家低	支出分类与 IMF 的 1986 年版 GFSM 接轨
纵向可比性	用 GDP 占比来表示各种预算数据,便于纵向比较	用剔除通货膨胀的真实货币来表示各种预算数据,便于纵向比较	只有收支总额用 GDP 占比反映,纵向可比性较低	纵向可比性差,不仅历年的数据没有按最新口径调整,而且数据没有剔除通货膨胀因素
可理解性	多种支出分类,可理解性强	可理解性较强	支出分类较少,可理解性较弱	支出分类存在一些缺陷影响了预算信息的可理解性

续表

类别	美国	英国	日本	中国
及时性	及时	及时	及时	及时
获得的便捷性	全部信息集中或链接在一两个网站,方便获得全部信息①	信息需要搜索,容易遗漏,获得的方便性一般	全部信息集中或链接在一个网站,方便获得全部信息	全部信息集中或链接在一个网站,方便获得全部信息

资料来源:根据前文分析研究所得。

但与这三个国家相比,我国预算信息质量的透明度比日本还要低些。横向的行政型审计独立性最差,而且很多预算信息并未经过审计,这些都影响了我国预算信息的真实性。纵向可比性差,日本至少还调整了历年数据的口径,只是在剔除通货膨胀因素时只用 GDP 占比反映了收支总额,而我国这两点都没做到,纵向可比性比日本差。在可理解性方面,各种支出分类都存在一定的缺陷,也严重影响了公众对预算信息的理解。但在及时性和获得的便捷性上与日本基本一致。

四、中央政府预算体系的效率和公平的四国比较

(一)美国、英国、日本、中国四国中央(联邦)政府预算体系的效率比较

从表 5.13 可见,美国、英国、日本三国的预算体系种类的效率、预算分类模式的效率、支出分类的效率各有利弊。美国因为实行混合预算体系,特别注重包含预算内外的统一预算,所以整体性在美国、英国、日本三国中最强。英国因为合并信息充分详细,所以整体性较强。但日本因为只是三大预算简单的总数合并,整体性最弱。因为美国的整体性最强,英国其次,日本最低,所以美国的资金整体配置效率最强,英国其次,日本最低。美国和英国的宏观政策效率都较高,但日本因整体性较低,宏观政策效率就会受到影响。日本的支出分类也存在着种类少、分层精细化的特点,这一特点也影响了日本政府预算体系的效率。所以从总体看,日本政府预算体系的效率在三个国家中处于较低地位。

---

① 发布在国库部网站上的相关信息也链接在白宫网站上。

表 5.13　美国、英国、日本、中国四国中央(联邦)政府预算体系的效率比较表

国家	预算体系种类的效率	预算分类模式的效率	支出分类的效率
美国	兼有综合预算体系和分类预算体系的优点,克服了各自的缺点	按所有权分类提高了社会保险基金的管理效率和配置效率	多元化的支出分类有利于实现多元化的管理目标和政策目标
英国	具有分类预算的优缺点	按流动性分类,有利于宏观政策效率的提高和债务管理的控制	按时间期限分类有利于中期财政管理和绩效管理
日本	具有分类预算的优缺点,但整体性不如英国	按收入性质的特殊性分类的预算分类模式,有利于实现特殊配置目标,但交易费用较其他分类预算体系高	支出分类种类少,管理效率会降低;支出分层的精细化会影响绩效预算的实施
中国	我国实行典型的多重预算体系,整体性不如日本	多元的预算分类弥补了支出分类的简单化,但缺陷还是非常明显	不完善的支出分类,阻碍了预算资金使用效率的提高

资料来源:根据前文分析研究所得。

但我国与这三个国家比较,我国政府预算体系因为实行多重预算体系,而且没有将四大预算信息进行科学的合并,导致我国预算体系的整体性较差,而且预算时地方中央的合并信息也不充分(决算部分有中央地方分预算的合并信息),进一步降低了我国的整体性。日本至少还会将三大预算进行最简单的合并,所以从这点看,我国预算的整体性还不如日本。多元的预算分类带来不同预算分类的优点,但缺乏按流动性分类的预算分类,不利于债务风险的控制、不利于宏观政策的制定。单独设立经营性国有资本经营预算,将其他三大类预算与社会保险基金预算放在一个层次上,不利于对真正由政府委托代理使用的财政资金的监督。不完善的支出分类,阻碍了预算资金使用效率的提高。

(二)美国、英国、日本、中国四国中央(联邦)政府预算体系的公平比较

从表 5.14 可见,美国的性别预算发展相对于英国和日本来说较慢。日本的特色是,特别会计预算的设立有利于特殊公平目标的实现。英国的公平程度较高,一方面,非独立的社会保障预算模式保障了代内公平;另一方面,按流动性分类的预算分类模式保障了代际公平。

表 5.14　美国、英国、日本、中国四国中央(联邦)政府预算体系的公平比较表

国家	预算分类模式的公平	性别预算	社会保险预算
美国	社会保险预算放在预算外,保障社会保险基金多余的资金不被侵蚀	性别公平不明显,并没有特别的项目,只有常规的项目	部分基金制的社会保险预算,有利于代际公平

续表

国家	预算分类模式的公平	性别预算	社会保险预算
英国	经常性预算和资本性预算的分类，有利于实现代际公平	妇女预算团体活动促进了性别预算的发展	非独立的社会保障预算模式，有利于代内公平
日本	特别会计预算的设立有利于特殊公平目标的实现	在部门中设立专门项目，特别是促进女性参与社会的各种项目，促进了性别公平	部分基金制的社会保险预算，有利于代际公平
中国	按收入性质的特殊性分类，有利于实现特殊公平目标；按经济性分类设置国有资本经营预算，不利于代内公平；没有按流动性分类的预算分类，不利于代际公平	我国的性别预算没有得到关注，不利于性别公平	社会保险基金预算的预算内独立编制，有利于代际公平和代内公平的综合平衡

资料来源：根据前文分析研究所得。

与其他三国比较，我国部分基金制的社会保险基金筹资模式与美国一样，有利于代际公平和代内公平的综合平衡。预算按收入性质的特殊性分类，有利于特殊公平目标的实现。缺乏按流动性分类的预算分类，不利于代际公平的实现。单独设立经营性国有资本经营预算，会导致用国有资本经营预算资金优先保障于国有资本经营预算相关利益方的利益，从而不利于代内公平的实现。支出分类的公平性有得有失。我国的性别预算虽然在地方上有一定的发展，但在中央和国家制度层面上没有很好的制度安排，这方面需要向日本和英国学习。

总之，本节将前文详细分析的美国、英国、日本、中国四个国家的中央（联邦）政府预算体系的公共财政责任做了一个横向的比较分析。首先，从各国中央（联邦）政府预算体系的具体架构比较，各国预算体系种类不同，预算分类模式也不同，主体预算更不同。美国的整体性最强、英国其次、日本较弱，中国最弱。四国的中央政府部门预算的架构也不同，美国主要按照规划、基金、项目、活动或经济分类层层分列支出；英国是按照机构、流动性、时间期限和业务分类层层分列部门支出；日本则是组织、政策目标，或者按收入性质特殊性、组织、经济分类，层层分列部门支出；我国政府部门的预算主要是按照收入来源来分，先是政府总收支系列表和财政拨款收支系列表，在财政拨款收支系列表中再分为一般公共预算系列表和政府基金预算表。其次，比较了四个国家的中央（联邦）政府收支分类，有共同的部门、功能和经济分类，但各国也都有自己的特色分类，并从总体上分析了各国支出分类的特点。再次，我们比较了四国中央（联邦）政府预算体系的财政透明度，从信息范围看，美国最广，但不够深，缺乏地方政府预算数据；从预算报告的内容看，日本最精细；从管理过程透明度看，美国、日本和我国信息集中,英国亲民,日本市川市的参与式预算最直接,但日本和我国的新绩效预算不如美国、英国两国完善;从预算信息质量的透明度看,美国政府的透明度最高,英国其次,日本较低,我国最低。最后,分析了四国中央(联邦)政府预算体系的效率和公平,美国最有效率、英国最公平,我国在效率和公平方面都有待进一步完善,特别在效率方面与其他国家还是有些差距。

第三节 我国地方政府预算体系的公共财政责任分析

前文都是围绕中央政府预算体系的公共财政责任进行分析的。为了更好地建设我国的政府预算体系,更好地实现公共财政责任,提高我国政府预算体系的透明度、效率和公平。我们不仅要分析我国中央政府预算体系,而且要分析我国地方政府的政府预算体系。在我国,中央政府预算体系实际上完全是按照相关法律、法规和规章制度进行的。但地方在实际执行中就会有很多这样和那样的不同,所以本节围绕我国地方政府预算体系的公共财政责任展开分析。

本部分的研究最初是在2015—2016年进行的,但本书的出版安排在2021年,所以为了更好地研究本课题,我们对很多数据进行了更新。2015年,我们选取东、中、西[①]各65个财政部门,共195个地方财政部门的975名财政干部和585名行政事业单位的财务人员进行了问卷调查和访谈。[②] 其中,省级财政部门东、中、西各5个,共15个;地区市级东、中、西各15个,共45个;县级东、中、西各45个共135个。收回有效问卷共计752份财政干部问卷、435份行政事业单位财务人员问卷。涉及15个省级、43个地区市级、120个县级,共计178个地方财政的调研问卷,并对其中3个省级财政、6个地区市级财政、9个县级财政的相关干部和36名行政事业单位财务人员进行了访谈。2020年1月到8月,我们对原来接受访谈的全部人员通过网络进行了回访。

因为我国政府预算体系的具体架构和政府收支分类上自中央、下至县级政府都是统一的,所以对于地方政府预算体系的具体架构和政府收支分类就不做

[①] 我们按照经济与区域相结合原则区分东、中、西。东部省份:江苏、上海、浙江、福建、广东、山东、海南、天津、北京、河北;中部省份:河南、湖北、湖南、江西、山西、安徽、黑龙江、辽宁、吉林;西部省份:陕西、宁夏、甘肃、四川、重庆、贵州、广西、云南、西藏、青海、新疆、内蒙古。

[②] 访谈时间为2015年1月到2016年2月,调查问卷发放和收回时间为2015年5月到2015年10月。

讨论和分析。我们直接分析我国地方政府预算体系的透明度、效率和公平。

一、我国地方政府预算体系的透明度分析

对于地方政府预算体系的透明度，我们还是从政府预算体系范围、政府预算报告内容、政府预算体系管理过程及预算信息质量要求四个方面分析。

（一）我国地方政府预算体系范围与财政透明度

我国新《预算法》要求将所有政府收入和政府支出都纳入政府四大预算，但新《预算法》和《预算法实施条例2020》都没有明确什么是政府的收入和政府的支出，这使得地方在实际执行中存在一定的差异性，并不是所有财政管理资金都纳入了政府四大预算。

1. 政府收入和支出不明确造成财政专户资金独立于四大预算

目前，我国财政部门的银行账户有两大类：一类设置在国库，另一类设置在商业银行。放在商业银行的资金又有两大类：一类是社会保险基金的资金，另一类则是其他资金。因为社会保险基金要追求保值增值，而国库存款的利息只能是活期存款利息，比商业银行利息低很多，所以国家允许将社会保险基金的资金放在商业银行进行保值增值。商业银行的第二类资金被俗称为"财政专户资金"，这部分资金的来源有两个：一个是从四大预算中转出来的，另一个则是各种收费。本书所称的"财政专户资金"特指这类不包括社会保险资金的财政专户资金。这部分资金是没有纳入四大预算的，不需要人大审批，《预算法实施条例2020》实施前也不公开[1]，是实际意义上的预算外资金。其实，不仅地方上有财政专户资金，中央政府同样存在财政专户资金，我们在前面分析中央政府预算体系时已经提到过。

根据我们的调研所得，100%的地方财政都有财政专户资金。只不过各地的财政专户资金规模不一，财政专户的账户多少不一。财政专户资金少的地方，财政专户资金只有一般公共预算的10%左右；而财政专户资金多的地方可以与一般公共预算规模接近（近几年，规模有明显的下降）。[2] 财政专户资金的规模除了取决于放入专户的行政事业单位收费外，还取决于从四大预算转入的资金规模，特别是从一般公共预算中转入的规模。西部省份的某市（地区级市）2015年

---

[1] 因为2020年10月1日开始实施的《预算法实施条例2020》要求财政专户资金的信息按有关规定公开，所以将来财政专户资金应该会公开。

[2] 由于各地财政干部都不愿意透露财政专户资金的规模，为了保证问卷的有效性，最后我们删除了关于财政专户资金规模的问题。

当年从一般公共预算中调出1/4的资金到财政专户,用于国资平台的项目。

那么,到底是哪些财政管理资金被纳入了财政专户资金呢？这在各地的处理上存在着差异。

(1)事业单位的"事业收入",如公立学校非义务阶段的学费收入

我国很多地方与中央政府一样将事业单位的事业收入纳入财政专户、不纳入四大预算。但在具体操作上又有所不同,如公立学校非义务阶段的学费收入。公立非义务阶段的学校收取的学费与正常的学校支出差距较大,特别是高中阶段和省以下地方高校学费,需要当地政府的大力支持。中国地方政府对这部分收入的预算处理有两种模式:第一种模式,不纳入四大预算,并将资金存入财政专户中,按时返还原学校;第二种模式,纳入四大预算中的一般公共预算,并将资金存入国库,统一安排学校经费。第一种模式最为普遍,特别是省、市两级。第二种模式主要体现在中西部县级财政,公立学校非义务阶段的学费纳入一般公共预算,可以使得一般公共预算的规模变大,这与中西部一般公共预算规模不大有关。

(2)事业单位"其他收入",如投资收益、出租收入

在我国很多地方,事业单位会存在投资收益和资产的出租收入。这些收入的处理是不同的。我国中央政府的这部分收入不纳入四大预算,但在地方政府就不一样了,有些纳入,有些不纳入。另外,行政单位也有资产的出租收入,但行政单位的资产出租收入自地方到中央都是统一纳入一般公共预算。因为我国的行政单位是不能对外投资的,所以行政单位没有投资收益。各地对事业单位投资收益、出租收入的处理一般有三种模式:第一种模式是不纳入四大预算,将资金存入财政专户,并按规定返还原单位;第二种模式是纳入四大预算,并将资金存入国库;第三种模式是不纳入四大预算,资金也没有存入财政专户,而是保留在各单位的银行账户中。第一种和第二种模式普遍采用,尤其是第一种模式。

(3)从四大预算中转入财政专户资金

各地都会或多或少将四大预算资金转入财政专户资金,特别是一般公共预算资金最有可能被转入财政专户。根据访谈我们得知,一般有两种情况导致四大预算资金被转入财政专户:第一种是设立各种准备金,有些地方财政把各种准备金理解为预算支出,于是就将预算资金从四大预算中转出;第二种是为了调剂当年财政支出规模,实现上级财政考核的预算支出执行率。因为按照《预算法》的规定,预算支出必须严格按照预算执行,所以上级财政会考核下级财政的预算支出执行率。很多地方,因为立项晚,或者转移支付资金到位晚,或者其他原因,当年无法完成预算支出,但必须应付预算支出执行率指标,或者为了不缩小财政

支出规模,就从一般公共预算中将资金转出,转入财政专户,在一般公共预算中列为预算支出。被调入财政专户的四大预算资金实际就是从预算内转为预算外,脱离了人大的监督。

财政专户的存在使得财政支出的信息不真实,也使得公开的财政资金规模不准确,使得相关信息不透明。所以我们认为必须清理财政专户,并向公众公开财政专户信息,包括其资金来源、用途、结余,以及使用的绩效等信息。另外,为了更好地执行《预算法》,应该明确政府的具体收入和支出,才能统一各地四大预算的范围,才能使各地的四大预算具有可比性,从而有利于对预算资金的监督和管理。我们认为,对于事业单位的事业收入(包括学费收入)和其他收入,及其相关支出该不该纳入四大预算,应分阶段推进。目前阶段可以与事业单位的分类挂钩。中国目前将事业单位分为"公益一类"和"公益二类"。"公益一类"事业单位由于事业活动公益性强,资金主要由财政提供,其所有收入和支出都具有政府的特征,应该纳入四大预算。而对于"公益二类"事业单位,由于其事业活动具有一定的市场配置性质,财政主要对其进行补贴,这些单位的事业收入、其他收入及其相关支出可以先不纳入四大预算,应该由国务院审批过的财政专户进行专户管理。但基于财政透明度的要求,"公益二类"事业单位的所有收支也应该进行公开。中国的事业单位正在改革中,将来行政性质的事业单位(即"公益一类"事业单位)将逐步回归政府序列,改革成为政府部门之一,其收支也就自然纳入四大预算。随着预算体系的不断完善,我们最终应将所有事业单位的收支全部纳入政府预算。

2. 国有资本经营预算并非全覆盖,范围各地不一

按照《预算法》第十条的规定:国有资本经营预算是对国有资本收益作出支出安排的收支预算。收入主要来源于国有企业的利润收入、股利及股息收入、产权转让收入、其他国有资本经营预算收入四项。有些国有企业并不向政府上缴利润,也没有涉及股利及股息收入、产权转让收入和其他,这样就没有体现在国有资本经营预算中,这样的企业并不是没有经营收益或者利润,只是不上缴而已。其实在我国中央政府的国有资本经营预算中,也并非所有国有企业都纳入了国有资本经营预算。

2015年我们对东部沿海地区的A省本级财政和国资委进行访谈,省属企业中由省国资委直接监管的有五千五百多家,剩下的全是委托各部门监管,委托部门包括金融办、文化厅、教育厅、公安厅、民政厅以及宣传部等13个部门。按控股集团公司(母公司)家数算,该省级国资委直接监管45家控股集团公司,有30家上缴了利润。其他委托11家政府部门监管的国企没有上缴利润。该省省级

国资委直接监管的国有企业的归母公司净利润占省级国企比为34.8%,但上缴的利润却占到了省级国企的94%,可见还有很多委托其他部门的国企该上缴的利润并未上缴。到2015年,该省本级国有资本经营预算编制的范围主要包括省国资委直接监管的企业和省国资委委托省金融办、省委宣传部监管的企业。其中,省国资委直接监管的企业有37家,省国资委委托省金融办监管的企业有1家,省国资委委托省委宣传部监管的企业有5家。合计纳入2015年省本级国有资本经营预算编制范围的企业有43家。但还有委托11家政府部门监管的国企没有纳入国有资本经营预算的范围。2020年6月我们回访时得知,2020年省级国有资本经营预算编制的范围主要包括省国资委出资监管的企业和省国资委委托宣传部监管的企业。其中,省国资委出资监管的企业有30家,省国资委委托省委宣传部监管的企业有5家。合计纳入2020年省级国有资本经营预算编制范围的企业有35家,可见范围并没有扩大。①

B省2016年国有资本经营预算的范围为净利润在200万元以上的国有一级企业。2016年已有105家国有企业纳入国有资本经营预算实施范围。从2018年起,所有省级国有一级企业全部纳入国有资本经营预算,2020年纳入省级国有资本经营预算的企业共297家。② 与前面A省比较,B省的国有资本经营预算范围广得多。可见,各地的国有资本经营预算范围不同。

3. 部分特殊社会保障基金没有纳入四大预算

我国很多地方政府会根据当地的需要收取一些带有互助金性质或者社会保险资金性质的特殊社会保障资金,但这些社会保障资金未能被纳入四大预算,一般会放在财政专户,成为财政专户的一个资金来源。这部分资金一般在省一级和地区市一级较多,省一级最多,县一级最少。如A省的欠薪保障金,凡在工商行政部门登记注册的企业,均需缴纳欠薪保障金,每家企业每年只需缴纳一次,缴费数目根据企业类型和用工数而异,最多不超过当地上年度职工月平均工资的100%。企业缴费后,如发生歇业、破产或"老板"逃匿等情况,因此而拖欠员工工资或欠缴社保费的,即可申请垫付欠薪或社保费。当企业歇业或进入破产清算程序时,其资产暂时无法变现或不足以偿付欠薪或社保费的,由清算组织申请欠薪保障金给予垫付。在该省,欠薪保障金由社保部门收取,资金存在财政专户,进行专户管理。其实这一欠薪保障金类似于失业保险金,带有一定的社会保险资金的性质,而且是强制性的。但这部分资金既没能纳入一般公共预算,又没

---

① 资料来源于A省财政和国资委访谈所得。
② 资料来源于B省财政和国资委访谈所得。

能在社会保险基金预算中体现。比较合适的做法是将其纳入社会保险基金预算。2020年我们回访得知A省还存在着残疾人互助养老金,与欠薪保障金一样没有纳入四大预算,而且存放在残疾人联合会的银行账户上。[①]

另一个带有社会保障资金性质的资金就是住房公积金。住房公积金同样没有纳入社会保障基金,而且上至中央,下至县级,全部没有纳入社会保障基金,也不作为准财政活动在预算报告中体现。但事实上,在我国,住房公积金的增值收益与我国的预算是有关的,按照《住房公积金管理条例2019》的规定,住房公积金的增值收益应当存入住房公积金管理中心在受委托银行开立的住房公积金增值收益专户,用于建立住房公积金贷款风险准备金、住房公积金管理中心的管理费用和建设城市廉租住房的补充资金。[②] 特别是建设城市廉租住房是政府预算该安排的内容,所以说住房公积金与我国的预算有关,这样至少应该算是准财政活动,应该在相关文件中单独汇报并公开。可我国不管是中央还是地方住房公积金的信息,都没有体现在预决算报告中。

4. 税收支出和准财政活动同样没有纳入政府预算

我国地方政府预算如中央政府预算一样不体现税收支出和准财政活动。这些情况都反映了我国的政府预算体系范围有待进一步完善。

(二)我国地方政府预算报告的内容与财政透明度

这部分我们也区分财务信息和非财务信息两部分进行分析。

1. 财务信息

我国地方政府预决算报告基本上是按照中央政府的规定编制的。所以收支预测和执行信息也都有,都与中央政府保持一致。只是在具体信息范围上有所不同,前文已经论述了各地预算收支信息范围的不同,这里不再重复。

虽然2019年全国各地行政事业单位已经开始实行权责发生制的政府会计,但在访谈中,我们得知很多地方的资产和负债信息还不是很全。我们的财务信息还是存在以下问题:

(1)资产信息不全面,入账口径各地不一

其实早在2012年、2013年,我国就修改了事业单位会计制度和行政单位会计制度。当时的行政单位会计制度中,就有"公共基础设施",用来核算由行政单位占有并直接负责维护管理、供社会公众使用的工程性公共基础设施资产,包括城市交

[①] 资料来源于A省财政部门访谈所得。
[②] 住房公积金管理条例2019[EB/OL].[2020-09-20]. https://baike.baidu.com/item/%E4%BD%8F%E6%88%BF%E5%85%AC%E7%A7%AF%E9%87%91%E7%AE%A1%E7%90%86%E6%9D%A1%E4%BE%8B/7944458? fr=Aladdin.

通设施、公共照明设施、环保设施、防灾设施、健身设施、广场及公共构筑物等其他公共设施。国家规定将这些资产入账的目的就是将政府全部的资产纳入政府的会计和报告,完善政府资产的信息。可是根据访谈得知,很多行政单位财务人员认为前者与本单位无关,而且也没有特别的事项发生,历史上也未对这些公共基础设施记账,所以都不愿进行调整,导致部门的资产信息不全面。2015年问卷调查显示平均有92.4%的该入账的单位没将"公共基础设施"入账,2020年我们回访时发现除了交通部门外,其他部门的情况并未改变,未入账的还是没入账。

除了"公共基础设施"外,2015年的问卷调查还显示大概有59.5%的单位存在着已经投入使用但由于决算等事项未完成而没有转入固定资产的情况;72.8%的单位没有实行按名义金额入账的制度;59.8%的单位还存在着或大或小的账外资产;同时,50.1%的单位存在着已经报废的固定资产或者该核销的应收预付款项没有处理,一直挂在单位账上,导致政府资产不真实。2020年我们回访时发现,这些问题没有明显的改善。

(2)资产信息不准确,很多资产没有按规定计量

我们从访谈中得知,很多行政事业单位按照相应规定,应该计提折旧,但由于涉及的工作量比较大,存在着该提折旧的单位没有计提折旧的现象。这样就无法准确反映固定资产的真实价值了。另外,按照我国现行政府会计制度,对于无法准确计量的资产可以按照名义金额入账,名义金额就是1元,也就是按照1元入账,并在会计报表附注中揭露。但据我们调研所得,很多单位并没有实行这种制度,当发生无法准确计量的资产增加时,他们的做法就是不计入财务账,而是在其他统计表中反映。这些都无法准确反映政府的资产情况。

(3)负债信息不全面、不真实,各地情况也不统一

按照我国政府会计制度的规定,对于应付未付的款项应该核算为负债。但实际上很多行政事业单位仍然对应付未付的款项未核算为负债,没有支付时,他们就不计账。按照现行会计制度的规定,为了更好地实行负债管理,必须区分流动负债和非流动负债,所以应付款也就分为需在一年内支付的应付账款和在一年后支付的长期应付款,但很多单位并未区分。另外,很多单位存在该核销而没核销的预收款和应付款,据我们访谈所得,很多行政事业单位怕麻烦,不愿意去处理过去挂账的往来款,即便这些款项应该按要求核销掉。2015年的问卷显示,58.6%的单位没有将应付未付款核算为负债,39.82%的单位没有区分长期应付款和应付账款,54.9%的单位没有及时处理这些该核销的应付预收款。2020年我们回访时得知,这些问题还是普遍存在,并没有明显改善。这些问题的存在影响了负债信息的全面性和真实性。

我们已经在本章第一节中提到过我国中央政府负债,不包括养老金负债、"过去事项引起的未来负债"(除承诺外)和公共企业的借款,地方政府也不包括这些负债。所以,不管是部门的负债还是政府的负债,都不够全面、不够准确,而且这些问题即使通过政府会计制度改革,也无法完全改变。

(4)成本绩效信息很少

虽然我国实行了新的政府会计制度,但未能建立起真正意义的成本会计,不要求对项目进行全成本核算。所以,不管是现在还是将来,不管是地方还是中央都缺少成本信息。特别是由于基本支出和项目支出的区分,使得项目成本无法准确核算和统计,具体分析见本章第一节我国政府收支分类部分。

至于绩效部分,具体分析我们将在后文展开。但就如中央政府一样,我国不要求地方政府单独编制绩效报告并公开绩效报告,只是在部门预决算报告中会报告部分绩效信息。

2. 非财务信息

我国地方政府预算报告中的非财务信息与中央政府的预算报告内容相同。非财务信息中,部门的微观非财务信息除了部门职责和绩效管理的情况的简单介绍外,其他微观非财务信息几乎都是缺失的,特别是人员信息;而政府的宏观非财务信息从总体看,似乎都有所涉及,但都非常简单和总括,没有税收支出书和准财政报告书。

(三)我国地方政府预算体系管理过程中的透明度

按照前文的分析框架,政府预算体系管理过程中的透明度分析包括两个方面:一个是过程透明,另一个是过程透明的技术支撑——新绩效预算。关于地方政府新绩效预算的发展,我们在后文分析地方政府的效率时展开,所以这里主要分析过程透明。而过程透明,按照前文的分析框架也分两部分:一是预算管理活动对外公开,二是公众对预算管理活动的参与。

1. 预算管理活动对外公开

虽然各地各部门都按照规定公开了政府预决算和部门预决算,但还是存在一些问题:(1)公开内容的完整性和细化程度不一,有些地方详细,有些地方简略,如2020年B省的国有资本经营预算公开了涵盖的所有国企名单,但A省则没有。(2)乡镇政府预算公开格式不统一,例如J省所有的乡镇政府预算采用了部门预算的格式公开,但A省、B省则全部采用了政府预算的格式公开,而C省则没有规律,有些乡镇采用部门预算格式公开,有些则采用政府预算格式公开。(3)基层预决算公开的内容与社会关注不尽匹配。基层社会公众更关注民生资金等关系切身利益的财政补助情况,与当前基层预决算公开的内容存在一定错位,基层预决算公开关注度较低。

在我国并没有法律规定预算程序(包括会议等现场)公开,所以除了新闻媒体零星的报道,基本上各地的预算程序(包括会议等现场)都不公开。从我们的调研和访谈得知,目前有地方允许公众旁听政府预算决策部分会议,如上海市闵行区在实行绩效预算管理的过程中有一个项目决策的前评价,每年与人大监管结合起来,拿出部分项目进行公开前评价,这个过程是公开的。另外,在浙江温岭的参与式预算过程中,允许专家学者观摩人大对预算审查的会议。这些都只是零星的试点,并不成气候。中央方面并没有这样的试点。所以,我们可以看到在我国,预算程序(包括会议等现场)公开不是像国外那样通过电视现场直播、政府或议会开决策或审查会议时允许公众进去观察和旁听等方式进行公开,我国的预算程序(包括会议等现场)公开主要与参与式预算有关。

2. 公众对预算管理活动的参与

在我国,地方公众对预算管理活动的参与主要表现在三个方面:一个是通过绩效预算,参与对项目社会满意度的评价等;二是通过各种渠道,对地方政府预算活动进行建议;三是参加各种预算听证等活动。第三种渠道原来很少,但我国新《预算法》要求县及县以下人大多渠道(如预算听证等)听取选民的意见。所以很多县级人大开始开展这方面的活动,特别是在东部地区。

参与式预算做得比较有特色的地方主要有温岭、哈尔滨、无锡、上海、焦作等地。我们对浙江温岭、哈尔滨、上海的参与式预算进行了走访和直接参与。上海市杨浦区人大为了开展预算听证,专门制定了《上海市杨浦区人大常委会预算听证规则》。作者曾全程参与了杨浦区人大的预算听证,杨浦区人大从2015年开始进行预算听证,分为年初预算编制阶段预算听证和年中预算执行阶段的预算听证两种听证。预算听证会由人大听证人、陈述人、区政府领导、区人大代表和社会公众组成。社会公众由公众自愿报名形成。听证结束后形成听证情况报告,向社会公布。作者还曾作为上海市闵行区财政邀请的专家全程参与了闵行区预算编制的预算听证会。闵行区预算编制的预算听证会与杨浦区不同,其主办方是财政局和人大,而杨浦区的主办方是人大。闵行区的另一个特色是预算编制的预算听证会是按照绩效预算管理的要求对项目进行的前评估,所以是项目前评估和预算听证的结合。相同的是闵行区参加听证的人员也有人大代表、政府部门、专家和社会公众,另外还有政协委员。作者也曾观摩了浙江温岭各乡镇的人大预算审批会议,浙江温岭将民主恳谈引入人大预算监督中,通过民主恳谈等机制将公众的意见引入人大,并通过人大影响预算,最有特色的就是人大代表可以通过提出提案修改政府预算,这可能是中国当下独一无二的做法,而且在讨论修改政府预算案时引入了大辩论,这些做法是对基层人大制度的一些创新。

从我国地方参与式预算的实践看,参与式预算各地都有自己的特色,但还是存在着一些问题:(1)涉及的项目和资金较少。即使像上海市杨浦区和闵行区这样预算听证已经制度化的地区,听证的部门和项目也是非常少的,两区每次听证都只选取了两个部门的若干个项目。(2)参与式预算实践的层次较低。省级层面只有绩效预算引入社会满意度和公众通过各种渠道对地方政府预算活动进行建议等,而预算听证等这种比较直接的参与式预算层次都较低,只在几个城市进行,省级层面几乎没有。(3)程序等制度设计不合理,很多流于形式。各地参与式预算是听取了公众的意见,但真正决策时公众的意见影响不大。(4)进行预算听证等这种参与式预算的地方还是比较少,而且是零星的。所以要改善前面讨论的问题,我们必须系统设计具体的制度,推动我国参与式预算的发展。

(四)我国地方政府预算信息质量与财政透明度

由于我国各地预算的具体框架和政府收支分类是完全按照中央政府的规定进行的,因此可比性和可理解性方面并没有与中央特别不一致的地方。我们这里主要分析其真实性和获得的便捷性。

从真实性看,前面我们已经分析过,我国的审计体制是横向的行政型审计模式,是世界上独立性较差的一种审计模式。在这种模式下要保障财政信息的真实性是有一定难度的。我们调研所知,几乎每个地方的审计部门每年都会按照规定对本地财政执行进行审计,但除对财政部门的审计几乎每年必定要进行外,对部门的审计则采用抽查的方式。因为我国并不实行部门决算年度审计制度,所以,部门决算的准确性并不能每年都能得到保证。虽然我国并不实行部门决算年度审计制度,但有时会对专项资金进行专项审计。所以,针对单位决算整体的真实性审计并不是每年都有,但对单位涉及的专项资金审计却是比较经常的。根据问卷调查,我们对行政事业单位进行统计,一般单位的决算审计在两到三年就会轮到一次。

从获得的便捷性看,政府的预决算一般在政府网站上公开。但公开有三种情况:一种是在政府信息公开网站或者人民政府网站下的预决算专栏中公开,例如浙江省;一种是财政局网站有一个预决算信息公开平台,例如上海;还有一种则是单独建立一个预决算信息公开网站,例如江苏省。前两者只包括本级政府预算或者汇总预算,不包括下级政府预算信息。但最后一种则既包括本级政府的预算信息,又包括下级政府的预算信息。所有这三种公开都包括部门预决算的公开。

二、我国地方政府预算体系的效率分析

前文对政府预算体系的效率分析都是从政府预算体系的大类、预算分类模式和支出分类进行的分析,由于地方政府在这三方面与中央政府完全一致,因此效率也与中央政府完全一致,这里就不再重复了。但在具体的绩效预算方面,各地的做法都不一致。所以我们在本部分分析地方政府绩效预算的实践。

2018年9月中共中央、国务院发布了《关于全面实施预算绩效管理的意见》(以下简称《意见》)要求:(1)构建全方位预算绩效管理格局,实施政府预算、部门和单位预算、政策和项目预算的绩效管理;(2)建立全过程预算绩效管理链条,建立绩效评估机制、强化绩效目标管理、做好绩效运行监控及开展绩效评价和结果应用;(3)完善全覆盖预算绩效管理体系,建立一般公共预算绩效管理体系和其他政府预算绩效管理体系,除一般公共预算外,各级政府还要将政府性基金预算、国有资本经营预算、社会保险基金预算全部纳入绩效管理;(4)健全预算绩效管理制度,完善预算绩效管理流程和健全预算绩效标准体系;(5)硬化预算绩效管理约束,明确绩效管理责任约束和强化绩效管理激励约束。① 全国各地都按照《意见》开始完善预算的绩效管理。

我国刚开始进行绩效预算改革时,主要是从项目绩效的后评价开始,慢慢推广到全过程。但现在各地的绩效管理改革还存在着以下几点需要完善的地方:(1)大部分地方绩效目标的设立和审核基本上是形式上的。虽然很多地方将绩效目标和预算挂钩,要求必须设置部门目标和项目目标才能编制预算,但事实上大部分地方也就是为了设置目标而设置目标,往往都是定性化的一些描述,无法具体衡量;同时,审核绩效目标时,不管是财政部门审核部门目标还是主管部门审核项目目标一般都是流于形式,只要设置了目标,就算合格。(2)项目绩效评估一般只在省级层面或者市级层面开展,县级层面很少进行。(3)政策绩效管理和部门整体绩效评价有待进一步开展。很多地方政策绩效管理和部门整体绩效评价没有形成常态化,也没有具体的制度建设。(4)目前,绩效管理只涉及一般公共预算和政府性基金预算资金,其他预算资金和财政专户资金很少开展。(5)绩效指标有待完善,尤其是成本指标较少涉及,不利于成本效益分析。(6)绩效评价的结果应用也有待提高,尤其是问责制的完善。这些问题普遍存在,在调

---

① 中共中央 国务院关于全面实施预算绩效管理的意见[EB/OL].(2018-09-25)[2020-09-02].http://www.gov.cn/zhengce/2018-09/25/content_5325315.htm.

研中我们发现,省级政府开展的情况要好于市级,市级好于县级;东部地区好于西部地区;一般公共预算的绩效管理好于其他预算资金的绩效管理;项目预算的绩效管理好于部门和政策预算的绩效管理。所以,我国各地的绩效预算改革还需进一步深化,从而有利于提高财政资金使用效率。

三、我国地方政府预算体系的公平分析

前文对政府预算体系的公平分析也与前文对政府预算体系的效率分析一样,都是从政府预算体系的大类、预算分类模式和支出分类进行的分析,同样由于地方政府在这三方面与中央政府完全一致,因此政府预算体系的公平也与中央政府预算体系的公平是一致的,这里就不再重复了。我们在本部分主要分析我国地方政府在预算体系公平方面作出的探索。

(一)我国地方政府社会保障预算探索模式分析及评价

我国地方政府在实行现行的社会保险基金预算前,有些地方曾经对社会保障预算作出过探索,比较有特色的就是湖北枝江市的一揽子社会保障预算模式和河北省板块式社会保障预算模式。

枝江市1999年开始试点,建立了"一般性税收收入安排的社会保障预算＋社会保障基金＋向社会筹集的社会保障资金＋事业单位创收收入安排的社保经费支出"的一揽子社会保障预算模式,并且取得了明显的效果。这一模式把社会保障预算从政府公共预算中独立出来,并且形成与政府公共预算平行并列的预算进行实施。在这一模式中,社会保障预算的内容主要包括一般性税收收入安排的社会保障预算;五大社会保险基金收支预算和残疾人就业保障金、社会福利基金等其他社会保障基金收支预算;社会募捐、赞助等形式形成的社会保障资金的收支;事业单位创收收入安排的社会保障经费支出预算。这一模式的优点在于,它涵盖的内容比较完整、全面。从它所包含的预算内容来看,已经基本包括了社会保障中的大多数科目收支,有利于全面地反映社会保障资金的收支情况和收支规模,减少了社会保障中某些未纳入预算内资金无法有效管理的漏洞。此外,它使得政府对资金的掌握更加明确,因此有利于政府增强其宏观调控能力,能够更好地对社会保障需求作出全面、统一的安排,也体现了政府对发展社会保障事业的责任和义务。但这一模式也存在明显的缺点:第一,它的编制方法复杂,在编制的技术处理上存在一定的难度,可能有重复叠加的问题,给预算的准确性带来了一定的困难。第二,虽然它在编制过程中的科目是非常完整、全面的,但是在执行中却不能保证。目前我国的社会保障事业是多头管理,按照目前

的社会保障财政管理现状,并不是所有社会保障收支都集中归口社保处管理。

河北省的板块式社会保障预算模式与枝江的一揽子社会保障预算模式相比,社会保障预算没有将社会筹集资金、社保单位创收收入等纳入编制范围。其内容主要包括:五大社会保障基金的收支预算(不同在于没有将残疾人就业保障金和社会福利基金等其他社会保障基金收支预算纳入其内),社保专项资金收支预算(包括国有企业下岗职工基本生活保障资金、再就业资金、城市低保资金等),政府公共预算中安排的社会保障资金收支预算。① 这一模式克服了前面枝江模式编制复杂的缺点,它的收支内容简单明了,一目了然。它的预算编制科目也没有枝江模式那么多,编制起来就容易多了,也容易让人看明白,使得该预算具有了现实意义。但也正因为如此,使得它没有了枝江模式的全面性和完整性。另外,它的实用性和可操作性强。相对于枝江模式中技术上所存在的难度,这一模式由于科目上的从简,给它的实现带来了方便。

不管是"一揽子社会保障预算模式"还是"板块式社会保障预算模式",都属于政府预算体系内独立的社会保障预算模式,与我国现行的政府预算体系内独立的社会保险基金预算还是不一致,社会保障预算的范围要比社会保险基金预算的范围大。从代际公平看,由于在这种模式下一般也采用部分基金制的社会保险筹资模式,因此其代际公平的情况与政府预算体系内独立的社会保险基金预算模式类似。从代内公平看,与政府预算体系内独立的社会保险基金预算模式不同的是社会福利和社会救济这些由当代纳税人承担的支出也被独立出来,与社会保险一起组成了独立的社会保障预算。社会福利和社会救济虽然从一般公共预算中分离出来,但还是由一般公共预算等政府资金进行保障,所以其代内公平与政府预算体系内的独立社会保险基金预算模式是基本一样的。但毕竟独立于一般公共预算,社会福利和社会救济的规模会受到限制。这说明在代内公平方面,这种独立的社会保障预算比独立的社会保险基金预算代内公平程度要稍微低些。但两者在资金管理的效率上有所不同,独立的社会保障预算模式资金管理效率更高。因为,把所有与社会保障的资金放在一起管理,更有利于社会保障资金的公开和透明,更有利于公众对社会保障资金的监管,从而有利于政府提高社会保障资金管理的效率。

(二)我国地方政府性别预算探索模式分析及评价

自2005年开始,河北省张家口市妇联在行动援助中国办公室(AAIC)的资

---

① 河北政府信息公开专栏. 河北省社会保障预算编制管理暂行办法[EB/OL]. (2010-04)[2016-04-15]. http://info.hebei.gov.cn/hbszfxxgk/329975/329988/330092/3376773/index.html.

助下,开展了国内第一个参与式社会性别预算改革试点项目。该项目主要通过项目培训、项目调研进行,一方面形成了一些研究报告,另一方面对实际产生了影响。如通过培训,使得参与者理解和掌握了相关的知识和理念,提高了社会性别主流化的能力;通过培训使得受训者能够结合各自的工作领域,就社会性别预算提出建议,增强了推动社会性别公平的主动性;通过这些项目活动,形成了有利于性别公平的社会舆论氛围;妇联自身也提高了社会性别主流化影响,扩大了社会影响力。[①]浙江温岭也曾经开展过社会性别恳谈会,也就是与前文分析的参与式预算结合,将社会性别公平引入预算的恳谈会。从张家口市的性别预算项目和温岭的社会性别恳谈会看,并没有直接影响到政府预算或者是部门预算的编制,更没有建立一个独立的性别预算,但还是产生了一定的社会影响,让大家关注到了社会性别公平可以通过预算体系的建设来实现。特别是通过参与式预算的方式来促进社会性别的公平。

2009年焦作市政府颁布了《焦作市本级财政社会性别反应预算管理试行办法》,开始试行社会性别反应预算。焦作的社会性别反应预算,是指在市本级政府预算中充分考虑男女两性和弱势群体的需求,全面反映预算收支及其相关的公共政策对男女两性的共同影响,致力于减少或消除制定公共政策中对妇女及其他弱势群体的歧视而编制的专门预算。财政部门为社会性别预算提供保障服务,教育、农业、劳动和社会保障、卫生、计生等部门根据上年支出情况,以性别统计资料和预算执行结果的性别分析为基础,在制定政策过程中充分考虑性别因素,按促进资源公平原则进行当年度预算编制直至明细项目。社会事业公共项目中涉及性别支出的均被纳入社会性别预算的编制范围。社会性别反应预算编制的内容,主要包括就学就业项目、文化娱乐项目、贫困资助项目、健康保健项目、公共卫生项目、宣传培训项目和利益导向项目。[②] 可见,焦作市的社会性别反应预算与张家口市的参与式社会性别预算改革试点项目有本质上的不同,焦作市是单独编制了一个社会性别反应预算,也就是在政府预算体系中建立了一个新的预算,按照预算支出的社会性别反应灵敏度分析,来推动未来预算资源的安排促进社会性别公平。焦作市的社会性别预算"不是简单地增加政府经费,或将政府的资金在男性和女性之间的平均分配,也不是通过建立专门的妇女预算来解决不同性别待遇失衡问题,而是作为一种手段和方法,细化财政资金的管

---

① 马蔡琛. 社会性别预算理论与实践[M]. 北京:经济科学出版社,2009:138—151.
② 焦作市人民政府办公室关于印发焦作市本级财政社会性别反应预算管理试行办法的通知[EB/OL]. (2009-02-09)[2015-03-01]. http://www.jiaozuo.gov.cn/gov_info_detail.jsp?urltype=news.NewsContentUrl&wbtreeid=2285&wbnewsid=20174.

理,促进财政资源公正高效的分配"①。换句话讲,焦作市的社会性别反应预算就是先对现行的预算收入和支出政策对性别的影响进行分析,然后在这个分析的基础上为了推进社会性别公平重新进行资源配置。所以,焦作市的社会性别反应预算是一个不错的探索,非常有利于社会性别公平的实现。但焦作市的社会性别反应预算也存在着一些问题:(1)只在市本级层面开展,但社会性别不公平主要发生在农村,这使得焦作市的社会性别反应预算的功能打了折扣;(2)社会性别统计工作还需进一步完善,社会性别统计工作是社会性别反应预算的技术基础,这方面不完善会影响社会性别反应预算编制的合理性;(3)另外,缺乏相关的法律保障,虽然焦作市为社会性别反应预算出台了一些办法和规定,但毕竟只是地区市一级的法规和规章制度,所以很难在法律层面上给予全面的保障;(4)各级领导观念的更新也是需要进一步完善的。焦作市社会性别反映预算探索模式在我国是可行的,但刚才分析的问题在我国其他地方普遍存在,如果这些问题没有解决,即便像焦作市一样设立了社会性别反应预算,作用可能也是有限的。所以我们必须在解决前面四个问题的基础上推行焦作市的社会性别反应预算,同时也应该引入张家口社会性别预算项目的经验,对社会性别预算进行宣传推广和培训,提高社会性别主流化的能力,形成有利于性别公平的社会舆论氛围,让公众通过参与式预算推动社会性别公平。

总之:(1)财政透明度分析。从政府预算体系的范围看,我国地方政府存在着财政专户资金,其实质就是预算外资金,财政专户资金主要有四个来源:部分事业单位的事业收入、部分事业单位的其他收入、部分行政收费、从四大预算(主要是从一般公共预算)调出到财政专户的资金;另外,很多地方的国有资本经营预算并没有涉及所有的国有企业;最后,我国地方政府如中央政府一样不体现税收支出和准财政活动;这些情况都反映我国的政府预算体系范围有待进一步完善。从政府预算报告的内容看,我国地方政府财务信息中的收支预测和执行信息还是比较全面的;而财务状况和运营情况因为地方的财务报告未公开,所以资产、负债、净资产和成本信息是缺失的,但即便公开,也存在一些问题,仍然会导致资产负债信息的不全面、不真实;另外,按照现行政府财务报告制度,地方政府也没有办法提供项目成本信息;我国地方政府预算报告中的非财务信息,与中央政府的预算报告内容相同。从政府预算体系管理过程的透明度看,在预决算文本方面,预决算公开的内容完整性和详细性有待提升,乡镇财政公开的格式应该

---

① 闫坤,于树一,刘新波.我国社会性别预算的发展状况考察——以焦作市性反应预算为例[J].经济研究参考,2015(38).

统一,基层预决算应公开社会关注的内容;在预算程序(包括会议等现场)方面,我国不是像国外那样通过电视现场直播、政府或议会开决策或审查会议时允许公众进去观察和旁听等方式进行公开,我国的预算程序(包括会议等现场)公开主要与参与式预算有关;从我国地方参与式预算的实践看,参与式预算各地都有自己的特色,但还是存在着一些问题。从政府预算体系的信息质量看,由于横向的行政型审计模式和缺少部门决算年度审计制度导致了部门决算信息的真实性无法得到保证;在获得的便捷性方面,单独建设政府预算信息公开网站,将本区域内本级与下级所有的政府预决算和部门预决算相关信息集中公开最为便捷。

(2)效率公平分析。从效率看,我国虽然已经开始全面实施预算的绩效管理工作,但总体来看,省级政府开展的情况要好于市级,市级好于县级;东部地区好于西部地区;一般公共预算的绩效管理好于其他预算资金的绩效管理;项目预算的绩效管理好于部门和政策预算的绩效管理,所以各地还需进一步完善预算的绩效管理。从公平看,我国部分地方的社会保障预算改革模式,代内公平虽然会低些,但效率和透明却更有优势。另外,为了促进社会性别公平,我们既要像焦作市那样编制社会性别反应预算,也应该像张家口市那样加强对社会性别预算进行宣传推广和培训,同时还应该像温岭那样通过参与式预算的方式和途径推进社会性别公平,更应该为社会性别预算的实行进行制度环境方面的建设。

第六章　公共财政责任视角下我国政府预算体系的优化

本章我们将结合前面几章所做的分析，把理论与实践、国外经验和国内实证紧密结合起来，提出公共财政责任视角下优化我国政府预算体系的具体建议，构建一个能够全面实现财政透明度、效率和公平的我国政府预算体系。本章继续前文的分析思路，先构建我国政府预算体系的具体架构，接着完善我国的政府收支分类，然后从财政透明度方面、效率和公平方面完善我国政府预算体系。

第一节　我国政府预算体系具体架构的优化

我国政府预算体系具体架构的优化可以从政府本级预算具体架构优化和部门预算具体架构优化两部分进行论述和分析。在构建这个新的政府预算体系时，我们以有利于公共财政责任实现为目标，结合第三章论述的政府预算体系理论部分，第四章美国、英国、日本三国经验，第五章我国的实践，进行设计。

一、我国政府本级预算具体架构的优化——建立具有混合特征的非典型多重预算体系

我国现行的政府预算体系存在的问题我们已经在第五章从财政透明度、效率和公平三个方面进行了论述和分析。为了完善我国政府预算体系，我们必须优化我国政府本级预算的具体架构和部门预算的具体架构。本部分就是论述前

者的。我们认为,我国政府本级预算应该建立两个部分的内容:一个是正式预算,另一个是补充预算。正式预算不仅要有每个子预算的具体信息,而且应该提供所有预算合并的信息。

(一)正式预算

正式预算是政府本级预算的主体内容,涵盖所有政府收支。通过正式预算,不仅可以了解政府本级预算的整体收入、整体支出和整体平衡状况,而且可以了解所有政府收支的具体信息。而补充预算主要是反映准财政活动和分析正式预算的一些补充内容,如美国政府的《分析视角:2021 财年美国政府预算》、英国政府的《2020 预算:政策成本》、日本政府的财政状况和相关财政资料等。

1. 统一预算

在正式预算中,我们按照所有权对预算进行分类,将其分为政府公共预算和社会保障基金预算。政府公共预算资金的所有权归国家,社会保障基金的所有权归投保人(或缴纳人),两者的所有权不同。但由于政府对社会保障基金预算承担了托底的职能,因此从政府收支平衡(包括赤字)看,我们应该整体地看政府收支差额,这样才能体现整个政府的资金平衡状况,才能体现其整体性。我们应该建立一个涵盖两者的统一预算。也就是说,我们应该借鉴英美两国,提供政府公共预算和社会保障基金预算的具体合并信息,即建立一个统一预算。但我国的统一预算与美国的统一预算不同,我国并不是像美国那样将这个统一预算作为主体预算,我们只是通过统一预算提供所有预算信息,提供合并预算的详细信息,来保证预算的整体性,从而提高宏观政策效率和预算资金整体配置效率;同时,让公众了解我国政府预算收支的整体平衡情况。我们的主体预算应该是政府公共预算。所以,从某种意义上讲,我国政府的统一预算应该向英国学习,但与英国不同的是我国将有一个明确的统一预算。英国没有明确的统一预算,只是在平常会将经常性预算的收支和资本性预算的收支放在同一张预算表中,但并没有明确这张预算表是统一预算。

如图 6.1 所示,我们应该以政府公共预算作为主体预算,将统一预算作为合并信息的提供载体。所以,我们可将我国的统一预算定义为:"统一预算"是政府公共预算和社会保障基金预算的合并预算,体现政府整体的收入、整体的支出和整体的平衡状况。在政府公共预算中,我们又按收入性质的特殊性进行分类,设置一般政府基金预算和特殊政府基金预算。在特殊政府基金预算的框架内,我们又按经营性进行分类,分为经营性国有资本金预算和非经营性特殊政府基金预算。在非经营性特殊政府基金预算中又应该设置每一个非经营性特殊政府基金的单体预算。

由于我们建议的政府预算体系的主体预算并不是统一预算,而是政府公共预算,而且多种预算分类模式并存,因此我们还是将我们建议设立的政府预算体系归类在多重预算体系下。而美国的统一预算是主体预算,更强调分类预算与综合预算的紧密结合。我们主张建立的政府预算体系中,统一预算只是一个合并的平台,是分类预算和综合预算的松散结合,所以我们还是将我们建议建立的预算体系归在多重预算体系下,但又因为其有统一预算,所以将其命名为具有混合特征的非典型多重预算体系。

```
                        统一预算
                           |
              ┌────────────┴────────────┐
         政府公共预算                社会保障基金预算
              |
     ┌────────┴────────┐
一般政府基金预算    特殊政府基金预算
                         |
                ┌────────┴────────┐
         经营性国有资本金预算   非经营性特殊政府基金预算
```

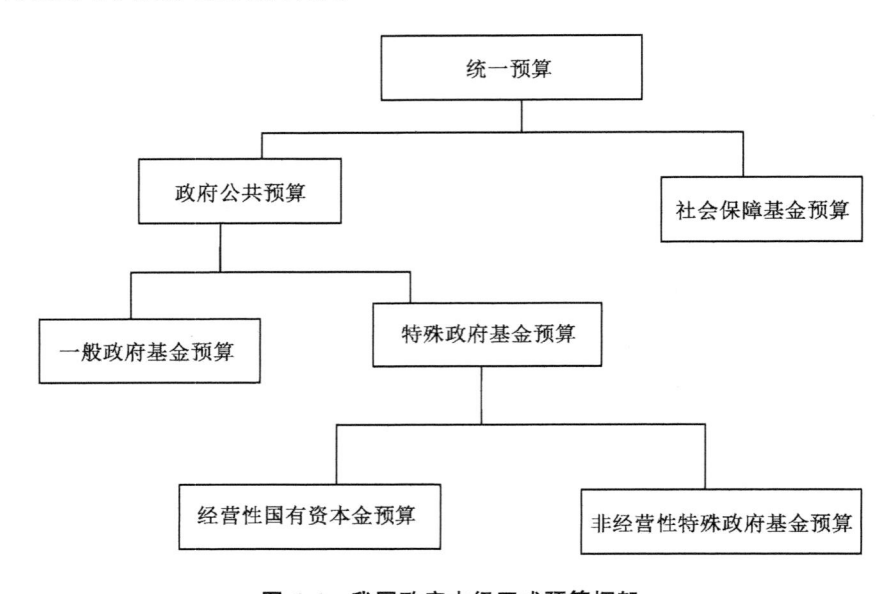

图 6.1 我国政府本级正式预算框架

2. 政府公共预算

"政府公共预算",是指政府履行其职能,保证其正常运行所需的收入和相应支出的预算。政府的职能包括资源配置职能、收入分配职能和经济稳定职能。所以说,政府公共预算收支就是政府为了完成上面三个职能所必需安排的支出和相对应的收入。政府公共预算资金的所有权归国家,政府公共预算资金使用的目的是追求资金使用的效率、公平和宏观经济稳定。一级政府的政府公共预算是该级政府真正拥有的财政规模。也就是说,一级政府真正可以支配使用的财政资金就是政府公共预算资金,所以我们平时关注的一级政府的财政规模就是政府公共预算的规模。

政府公共预算的受益人是当代公众,其支出的承担者则是纳税人和各种行政事业收费的负担人。而社会保障基金预算资金的所有权归社会保障基金投保人,是投保人委托政府代为管理、最后也是由投保人直接使用的资金,所以社会保障基金预算的受益人是投保人自己,支出也是投保人自己承担,是完全对等的。没有投保的社会公众是无法从社会保障基金预算中得益的。而政府公共预算的受益人和支出承担者不一定完全对等,也就是当代公众的范围与纳税人和行政事业收费负担人是不一定一致的,一般情况下,前者的范围大于后者。所以,政府公共预算和社会保障基金预算的性质是不同的,前者的纳税人和行政事业收费负担人将资金所有权让渡给了国家(政府代表国家行使具体的职能),而后者的社会保障基金的投保人并没有将资金所有权让渡给国家,而是将资金保管权委托给了国家。对于政府公共预算,政府的职责是实现资金使用效益的最大化;而对于社会保障基金预算,政府的职责是保障社会保障基金预算资金的保值增值以及日常的资金收集和支付管理。所以,政府公共预算是我国政府预算体系的主体预算。

我们又可以将政府公共预算按照收入性质的特殊性分为一般政府基金预算和特殊政府基金预算。

(1)一般政府基金预算

"一般政府基金预算"是指政府以社会管理者身份为了履行其资源配置职能、收入分配职能和经济稳定职能而必须安排的日常的具有一般性特征的统筹使用的收支预算。从上述的定义中我们可以看到一般政府基金预算的特点:第一,一般政府基金预算强调的是政府的社会管理者身份,所以以资产所有者身份设立的国有资本经营收支和土地批租收支等不是社会管理者身份引起的收支,不纳入一般政府基金预算。第二,一般政府基金预算具有日常性和一般性的特征。这种一般性和日常性是针对特殊性而言的。也就是说,一般政府基金预算支持的都是政府日常的活动,而且这种活动是一般性的,不是为某种特殊目的而进行的。第三,一般政府基金预算具有统筹使用的特点。第四,一般政府基金预算资金的所有权归国家,由政府代理国家支配使用,属于政府公共预算。上述四个特点是并列的,同时具备的,不是可以选择的。也就是同时具备上述四个特点的收支就属于一般政府基金预算。一般政府基金预算的收入主要来自各种税收、没有特殊指定用途的非税收入、一般债务收入、上级转移收入和下级上解收入。支出用于政府日常的一般性活动支出,如一般公共服务、外交、国防、公共安全、教育、科学技术、文化体育、社会保障、医疗卫生、环境保护、经济事务等。

一般政府基金预算肯定会涉及与特殊政府基金预算的相互调剂,所以在一般政府基金预算中必须设置"调出到××特殊政府基金"和"从××特殊政府基金调入"两个科目,作为一般政府基金预算支出的一项和一般政府基金预算收入的一项,但在将一般政府基金预算和特殊政府基金预算合并成为政府公共预算时,这些相互的调剂收支应该抵销。另外,在一般政府基金预算中还应该设置"调出到社会保障基金预算"的支出科目,用来反映从一般政府基金预算调到社会保障基金预算的资金。

(2)特殊政府基金预算

特殊政府基金预算是指不符合一般政府基金预算特征的政府公共预算部分。所以,特殊政府基金预算的特征是:第一,特殊政府基金预算与一般政府基金预算同属于政府公共预算,资金所有权归国家,由政府代理国家支配使用。第二,有部分资金,政府不是按照社会管理者身份支配使用,是按照资产所有者的身份使用的,如我国现有的国有资本经营预算和土地收支预算。第三,为了实现某种特殊目的,通过相关法律法规设置的预算。如我国为了安全处理核电站乏燃料,设置核电站乏燃料处理处置基金等。第四,特殊政府基金预算的资金是专款专用的。除了第二点不是所有特殊政府基金预算都有的特点外,其他三点是所有特殊政府基金预算都具备的特点。也就是说,具备了其他三个特点,就是特殊政府基金预算。其实按照资产所有者身份设置的国有资本经营预算和土地收支预算也是一种为特殊目的而设置的预算,它的特定目的就是在尽量保证社会效益最大化的前提下实现资产收益的最大化,所以我们也可以将第二点的特点归在第三点中。综合前面的分析,我们认为"特殊政府基金预算"是政府为了实现资源配置职能、收入分配职能和经济稳定职能,通过法律法规设置的用于特殊目的的专款专用的收支预算。

按照收入性质的特殊性分类的预算分类模式具有以下两个优点:第一,灵活性强,特殊配置效率高。由于特殊政府基金预算是因为特殊目的而设立的单独预算,因此如果政府需要进行一些微观政策的调整,可以通过设立特殊政府基金预算来保证某类支出,从而实现政府的微观政策;如果政府的微观政策目标改变,政府可以取消这些特殊的政府基金。这种预算分类模式的灵活性强,政策性也很强,特别有利于微观政策的决策和执行。因此,这种分类的资源配置效率高。第二,政府设立特殊政府基金预算有利于实现特殊的公平。如在我国曾经为了保障残疾人就业设置了残疾人就业保障基金,并将其纳入政府性基金预算,直到2014年12月我国政府认为没有必要再单独设置后才将其纳入一般公共预算。所以,特殊政府基金预算可以按照政府的需要而设立,政府为了实现某方面的公平或者效率都可以设置相关的特殊基金进行管理。

但按收入性质特殊性分类的预算模式也有一些弊端,这就需要其他制度进行配套:第一,营运效率上由于专款专用,特殊政府基金预算利弊各半。特殊政府基金预算中的收支一一对应,强调收入用于指定的用途,专款专用。这种管理模式,利弊各半,一方面因为专款专用可以保证特殊政府基金预算的支出;另一方面则由于资金沉淀于特殊政府基金预算,降低了资金使用效率。所以这就需要配套的改革,尤其需要加强财政的现金流预测,将暂时不用的特殊政府基金预算调入一般政府基金预算使用。第二,交易费用较其他预算分类模式高。各部门为了保障业务资金,都会争取自己部门的业务成为特殊政府基金预算的业务,而为此必须通过一定渠道进行审批和争取,从而增加了新的交易费用。所以,我们应该健全法律,减少审批和机动,用法律来强化特殊政府基金的稳定,避免多变,以防政府各部门和单位为经常性的审批付出较多的交易费用。

特殊政府基金预算又可以按照经营性分为经营性国有资本金预算和非经营性特殊政府基金预算。

1)经营性国有资本金预算

经营性国有资本金预算是反映经营性国有资本运营产生的收益及其安排的支出,以及经营性国有资本金自身增减变化的预算。它与非经营性的其他特殊政府基金不同,更多的是追求经营收益。虽然国有企业承担一些公益职能,与完全的市场私人企业会有所不同,但它毕竟是经营性的,还是以经营收益最大化作为管理经营性国有资本金预算的目标。所以,我们必须将经营性国有资本金预算与其他非经营性的特殊政府基金区别开来,单独设置经营性国有资本金预算。

我国目前的国有资本经营预算是对国有资本收益作出支出安排的收支预算,收入包括国有企业上缴的利润、股利及股息收入、产权转让收入、其他国有资本经营预算收入四项,支出包括资本性支出、费用性支出、转移性支出和其他支出。国有企业的利润收入并没有完全包括在现有的国有资本经营预算中,只包括了利润上缴的部分。另外,我们调研发现很多地方的国有企业并没有被纳入国有资本经营预算,其实这种现象在中央政府也一直存在。对于我国目前的国有资本经营预算:

第一,我们首先认为应该改变其名称,将其改为"经营性国有资本金预算"。因为并不是国有企业的收入和支出体现在目前的国有资本经营预算中,其实质只有国有资本经营收益的部分才体现在目前的国有资本经营预算中。在我们的访谈中,很多人大代表反映这个名字比较迷惑,还以为是国有企业的收入支出预算。我们认为,经营性国有资本是政府投入到经营性企业的资本金,这些资本金因为会给投资者即政府带来收益,所以我们可以将政府投入到经营性企业的资本金看作一项特殊的基金,我们认为可以将其命名为"经营性国有资本金预算",这个预算不必反映国有企业的收入和支出,但必须反映政府投入到经营性企的资本金的收益和资本金本身的增减。

第二,经营性国有资本金预算包括的是国有企业的"利润"而非国有企业的"收支"。前文我们分析美国、英国、日本三国中央政府预算时发现,美国和英国都包括公共企业的收支,并不仅仅是利润,只不过每个国家反映公共企业的收支方式有些不同,如英国将收入作为负数列示,而美国则直接列出公共企业的收入和支出。日本除了政府关联机构预算列在"预算内"外,其他的国有企业以上缴利润的方式体现在其他政府预算中。其实以公共企业或国有企业收支编制的预算是国有企业的财务预算,编制主体应该是国有企业,并不是政府。我们认为,正式预算编制主体是政府,我们不应该将公共企业的收支体现在正式预算中;但公共企业的收支直接影响了政府预算的收支,它们必须作为准财政活动的一部分体现在补充预算中。

第三,经营性国有资本金预算应该包括归属于政府的"所有利润",而非"上缴利润"。明确了经营性国有资本金预算体现的是利润,而非国企收支后,我们必须明确经营性国有资本金预算包括的是归属于政府的"所有利润",而非"上缴利润"。由于国有企业并非都是政府百分百所有,应该把归属于政府部分的所有利润都体现在经营性国有资本金预算中。因为归属于政府部分的所有利润都是国有资本投资收益,只不过有些是已分配的投资收益(即包括股息、红利和上缴利润),有些是未分配的投资收益。我们可以在经营性国有资本金预算分别列示"已分配利润"(即股息、红利和上缴利润)和"未分配利润"(即国企未上缴但归属于政府的利润)。

第四,经营性国有资本金预算应该涵盖"所有国有投资企业"。既然国有资本经营资金实质是政府对外投资的经营性资本金,就应该包括所有的被投资企业,而不仅仅是控股的国有企业,应将所有被投资企业应归属于政府的利润都体现在经营性国有资本金预算中。而我国现在上自中央、下至地方政府很多国有控股公司没有纳入国有资本经营预算,更不用说所有的被投资企业。

把上面的四点做个总结,可定义为"经营性国有资本金预算"是反映政府投资入经营性企业的资本金产生的收益(包括股息、红利和上缴利润等已分配利润和归属于政府的未分配利润)、这些收益安排的支出及政府的经营性国有资本金自身增减(如转让产权、股权等收回资本金)的预算。

2)非经营性特殊政府基金预算

非经营性特殊政府基金预算的资金具有非经营性特征。我们将"非经营性特殊政府基金预算"定义为政府为了实现资源配置职能、收入分配职能和经济稳定职能,通过法律法规设置的用于特殊目的的专款专用的非经营性的收支预算。

我国现行的政府性基金预算就是非经营性特殊政府基金的原型,所以本部分我们做的研究,一是对已有政府性基金预算的整理和重新设计,二是解释土地收支预算为什么是非经营性的特殊政府基金预算。

正如前文分析的土地收支预算与经营性国有资本金预算一样,是政府凭借资产所有者身份编制的一种特殊政府基金预算,但为什么其与经营性国有资本金预算不同呢?因为我们认为土地收支预算的实质是一种资产买卖,并非是进行资产经营或者运营,不属于经营性国有资本金预算。所以,我们把土地收支预算划归入非经营性的特殊政府基金预算。

我国现有的政府性基金预算并没有提供每个基金的单体预算,而是合并在一张政府性基金预算表中。我们认为应该先编制各种非经营性特殊政府基金单体预算(或者称为"非经营性特殊政府基金子预算"),再将这些单体预算(子预算)合并为一个总的非经营性特殊政府基金预算,反映非经营性特殊政府基金预算的整体收入、整体支出和整体平衡状况。我们在第五章第一节中已经介绍了我国中央政府的政府性基金预算有20种政府性基金。我国中央与地方所有的政府性基金总共为25种,有些是中央特有的,有些是地方特有的,有些是中央与地方共有的。我们认为,没有必要将这些基金分得这么细,不利于"统筹兼顾"原则(我国新《预算法》规定我国的预算原则第一条就是"统筹兼顾")的实现,不利于提高资金的营运效率。我们可以借鉴日本的做法,将相同性质的基金集合在一个特殊政府基金中,所以我们对现有的基金进行了梳理,认为只要成立10种非经营性特殊政府基金就可以了。将现有的相同性质的基金集合在一个大的特殊政府基金中,打通它们之间的使用,这样既可以保证某一个大的特殊政府基金的支出,又可以打通这个特殊政府基金中各项明细基金的使用,从而既确保特殊目标的实现,又不会因为资金分得太细、沉淀得太多,有利于提高资金的营运效率。由于我国政府性基金的收入绝大部分来自特定的行政事业收费,支出用途是指定的,因此我们梳理的非经营性特殊政府基金继续保留了其明细基金的收入来源和支出用途,同时将用于指定用途的专用债务的收入和还本付息支出也归集在同一特殊用途的非经营性特殊政府基金中,每个非经营性特殊政府基金预算包括各自的调出资金。

我们建议设立的非经营性特殊政府基金为以下10种:

①交通发展基金:将原来铁路建设基金、民航发展基金、海南省高等级公路车辆通行附加费、港口建设费、车辆通行费合并在一起设立一个交通发展基金。这些基金原本就是用于交通发展的。我们可以将原来这些基金的收入和专项债务收入(用于交通发展的专项债务)作为交通发展基金收入,支出则是原来这些

基金的支出、专项债务还本付息支出和调出支出等。

②土地收支基金：将原来的国有土地使用权出让金、国有土地收益基金合并成为土地收支基金。继续保留原来的收支范围，增加调出支出和相关的债务收支等。

③农业发展基金：将原来的农业土地开发资金、农网还贷资金合并为一个农业发展基金。继续保留原来的收支范围，增加相关的债务收支和调出支出等。

④水利建设基金：将原来的大中型水库库区基金、三峡水库库区基金、国家重大水利工程建设基金合并为水利建设基金。继续保留原来的收支范围，增加相关的债务收支和调出支出等。

⑤环保基金：将原来的核电站乏燃料处理处置基金、船舶油污损害赔偿基金、废弃电器电子产品处理基金、可再生能源电价附加收入、污水处理费等环保性质的基金合并为一个环保基金。继续保留原来的收支范围，增加相关的债务收支和调出支出等。

⑥文化旅游发展基金：将国家电影事业发展专项资金、旅游发展基金合并为文化旅游发展基金。继续保留原来的收支范围，增加相关的债务收支和调出支出等。

⑦水库移民扶助基金：将大中型水库移民后期扶持基金和小型水库移民扶助基金合并为水库移民扶助基金。继续保留原来的收支范围、相关的债务收支和调出支出等。

⑧城市建设基金：将原来的城市基础设施配套费单独设为一个城市建设基金。继续保留原来的收支范围、相关的债务收支和调出支出等。

⑨彩票基金：将原来的彩票公益金及彩票发行和销售机构业务费合并为一个彩票基金。继续保留原来的收支范围，增加相关的债务收支和调出支出等。

⑩其他非经营性特殊政府基金：将原来的中央特别国债基金等其他政府性基金合并为其他非经营性特殊政府基金。继续保留原来的收支范围，增加相关的债务收支和调出支出等。

我们不仅应该编制前文 10 种非经营性特殊政府基金的单体预算，而且应该将这 10 种非经营性特殊政府基金的单体预算合并为 1 个总的非经营性特殊政府基金预算。也就是说，非经营性特殊政府基金预算应该有 10 个子预算和 1 个合并预算。每个子预算中的明细基金预算打通，可以相互调节使用，但每个子预算自求平衡。然后还要将非经营性特殊政府基金的合并预算和经营性国有资本金预算再进行合并，成为特殊政府基金预算。最后将特殊政府基金预算与一般政府基金预算再合并成为政府公共预算。这样我国本级政府预算体系中的主体预算就形成了。所以,其总共有三层合并,是层层合并而成的。其实这些并不复杂,只要设置好相互调剂的科目,利用信息系统自动合并就可以生成所需的各层预算。这样便于对不同类财政资金收支的管理和分析,从而一方面提高运营效率,另一方面满足特殊的配置和公平目标。

3. 社会保障基金预算

我国现有的是社会保险基金预算,为什么将其改名为社会保障基金预算呢?是因为我们设计的社会保障基金预算是一种信托基金式的预算,这里的社会保障基金的范围要大于社会保险基金,是将所有信托类的社会保障基金都归集在这个预算中了,但不包括完全由政府承担的社会救济、社会福利、社会优抚等非信托类社会保障支出。我们在前文已经论述过了政府公共预算和社会保障基金预算是按照所有权分类的,社会保障基金的所有权归属社会保障基金的投保人(或者说是缴纳人),投保人(或缴纳人)最终是要从其投保(或缴纳)的社会保障基金中按照一定的规则拿回其投保(或缴纳)的社会保障基金的。所以,社会保障基金只是投保人(或缴纳人)委托政府管理的基金,是一种信托基金,政府只对社会保障基金的保值增值负责,同时对其日常的收纳和支付进行管理。这种信托基金的预算就是"社会保障基金预算"。我们在第三章第二节和第三节中已经非常详细地分析和讨论了按照所有权分类的预算分类模式在效率和公平方面的优缺点,这里不再重复。我国的社会保障基金预算不仅应该包括现在已经在社会保险基金预算中的"四险",而且应该包括住房公积金和其他信托类的社保资金(如第五章第三节介绍的A省的欠薪保障金和残疾人互助养老金)。住房公积金是纯粹的信托基金,缴纳人的缴纳和支取是完全对等的,政府并不作出补助;其他信托类的社保资金具有一定的社会保险性质,只有真正倒闭欠薪的企业的员工或者退休的残疾人缴纳者才可以领取相应的社会保障金。社会保障基金预算也应该按照社会保障基金的类型设立子基金,具体包括养老保险基金预算、医疗保险基金预算(含生育保险,下同)、失业保险基金预算、工伤保险基金预算、住房公积金预算和其他社会保障基金预算(如欠薪保障金预算和残疾人互助养老金预算)等。每个子基金预算都应该编制各自的单体预算,然后将子基金预算合并成为一个社会保障基金预算。一方面,由于社会保障基金是信托基金,因此不能将社会保障基金预算的资金调入政府公共预算,即便社会保障基金预算有较多的结余,也必须保障其信托性质,不能挪用到政府公共预算中去。但由于社会保障基金需要保值增值,因此社会保障基金可以购买政府债券,将资金借给政府公共预算,并收取利息。另一方面,政府需要对养老保险基金预算、医疗保险基金预算、失业保险基金预算、工伤保险基金预算等社会保险基金预算进行托底,政府公共预算会调入资金到这4个社会保险基金预算中。所以,我们必须在4个社会保险基金预算中设置"政府补贴收入",这个科目在与政府公共预算合并时,会与政府公共预算中的"调出到社会保障基金预算支出"的科目抵销,从而不会虚增统一预算的收入和支出。

由于我国实行部分基金制的社会保险筹资模式和公平效率兼顾型的社会保障制度,因此我国适合采用在政府预算体系内单独设立社会保障预算的模式。具体分析见第三章第三节。我们设计的社会保障基金预算就是在政府预算体系内的独立社会保障预算。

总之,在正式预算中,我们按照所有权对预算进行分类,将其分为政府公共预算和社会保障基金预算。为了增强预算的整体性,我们建议建立一个涵盖两者的统一预算,即将政府公共预算和社会保障基金预算合并为一个统一预算。所以,我国政府本级预算的第一层即最高层是统一预算;在统一预算下又细分为政府公共预算和社会保障基金预算,前者是主体预算,这是第二层;第三层是政府公共预算按照收入性质的特殊性设置一般政府基金预算和特殊政府基金预算,社会保障基金预算又细分为几个子预算;第四层是特殊政府基金预算再按照经营性进行分类,分为经营性国有资本金预算和非经营性特殊政府基金预算;第五层是非经营性特殊政府基金预算,又包括10个子预算。第四层和第五层都是政府公共预算中的特殊政府基金预算的分类。刚才是自高到低的正式预算的层次,而预算合并则是自低到高,先编制第五层10个非经营性特殊政府基金预算子预算,并将10个子预算合并为一个总的非经营性特殊政府基金合并预算;然后还要将非经营性特殊政府基金的合并预算和经营性国有资本金预算再进行合并,成为特殊政府基金预算;接着再将特殊政府基金预算与一般政府基金预算合并成为政府公共预算。在社会保障基金预算方面,先编制子基金预算,各自自求平衡,然后合并为社会保障基金预算。最后将政府公共预算和社会保障基金预算合并为政府统一预算。为了便于合并,必须在每个预算中设置调剂科目。这样整个正式预算的具体框架就建立起来了。

(二)补充预算

正式预算提供所有政府收支信息,是政府全部收支的预算,可以反映政府的整体收入、整体支出和整体平衡状况以及具体详细的完整信息。补充预算只是对正式预算作出补充,在补充预算中,应该提供未纳入正式预算的准财政活动(包括税收支出),并为多角度分析正式预算提供技术上的支持。相对于补充预算而言,正式预算是主体部分,但在正式预算中,政府公共预算是主体预算。我们认为,补充预算应该包括按流动性分类的经常性预算和资本性预算、国有企业财务预算、政策性银行财务预算、财政投融资预算、税收支出预算、一份准财政活动报告、债务预算和社会性别预算等。

1. 按流动性分类的经常性预算和资本性预算

由于我国的正式预算并没有采纳按流动性分类的经常性预算和资本性预算，因此按流动性分类的预算分类模式的优点无法体现。而英国直接以流动性分类作为主体预算分类模式，虽然美国不是以流动性分类作为主体预算分类模式，但在其《分析视角，2021财年美国政府预算》中专门有一章，分析联邦投资支出，实际上也是将资本性支出单列了出来。我们在第三章第二节和第三节中已经详细地分析了按流动性分类的预算分类模式的优点：从效率上看，通过资本预算规模实现财政政策，有利于提高宏观政策的效率；债务风险管理效率和支出的时间结构管理效率都较高，有利于提高营运效率。从公平看，经常性预算的支出是当期消耗的，为当期的公众提供公共服务，所以应由当期纳税人承担成本；而资本性支出是跨期消耗的，所带来的好处是跨期的，所以用债务为资本性支出筹资，如果是营利性的，将来通过政府投资收益或者投资形成的财产出卖收入来归还本息；如果是非营利性的，就用经常性预算结余转入即税收在其使用期限内分期归还本息，让每年的纳税人承担了资本性支出每年的分期成本。这样受益人与成本承担人就对应起来，就不存在代际负担，也就是说实现了代际公平。所以为了实现公共财政责任中的效率和公平，就应该提供按流动性分类的经常性预算和资本性预算，当然这也可以提高财政透明度。为了方便编制流动性分类的经常性预算和资本性预算，建议在我国的政府收支分类中也应该加入按流动性分类的收支分类，这样才便于将经常性收入和经常性支出对应起来，将资本性收入与资本性支出对应起来。

2. 国有企业财务预算

美英两国直接将公共企业收支纳入了政府正式预算。正如前文分析的，我们认为公共企业收支预算的编制主体应该是公共企业自身，但公共企业的收支会影响政府预算的收支，所以其应该作为准财政活动的内容，体现在补充预算中。我国政府控股的企业都是国有企业，也是公共企业的主体，而且我国国有企业承担很多准财政活动，这些准财政活动不仅仅表现在国有企业的收支上，而且会体现在国有企业的资产负债上。所以我们认为，我国应该在补充预算中提供国有企业财务预算（包括国有企业的收入、支出、资产和负债等预算）。国有企业财务预算可以由国有企业自己编制，由国资委合并，最后包含于补充预算内。

3. 政策性银行财务预算

日本虽然没有将公共企业收支完全纳入政府预算，但其有单独的政府关联机构预算。日本 2020 年政府关联机构预算涉及的就是 4 家政策性银行。在美国,《分析视角,2021 财年美国政府预算》中就有一章介绍各类联邦信贷项目等准财政活动。政策性银行和货币当局的业务明显会影响政府预算收支,是典型的准财政活动。在我国,中国人民银行的收支作为事业单位的收支已经包含于正式预算中,而政策性银行则未能在正式预算中列示。所以我们认为应该在补充预算中,将政策性银行财务预算包含于内,不仅应该反映政策性银行的收支,而且应该反映政策性银行一些具体的信贷项目和融资项目。政策性银行的信贷项目是政策性银行的资产,政策性银行的融资项目是政策性银行的负债,单纯的收支预算不能体现所有准财政活动,所以我们建议政策性银行财务预算应该是政策性银行的具体收入、支出、资产和负债的预算。另外,我们认为政策性银行与一般国有企业不同,应该将政策性银行财务预算从国有企业财务预算中独立出来,单独设置。因为政策性银行实行总行制,所以政策性银行财务预算是中央政府补充预算的内容。

4. 财政投融资预算

地方政府一方面通过地方企业获得政策性银行的信贷支持进行城镇化建设、保障性住房建设等公益性资本支出;另一方面很多地方开始尝试和发展 PPP 等政府融资的新渠道。这些都是财政投融资的内容,最终还是需要通过收费或者税收进行归还,应该也体现在政府预算文件中。日本在其特别会计预算中就有一个财政投融资特别会计账户,即特别会计预算的子预算,同时还在其财政部网站上单独设置了财政投融资专栏,提供财政投融资计划、执行及相关资料。日本的财政投融资不仅反映了政府融资的项目,而且反映了政府投资的各种项目、产业等。我国 2014 年的新《预算法》规定,地方政府只能通过发行债券的方式举债,但债务额度又是中央政府控制的。近年来,我国地方政府通过地方企业和 PPP 进行投融资的方式不断创新,隐形债务危机也不断积累,需要进行科学合理的管理和规划,财政投融资预算是很好的管理和规划手段。

5. 税收支出预算

在美国的《分析视角,2021 财年美国政府预算》中有一章专门是税收支出。英国将税收支出直接列入了经常性预算中的 AME,成为正式预算的一部分。税收支出是政府因为税收优惠而造成的税收收入的减少,可以理解为一种隐性的政府支出,也是一种准财政活动,所以学界一般建议政府汇报税收支出的情况。另外,税收支出也是一种税收政策,通过对税收支出的统计,我们可以核算各种税收政策的成本,并结合相关政策效应,对各种税收政策进行绩效评价,从而有利于税收政策的制定与执行,提高宏、微观政策效率。所以我们建议在我国的补充预算中加入税收支出预算。

6. 一份准财政活动报告

其实前文提到的国有企业部分业务、政策性银行业务、财政投融资和税收支出都可以理解为准财政活动。所以我们需要一份将国有企业财务预算、政策性银行财务预算、财政投融资预算和税收支出预算等这些内容放在一起分析的准财政活动报告。准财政活动报告还应该提供前面四个预算没有体现的其他准财政活动,如中央银行的业务活动,因为我国中央银行收支已经纳入正式预算,但中央银行业务引起的资产负债的变化(不是收入支出的变化)没能纳入正式预算,这些变化最终都会影响政府预算,所以也是准财政活动的一部分,必须提供。完整的准财政报告有利于预算信息的完整性。

7. 债务预算

几乎每个国家都有自己的债务预算,我国也有。我国政府债务分为中央债务和地方债务两个部分。中央债务又包括中央特别国债和普通国债。目前,特别国债体现在中央特别国债经营基金上(中央特别国债经营基金包含于政府性基金预算中,是政府性基金预算的一个子预算),普通国债则在一般公共预算和政府性基金预算中体现。我国地方债务也分为一般债务和专项债务。目前,一般债务被包含在一般公共预算中,而专项债务则被包含在政府性基金预算中。在我们设计的正式预算框架中,我们也将债务分为一般和专项两种,将一般政府债务归入一般政府基金预算,将专项债务预算包含在非经营性特殊政府基金预算中。但在正式预算中,债务方面的预算主要提供债务余额、债务地区额度等内容。一方面内容太少,另一方面债务太分散(分散在各类预算中)。正式预算中的债务只体现显性债务,尤其我国地方政府债务只包括以债券方式举债的债务(我国现行《预算法》规定地方政府债务只能以债券方式举债,但实际情况是很多债务并不是通过举债方式形成的),未能包括或有债务、公共企业借款、隐性的债务、承诺等"过去事项引起的未来负债"以及养老金债务,不能完整地体现我国债务的真实情况(虽然我国"一个办法两个指南"要求在政府部门财务报告的报表附注中揭示或有负债和承诺,但实际很多地方并没有执行)。所以我们认为,应该单独编制债务预算,通过编制单独的债务预算解决"债务分散于各类预算"的问题。这个单独的债务预算应该从下面两个方面解决前面提到的其他两个问题:

(1)明确债务预算的内容

在债务预算中不仅应该提供年初债务、本年新增债务、本年归还债务和年末债务余额,而且应该列出当年付息支出,以及剩余债务的利息率。同时,应该对债务进行分类,可以借鉴美国、英国、日本三国的做法:第一,按时间长短分类,如1年内到期的债务、1年期债务、1到3年期债务、3到5年期债务、5到10年期债务以及10年以上债务;第二,可以按照持有人分类,如社保基金预算持有、国内市场持有以及国外政府持有等;第三,可以按地区分类,主要就是按省份分类等。

(2)完善债务预算中政府债务的范围

因为前文已经提到我国目前政府预算体系中的债务只有显性债务,尤其是地方政府只有地方债方式举借的债务,所以我们设计的债务预算中应该如美国、英国、日本等国那样包括日常运营的应付款、以政府债券方式举借的债务、其他显性债务、公共企业借款、或有债务、隐性的债务、承诺等"过去事项引起的未来负债"以及养老金债务。只有这样,才能完整体现政府的债务。

8. 社会性别预算

我国不是完全没有性别预算,河南焦作市和河北张家口市都有一定的试行。不过在国家层面上并没有什么制度保证性别预算的实施,中央层面也没有特别的实践来保障性别公平。我国预算体系中没有如日本那样专门设置一些特别的支出"项"和"目"来促进女性参加社会活动,也没有如韩国那样设立专门的部门——性别平等部,然后通过部门预算安排性别预算,更没有如澳大利亚那样有专门独立的妇女预算。所以,为了促进性别公平,国家应该通过一定的预算制度安排来保障性别公平。

从社会性别预算内容看,我们可以以河南焦作的社会性别反应预算内容为基础进行完善,但为了更好地编制社会性别预算,我们必须完善社会性别统计工作。从社会性别预算的过程看,我们应该引导妇女多参加相关预算的建议、旁听等,并通过培训让社会各界理解、认同和支持社会性别预算,提高社会性别主流化的能力。从社会性别预算的主体看,财政部门和其他职能部门是社会性别预算编制的主体。

只有通过编制社会性别预算,让公众认同社会性别预算,让妇女多参加相关预算决策,才能够完善我国的社会性别预算,从而实现性别公平的目标。

总之,为了提高预算资金的效率和公平、预算的透明度、公众对预算的可理解性,政府应该提供补充预算。为了提高宏观政策效率、实现代际公平,我们应该编制按流动性分类的经常性预算和资本性预算;为了提高预算的透明度,我们应该提供所有准财政活动的信息,包括一份准财政活动报告、国有企业财务预算、政策性银行财务预算、财政投融资预算、税收支出预算;为了控制债务风险,我们应该编制按流动性分类的经常性预算和资本性预算、应该编制财政投融资预算和债务预算;为了实现性别公平,我们应该促进我国社会性别预算的发展。这些都可以在补充预算中实现,而我们设计的补充预算也就是以这些为目标的。

二、我国部门预算具体架构的优化

我国政府预算体系应该与美国、英国、日本等国一致,将政府部门预算中的所有收支都纳入政府本级预算。而前文分析的事业单位的事业收入、经营收入和其他收入在中央都未能纳入政府本级预算,在地方情况各异,有很大一部分地区也不是全纳入(具体分析见第五章第三节),特别是事业单位的经营收支既未在中央政府本级预算中体现,又未能在地方政府本级预算中体现。而我们认为,事业单位的事业收入、经营收入和其他收入及其安排的支出应该被纳入一般政府基金预算。这样,政府本级预算就涵盖了全部的政府本级部门预算,从范围上讲,政府本级预算大于政府本级部门预算。

我国现在的部门预算存在的问题有:第一,部门预算没有提供足够的微观信息;第二,绩效目标不全面;第三,没有提供所有支出按经济分类的信息(只有基本支出有);第四,没有按经济分类与按功能分类交叉的信息;第五,没有项目支出的具体信息;第六,部门预算非常简单,也没有提供子部门的具体信息,如在教育部的部门预算中没有复旦大学的单位预算等。而我们在第五章第二节比较美国、英国、日本、中国四国部门预算时发现:美国、英国、日本三国的部门预算都非常详细,微观信息也非常丰富。经济分类是每个国家必备的,涉及所有部门预算支出。最为关键的是每个国家的部门预算最后都会落实到具体的项目上,美国的部门预算在项目下还细分活动,提供每个活动的成本和支出;英国按业务将部门预算分为行政运行支出和项目支出,也详细提供每个项目的支出信息;虽然日本没有直接表示为项目支出,但按政策目标分类的支出可以理解为项目支出,因为一个政策目标对应相应的项目。但我国只有项目支出总数,没有具体信息。我国现行的部门预算已经包括了部门所有的收支,所以部门预算的范围并不需要扩增。

我国现行的部门预算有四大内容:部门概况、部门预(决)算表、部门预(决)算情况说明、名词解释和附件。部门概况包括部门主要职能和部门预(决)算单位构成。部门预决算表包括8张表。这8张表分为两大类,一是部门总收支系列表,二是财政拨款支出系列表。目前,我国只有部门预算的财政拨款收支纳入政府本级预算。结合前文的分析,我们认为我国的部门预算应该包括:部门概况和绩效信息、各种收入支出表、各项目支出详表、各子部门预算、部门预算情况说明和名词解释及附件6个部分。建议我国部门预算的项目继续沿用原来的做法，按照功能分类的"项"来设置。

另外，由于每个部门既要编制部门预算又要编制部门决算，为了便于将预算和决算比较，我们认为部门预算和部门决算的内容、格式应该完全一样。所以，我们这里虽然论述的是部门预算的具体架构，但其实质也是部门决算的具体架构。前面的政府本级预算也一样。

（一）部门概况和绩效信息

1. 部门概况

此部分应该包括部门的基本情况、部门结构、部门职能等，还应该包括部门预算所涵盖的子部门的个数、名称。最为重要的是还应该有本部门的人员信息，并且提供各项目的人员信息。这也是美国和日本部门预算中都有的内容。

2. 绩效信息

在部门预算里，提供绩效目标信息；在部门决算里，则提供目标实现情况信息。绩效目标应该包括部门目标、项目目标和政策目标。每部分都应该提供战略目标和年度目标，以及各自的具体绩效指标和标准，绩效指标应该尽量量化。部门决算时还应该分析目标完成的程度，提出原因和具体建议。

（二）各种收入支出表

各种收入支出表包括两部分：部门收入支出总表系列和各种支出分类表系列。

1. 部门收入支出总表系列

在这部分我们可以继续保留我国现行部门预算的做法，因为我国现行的部门预算已经包括了部门所有收支，所以部门预算的范围并不需要扩增，部门收支总表系列也不需要做特别大的调整。这部分的表格包括部门收入支出总表、部门收入总表和部门支出总表。部门收支总表和部门收入总表继续维持原有的格式。部门支出总表的格式做了一些调整，调整在"列"上，在"列"上分一般政府基金支出和特殊政府基金支出，在"行"上按功能分类列示"类""款""项"，用来反映一般政府基金与特殊政府基金的支出情况。原来的部门支出总表实际上是按功能分类的部门支出表，所以将其放到了支出分类表系列，并进行了修改。

2. 各种支出分类表系列

（1）按功能分类的部门支出表

按功能分类部门支出表（见表6.1），在"行"上支出按照功能分类为"类""款""项"三级列示，在列上先按经营性分为"非经营性支出"和"经营性支出"两类，再在"非经营性支出"下分为"基本支出"和"项目支出"。

表 6.1　　　　　　　　　　按功能分类的部门支出表(设计)

项　目	非经营性支出		经营性支出
	基本支出	项目支出	
支出功能分类的"类"			
支出功能分类的"款"			
支出功能分类的"项"			
……			

资料来源:作者研究设计。

(2)按经济分类的部门支出表

我国现行的部门预算只有一般公共预算财政拨款基本支出才有经济分类,我们认为,应该将所有的支出都进行经济分类,表格可以保持原来的格式。与原来不同的是这张表格的名称改为"按经济分类的部门支出表",里面资金的范围是部门预算的全部支出。

(3)按时间期限分类的部门支出表

如表 6.2 所示,为了更好地实现绩效预算,我们可以借鉴英国的做法,将部门支出的项目区分为 DEL 和 AME。DEL 是明确地计划在三年里都需要的支出;AME 则是客观需要的,但比较难预期和难控制的支出,所以每年都不一样。DEL 三年审批一次(英国是两年),AME 每年都要审批。

表 6.2　　　　　　　　　按时间期限分类的部门支出表(设计)

项　目	DEL	AME
功能分类的"类"		
功能分类的"款"		
功能分类的"项"		
……		

资料来源:作者研究设计。

(4)经济分类与功能分类结合的部门支出表

表 6.3 是一张新增的表格,将所有部门支出都涵盖在里面,将经济分类与功能分类结合起来,可以体现部门每个功能分类的"类""款""项"三个层次上成本的具体组成情况。

表 6.3　　　　　　部门经济分类与功能分类结合的部门支出表(设计)

项　目	经济分类"类"		经济分类"类"		……
	经济分类"款"	……	经济分类"款"	……	……
功能分类的"类"					
功能分类的"款"					
功能分类的"项"					
……					

资料来源：作者研究设计。

(三)各项目支出详表

前面已经在绩效信息部分提供了项目的目标。在其他各种表格中也已经有了项目的支出信息(因为我们建议部门项目的设置与功能分类的"项"级是一致的)。但前文表格中只有某项目的经济分类支出和项目的总支出。其实每个项目下面又会有很多活动,所以也需要对活动的成本进行预算。一个项目应该编制一张项目支出详表(见表 6.4),里面包含该项目的所有信息。如果将功能分类的"类""款""项"再结合部门项目(项目按功能分类的"项"级设置)中的活动,我们的功能分类其实变成了 4 层。有了这张项目支出详表,我们就有了项目的具体信息,也就可以结合项目的绩效目标,对项目进行绩效评价和绩效管理了,从而大大提高了项目管理的效率,同时也大大提升了部门预算的透明度。

表 6.4　　　　　　　　某项目支出详表(设计)

项　目	A 活动	B 活动	C 活动	……
经济分类的"类"				
经济分类的"款"				
……				

资料来源：作者研究设计。

(四)各子部门预算

子部门预算结构和格式与部门预算应该大致一样,也包括部门概况和绩效目标、各种收入支出表、各项目支出详表、部门预(决)算情况说明和名词解释及附件 5 个部分,具体表格和内容也一样,我们这里不再重复。因为部门预算中涵盖了部门下属子部门的预算,所以我们必须分子部门编制每个子部门的预算,相当于提供子部门预算报告,这样才有利于对子部门进行绩效管理、绩效评价并按照评价结果问责,也有利于提高财政资金使用的效率和透明度。所以各项目支出详表和各子部门预算是部门预算最为重要的部分,是最能体现透明度和提高管理效率的部分。

(五)部门预算情况说明和名词解释及附件

这部分包括部门预算情况说明和名词解释,前者是对部门预决算情况的一些说明和解释,特别是前面部分没有揭示的但有必要在部门预算中揭示的信息都应该体现在本部分。名词解释部分主要是对部门预算报告中出现的专业名词作出解释。

总之,我国部门预算收支已经是部门的全部收支了,所以不必扩增部门预算的收支范围。但是我国部门预算非常简略,还存在不少问题。为了解决存在的问题,我们重新对部门预算的具体架构进行了优化。我们认为,我国的部门预算应该包括六大内容:部门概况和绩效目标、各种收入支出表、各项目支出详表、各子部门预算、部门预算情况说明和名词解释及附件,并建议我国部门预算的项目按照功能分类的"项"来设置。由于每个部门既要编制部门预算又要编制部门决算,为了便于比较,我们认为部门预算和部门决算的内容、格式应该完全一致。

第二节 我国政府收支分类的优化

前文我们以有利于公共财政责任实现为目标,结合第三章论述的政府预算体系理论部分、第四章美国、英国、日本三国经验、第五章我国的实践,非常详细地论述了如何优化我国政府预算体系的具体架构,可以说重新构建了一个新的政府预算体系。本节我们继续按照前文的分析思路,提出进一步优化我国政府收支分类的建议。

我国政府收入分类比较合理,与国际接轨,并没有与美国、英国、日本等国有显著差异,所以我们可以继续原来的收入分类。但我国现行的政府支出分类如日本政府一样比较简单,只有按部门分类、按功能分类、按经济分类和按业务分类,在部门预算中还有按经营性分类,共5种。如果将部门预算中的按经营性分类和按业务分类看成一种,那就只剩4种了(美国7种,英国6种)。支出分类并没有像美国、英国、日本三国那样有自己特有的分类,而且还存在以下六点缺陷:(1)部门分类中的部门个数太多,各部门职能交叉,不利于对部门问责;(2)功能分类没能完全按职能厘清,不利于统计政府的同一职能支出;(3)经济分类和功能分类都没能进行历年统计口径的调整，从而严重影响了纵向可比性；(4)而按业务分类则由于执行僵硬，从而无法准确预测和统计基本支出和各项目支出的数据，也就不利于对部门和项目实现绩效管理；(5)我国没有特有的政府支出分类，表明我国没有特别的管理方式或内容需要特别的政府支出分类来满足；(6)我国的支出分类少，尤其没有按流动性分类的支出分类，不利于经济分析、不利于国家制定宏观财政政策和货币政策，也无法为确定公债额度提供依据。所以，我们必须解决前面6个缺点，优化我国政府支出分类。本节分为两个内容：一是现有政府支出分类的优化，二是新政府支出分类的设置。

一、现有政府支出分类的优化

我国现有政府支出分类有按部门分类、按功能分类、按经济分类和按业务分类。其中按功能分类是我国政府支出分类的主分类。由于我国的经济分类已经比较规范，因此可以沿用，不必改革。

（一）按部门分类

我国目前并没有在政府本级预算中提供按部门分类的各种支出信息，只是在部门预算时，按照部门提供。地方各级政府提供的部门预算一般在30～40个，我国中央政府有102个部门预算；而美国联邦政府有29个部门预算；英国将所有中央政府部门归类为24个部门组，也就是有24个部门预算；日本有17个部门预算。与美国、英国、日本政府比，我国部门分类存在两个问题：(1)部门个数太多，不利于部门之间的横向对比，也不利于对政府职能完成情况、职能完成所需要的成本和支出进行分析，从而不利于对政府及政府部门问责。(2)政府本级预算不提供部门分类的各种支出表，不利于透明度的提升、不利于公众对政府预算的理解。所以，我们也应该从两个方面完善我国的部门分类：(1)按照部门职能对部门进行归类，将相同职能的部门预算合并在一个部门组中。如果部门职能相互交叉，建议先厘清部门的职能，让一个部门只执行一个政府职能，也就是说一个政府职能可以是几个部门共同来执行，但一个部门不能涉及多个政府职能，只执行一个政府职能。其实最理想的是一个部门对应一个政府职能，一个政府职能对应一个部门，这样部门分类与功能分类就一致了。但这样的改革比较大，所以我们建议先行第一步，就是一个政府职能几个部门执行，但一个部门只涉及一个职能。这样就可以按照部门职能对部门进行归类，解决部门个数太多引起的各种问题。(2)在政府本级预算中应该提供按部门分类的各种支出表，如部门分类总表、部门分类与经济分类结合的支出表(如表3.3)，部门分类与业务分类结合的支出表,部门分类与时间期限分类结合的支出表、部门分类与流动性分类结合的支出表、部门分类与功能分类和经济分类的结合的支出表(如表3.4),这样就可以在政府本级预算层面直接提供各部门的经济分类的支出、业务分类的支出、时间期限分类的支出和功能分类的支出,一方面有利于提升财政透明度、有利于提高政府预算体系的可理解性,另一方面有利于部门之间的直接比较、有利于对政府问责。

(二)按功能分类

2020年我国按功能分类,政府支出分为29类,共"类""款""项"三层。从层次上讲是比较适中的,美国、英国等国和IMF建议一般是三层。但我国的"类"数较多,是四个国家中最多的。虽然为了突出重点支出,满足政策实现的需要对重点支出单独列示"类",但长此以往,"类"会越来越多,也会肢解政府同一职能的支出,从而无法将相同职能的支出放在一个"类"上。这样不便直接了解政府各个职能的各自的支出总数,也不利于对政府各个职能进行绩效评价和对相关部门进行问责。

所以我们建议,对我国的功能分类按照政府职能进行重新梳理。功能分类应该完全按政府的职能进行分类,一个职能一个功能分类的"类"。(1)将"援助其他地区支出"类并入"转移性支出"类。现在的"转移性支出"类中也有一个"援助其他地区支出"的"款",但这个款主要反映援助方政府安排的没有限制用途的援助和捐赠;而"援助其他地区支出"类则反映援助方政府安排的有限制用途的援助和捐赠。为了更好地反映对其他地区的援助支出总体情况,应将不限制用途和限制用途的都放在"转移性支出"类下,分别设置"指定用途的援助其他地区支出"和"不指定用途的援助其他地区支出"两个"款",从而真正反映本级政府的转移支出的总貌。(2)将"债务还本支出""债务付息支出"和"债务发行费用支出"三"类"合并为"债务支出"类,在"债务支出"类下再区分为前三"款"。(3)将"住房保障支出"类并入"社会保障与就业支出"类,这样就可以将除社会保险支出外的社会保障与就业支出全合并在"社会保障与就业支出"类中。(4)将"资源勘探电力信息等支出""商业服务业等支出""金融支出"三"类"合并为"经济事务支出"类,这样就可以与国际接轨,便于国际比较。经过前面我们的整合,我国的功能分类就从原来的29类减少到23类,就可以解决"类"数太多、肢解政府职能的问题,可以将同一政府职能放在一个功能分类的"类"上了。

另外,正如部门分类方面分析的,最好将部门分类与功能分类对应起来。也就是说,我们可以按政府职能设置功能分类的"类",一个职能一个功能分类的"类",一个"类"对应于一个部门预算。这样政府部门的职能厘清了,功能分类也厘清了,政府职能的成本也清楚了,政府某个职能绩效不高,我们就可以问责对应的部门,而部门之间也就不能相互推诿。这样部门分类和功能分类就统一了。但改革部门毕竟是比较大的改革,不是那么容易的,那么我们可以一步一步来,先厘清部门的职能,让一个部门只涉及一个职能,一个职能可能会对应几个部门,这样一个功能分类的"类"可能对应一个或几个部门预算,但一个部门预算只能对应一个功能分类的"类",这样也可以厘清政府职能的成本,提高绩效管理的效率。

(三)按业务分类

我国现行的部门预算中有一种分类,分为基本支出、项目支出和经营支出。我们认为这其实是一种复杂的分类,先按经营性分,分为非经营性支出和经营性支出,再将非经营性支出按业务分,分为基本支出和项目支出。原来只有部门预算才有基本支出和项目支出之说。但从2014年执行新的《预算法》后,我国政府本级也提供一般公共预算的基本支出。所以我们也可以认为,我国政府本级预算也有了按业务区分的基本支出和项目支出。由于我国现行政府本级预算不包括行政事业单位的经营性收支,因此现行的政府本级预算中的经营性资金仅仅只是国有资本经营预算资金,不包括行政事业单位的经营性收支。但是我们设计的我国政府预算体系中,将事业单位的所有收支包括经营性收支也纳入了政府预算。所以我们认为,政府预算的业务分类应该与部门预算的业务分类相统一,先按经营性分类,分为非经营性和经营性,再在非经营性下分为基本支出和项目支出。

我们在第五章第一节已经分析过我国业务分类存在的问题:(1)把有些项目成本列在基本支出中,特别是将项目成员中在编人员的工资福利列在基本支出中,是非常不科学、不准确、也不合理的。按照人员是否在编来判断是否是项目支出,非常不利于对项目进行绩效管理。(2)把一些基本支出列入项目支出中,基本支出定额用完时,在项目支出中编撰一个项目来补充基本支出,实质并不是项目支出,从而无法准确核算和统计部门日常运行支出,也不利于部门基本支出的绩效管理。这种现象在地方政府特别多见。对于这两个问题,我们建议:(1)按项目的真实成本归类项目支出,不考虑人员是否在编。也就是说只要人员劳动确实是为项目付出的,就应该纳入项目支出,不管人员是否在编。(2)按真实的基本支出需求编制预算,放弃对基本支出实行定员定额管理。这样才能真实厘清项目支出和基本支出的真实支出额,才能合理科学地管理项目支出和基本支出,才能准确预算和统计各项目成本,也就有利于对各项目和部门进行绩效管理,并实行有效的绩效问责制度。当然,在编制基本支出和项目支出时,都需要按照科学的支出标准进行编制。

二、新政府支出分类的设置

借鉴美国、英国、日本等国的经验,结合我们之前对各种支出分类的理论分析。我们认为我国最有必要增加的新政府支出分类是按时间期限分类和按流动性分类两种。

(一)按时间期限分类

我们在论述部门预算具体架构的优化时分析了按时间期限分类。在我国引入按时间期限分类,主要是为了配合我国绩效预算的发展,提高我国政府部门的营运效率。因为绩效预算主张按部门战略目标对项目进行前评估,按照前评估结果选择项目,并对项目进行排序,以此编制项目预算。如果每年都对所有项目进行前评估,工作量会很大,为了提高营运效率,我们主张借鉴英国,引进按时间期限分类,对于3到4年较稳定的DEL项目,只要三年做一次前评估即可,对于AME项目则需要每年都评估。我国的基本支出应与英国的行政运行支出一致,属于DEL,可以三年检查一次,看是否需要调整。

(二)按流动性分类

在我国引入按流动性分类的支出分类,主要是为了配合按流动性分类的预算分类模式。因为我们在补充预算中设置了按流动性分类的预算分类模式,势必会涉及按流动性分类的支出分类,所以我们需要新增按流动性分类的支出分类。按流动性进行支出分类的必要性与按流动性进行预算分类的必要性完全一致,后者我们在补充预算部分已经非常详细地论述过了,这里不再重复。这里需要说明的是我们主张的按流动性分类,倾向于向英国学习,而非美国。因为在美国,按流动性分类分为经常性支出和投资支出,而联邦投资支出不仅仅包括公共实物投资,而且包括研发支出、教育和培训支出,把能够长期收益的支出定义为投资支出,可见美国的投资支出是广义的定义。而英国的资本性支出仅仅是公共实物投资(包括经营性与非经营性实物的投资支出)。我们前面分析的按流动性分类的预算分类模式的优点都是基于英国式的流动性分类,而不是美国式的,学术界和实务界所谓的流动性分类也都是英国式的,所以我们建议借鉴英国,引入英国式的流动性分类。

最后需要说明的是,我们为什么不主张引入美国特色的按法定性分类和英国特色的资源预算,是因为我国现阶段还无法保证法定性分类的合理性;同时,我国的财务会计制度和财务会计人员也还没有达到可以引进英国特色的资源预算的高度。所以,在政府支出分类中,没主张引入按法定性分类,在前文预算体系具体架构中也没主张引入资源预算。随着条件的成熟,可以考虑逐步引进。而日本特色的按政策目标分类其实与我们的功能分类的"项"分类是一致的,因为我们的项目分类就是按照功能分类的"项"进行的分类,每个项目都有自己的政策目标,所以按政策目标分类就是按项目目标分类,就是按项目分类,也就是我国的按功能分类的"项"分类,所以没必要再单独设立了。

总之,我们应该以有利于公共财政责任实现为目标,结合理论、国际经验和我国的实践,设计和优化我国的政府支出分类:对于部门分类,按同一政府职能归类,减少部门个数,并在政府本级预算中体现按部门分类的具体支出信息;对于功能分类,将对应于同一类政府职能的功能分类的"类"进行合并,经过我们的梳理,最后形成了23类功能分类的"类";对于业务分类,按项目的真实成本归类项目支出,按真实的基本支出需求编制预算。最后,我们建议新增按时间期限分类和按流动性分类。前者是为了加强绩效管理,发展绩效预算;后者是为了配合按流动性分类的预算分类模式,并明确我国引入的按流动性分类是英国式的按流动性分类,而非美国式。

第三节 我国政府预算体系的透明度、效率与公平的优化

按照前文的分析结构,我们在本节提出了进一步优化我国政府预算体系的透明度、效率与公平的具体建议,并且继续按照将前两节设计政府预算体系具体架构和政府支出分类的依据作为本节具体建议的依据,即以第三章论述的理论部分、第四章国际经验部分和第五章我国实践部分为依据。

一、我国政府预算体系的透明度优化

我们在第三、四、五章中从政府预算体系的范围、政府预算报告的内容、政府预算体系管理过程及预算信息质量要求四个方面分析政府预算体系的透明度,本部分继续沿用这种分析框架。

(一)我国政府预算体系范围的优化

预决算信息有些是通过预决算报告提供的,有些则是通过财务报告提供的。

所以,我国政府预算体系范围的优化也就涉及预决算报告范围和财务报告范围。但不管是预决算报告范围还是财务报告范围,涉及的都是收入范围、支出范围、债务范围和资产范围四个内容。所以我们就从这四个方面论述我国政府预算体系范围的优化。

1. 我国政府预算收入和支出范围的优化

我国现行政府预算体系在收支方面缺乏的信息有税收支出、准财政活动、各类预算收支的合并信息;财政专户资金(不包括社会保险基金,下同)没能纳入政府本级预算;国有企业只有上缴的利润纳入政府预算。我们应该从下面四点来解决这些问题。

(1)将财政专户资金纳入政府本级预算。我们在第五章第三节中已经分析过,我国从中央到地方都存在着财政专户资金。财政专户资金是实质意义上的预算外的资金,不需要人大审批,脱离人大的监督,目前还未曾对外公开。[①] 而没有纳入预算的财政专户资金主要来源是:事业单位的事业收入、其他收入和经营收入;部分行政收费(包括一些地方政府特殊的社会保障收费);从四大预算(主要是从一般公共预算)调出到财政专户的资金。我国为了实现全口径预算,2014年的新《预算法》规定政府全部的收入和全部的支出必须纳入预算,但并没有对政府的收入和支出进行定义,导致各地对政府收入和支出认识的不统一,做法不一致。所以,我们设计的我国政府预算体系的具体架构中明确将事业单位的事业收入、其他收入和经营收入,以及这些收入安排的支出纳入一般政府基金预算,将如欠薪保障金等地方特殊社会保障基金和政府公积金纳入社会保障基金预算,这样使得政府预算收入和支出的范围进一步扩大。为了杜绝将预算内资金调入财政专户,脱离预算监督,我们必须严控财政专户的建立,通过人民银行结算系统,杜绝地方政府设立未经中央财政批准的财政专户,并由人民银行对批准的财政专户实行实时监控。这样,一方面地方政府的行政事业收费全部纳入国库,纳入政府公共预算;另一方面地方政府也不可能将预算内资金转移入财政专户,脱离监督,从而真正意义上实现全口径预算。

(2)将所有政府投入经营性企业的资本金产生的收益(包括股息、红利和上缴利润等已分配利润和归属于政府的未分配利润),并对这些收益安排的支出,都纳入经营性国有资本金预算。我国很多地方的部分国有企业并不上缴利润,所以国有资本经营预算的范围不全面。我们设计的经营性国有资本金预算要求将政府投入经营性企业的资本金产生的收益(包括股息、红利和上缴利润等已分

---

① 2020年10月1日开始实施的新《预算法实施条例》要求各级财政按规定公开财政专户资金。

配利润和归属于政府的未分配利润),并对这些收益安排支出,都纳入经营性国有资本金预算,这样就可以将未在财政专户体现的预算外资金也纳入政府预算体系,进一步实现了政府预算范围的全口径。

(3)在补充预算中提供税收支出预算、国有企业财务预算、政策性银行财务预算、财政投融资预算、税收支出预算和一份准财政活动报告,完整地提供准财政活动信息。

(4)在正式预算中,通过从低到高地合并本级政府各类预算,提供各种预算收支合并信息。具体合并的程序见前文的"正式预算"部分。

最后需要说明的是,通过优化政府预算的收入和支出范围,政府本级预算收支也就涵盖了所有本级政府部门预算收支,即政府本级部门预算的收支全部纳入了政府本级预算。

2. 我国政府债务范围的优化

前文已经提到我国目前政府预算体系中的债务只有显性债务,尤其是地方政府,主要是地方债券,未能包括或有债务、公共企业借款、隐性的债务、承诺等"过去事项引起的未来负债"以及养老金债务,不能完整地体现我国债务的真实情况(虽然我国"一个办法两个指南"要求在政府部门财务报告的报表附注中揭示或有负债和承诺,但很多地方实际并没有执行)。所以,我们设计的债务预算中包括日常运营的应付款、政府债券、其他显性债务、公共企业借款、或有债务、隐性的债务、承诺等"过去事项引起的未来负债"以及养老金债务。只有这样,才能完整体现政府的债务。

3. 我国政府资产范围的优化

按照我国政府会计制度的规定:我国政府资产包括流动资产和非流动资产,流动资产又包括货币资金、各种应收预付款、短期投资、存货等;非流动资产包括长期投资、固定资产、在建工程、无形资产、政府储备资产、公共基础设施等,非流动资产以净值表示,并对政府部门管理的无法取得价值的公共基础设施、文物文化资产、保障性住房、自然资源资产等重要资产,披露种类和实物量等相关信息。从这些规定看,我国政府资产范围已经很全面了,但难点是如何计量无法取得价值的资产,这就需要另行研究。另外,规定是规定,实际执行是实际执行。按照我国现行的政府会计制度,政府储备资产、公共基础设施也是政府资产的范围。但我们在第五章第三节分析我国地方政府实务中发现,很多地方行政事业单位并没有全部核算这些内容,试编的政府综合财务报告中也不是全部包括这些内容。所以,资产信息实际情况的不全面不是通过规定能够解决的,我们必须通过审计等监督制度的实施促进行政事业单位对资产的全面性负责。

(二)我国政府预算报告内容的优化

对于本部分的内容,我们前文都是从财务信息和非财务信息两方面论述的,所以我们也应该从这两部分优化政府预算报告的内容。但同时我们认为,政府预决算及财务报告层次也会影响财政透明度,所以也应该优化。

1. 财务信息与非财务信息的优化

我国财务信息中收支预测和执行信息较全面。由于政府综合财务报告和政府部门财务报告还没对外公开,财务状况和运营情况信息、成本绩效信息是缺失的,即便公开也缺少详细的项目或者政策的成本信息和政府净资产变动信息(因为按照我国现行的政府会计制度和政府综合财务报告编制指南,都没有单项的项目成本表或者项目支出表,也没有政府净资产变动表)。在非财务信息中,部门的微观非财务信息除了对部门职责和绩效管理的情况的简单介绍外,其他微观非财务信息几乎是缺失的,特别是人员信息;而政府的宏观非财务信息从总体看,似乎都有些涉及,但都非常简单和总括,没有税收支出书和准财政报告书。

为了解决前面的问题,我们从收支预测和执行信息、财务状况和运营情况信息、成本绩效信息方面完善财务信息,从微观运营信息和宏观运营信息两方面完善非财务信息。

(1)财务信息的优化

从收支预测和执行信息看,收支预测和执行信息一般是通过收付实现制的月度预算执行报告或者年度的预决算报告反映的。月度报告包括政府本级预算执行报告和部门预算执行报告,提供的信息有年初预算数、预算调整数和预算执行数。年度报告要比月度报告详细得多,同样包括政府本级预决算报告和部门预决算报告。政府本级预决算报告,按照我们前面设计的正式预算和补充预算以及支出分类提供;部门预决算报告按照我们前文设计的部门预算具体架构提供。

从财务状况和运营情况信息看,财务状况和运营信息一般是通过权责发生制的政府财务报告和部门财务报告来反映的。而财务报告一般包括资产负债表、收入费用表、净资产变动表和现金流量表。月度财务报告一般只提供资产负债表和收入费用表。而年度财务报告则详细得多,既有资产负债表、收入费用表,又有净资产变动表和现金流量表,还应该提供重要资产、负债的明细表。

从成本绩效信息看,一般是通过权责发生制的政府财务报告和部门财务报告、政府绩效报告和部门绩效报告提供。①在政府财务和绩效报告中应该设置功能分类到"项"的成本表和绩效表,可以体现政府项目的成本和绩效信息;同时设置按部门分类的成本表和绩效表,可以体现政府各部门的成本和绩效信息。

这样便于将项目和部门的成本与绩效对应起来，便于进行项目和部门的绩效评价，便于问责，从而提高财政资金的使用效率。②在部门财务和绩效报告中，应该按照项目设置每个项目的成本表和绩效表，即每一个项目设置一张成本表和绩效表，这张成本表按活动分类，可以体现每个项目中每个活动的成本，但绩效就没必要再细分到活动了。这样既可以了解项目成本的组成信息，又便于控制项目成本，提高绩效。

(2)非财务信息的优化

微观运营信息一般在部门预决算及财务报告中提供。按照前文分析的，部门预决算报告一般会有部门概况和绩效信息。部门概况部分应该包括部门的基本情况、部门结构、部门职能等，还应该包括部门预算所涵盖的子部门的个数、名称。最为重要的是，部门的概况部分应该有本部门的人员信息，并且应该提供具体项目的人员信息。绩效信息也可以通过绩效报告单独提供。绩效目标应该包括部门目标、政策目标和项目目标，每部分都应该提供战略目标和年度目标，以及各自的具体绩效指标和标准，绩效指标应该尽量量化。除提供年初的目标和年末目标的实现程度外，还应该分析原因和提出具体建议。

从宏观运营信息看，应该设置国民经济基本情况表、政府战略目标书、政府绩效评价情况书、政府财政经济分析书、政府财政政策效应书、政府财政财务管理情况书、准财政报告书等，并通过这些提供本级政府国民经济信息、政府的战略目标和财政政策、财政经济的分析情况、财政政策实施的效应、政府财政财务管理情况、政府目标实现的绩效情况等。

2. 我国政府预决算及财务报告层次优化

之前的优化建议都是基于政府本级预决算和政府部门预决算的。由于政府的部门预决算报告和部门财务报告不存在地方与中央、上级政府部门和下级政府部门的合并，因此本书所提到的部门预决算报告和部门财务报告都是本级政府的部门预决算报告和本级政府的部门财务报告。但是政府的预决算报告和政府的财务报告则存在着政府本级预决算报告和政府本级财务报告、中央与地方（上下级政府）合并预决算报告和中央与地方（上下级政府）合并财务报告之分。虽然不管是本级报告还是上下级合并报告，其格式、范围和内容都是一样的，但上下级之间合不合并却是很关键的，如我国目前中央与地方有合并决算报告，但没有合并的详细预算报告，更没有合并的财务报告。这些信息的缺失使得报告使用者无法了解整个国家的情况。我国目前省级及省以下政府都有上下级政府合并的预决算报告，但没有合并的财务报告。所以缺失的中央与地方详细合并的预算报告和中央与地方合并的财务报告以及地方上下级合并的财务报告也应该在政府预算体系中提供,从而提高财政透明度。

(三)我国政府预算体系管理过程的透明度优化

本部分我们从预算管理活动对外公开和公众参与预算管理活动进行分析。

1. 预算管理活动对外公开

按照前文的分析,预算管理活动对外公开包括两个方面:一是公开预决算文本信息,二是公开预算程序(包括会议等现场)。

根据表5.11,我们可以看到我国在文本信息的公开上主要是政府通过网络、电视、报纸、出版物等渠道公开。在美国,民间组织参与了网络上的推广,英国政府则主动在民间热度较高的网站上公布相关预算文本信息。所以我国政府也可以借鉴英美两国,动用民间力量推进预算文本信息的进一步公开。

我国预算程序的公开由于没有法律的保障,因此除了新闻媒体零星的报道,基本上各地的预算程序(包括会议等现场)都不公开。只有极个别的地方在试点。而美国等西方国家则通过公众取得出席、旁听和观看等观察权观察预算会议;通过网络直播、电视、广播等对预算编制过程进行充分及时的报道等途径公开预算程序(包括会议等现场);日本还在网络上公开会议记录。所以我国也可以借鉴美国、英国、日本等国的经验,通过上述途径公开预算程序。但最为关键的是需要法律保障,否则各地执行情况可能不会太理想。

2. 公众参与预算管理活动

在我国,公众对预算管理活动的参与主要表现在三个方面:一是通过绩效预算,参与对项目、部门、政策社会满意度的评价等;二是通过各种渠道对政府预算活动提出建议;三是参加各种预算听证等活动。从我国地方参与式预算的实践看,参与式预算各地都有自己的特色。但还是存在着一些问题:涉及的项目较少和资金面较窄;参与式预算实践的层次较低;程序等制度设计不合理,很多流于形式;实行预算听证等这种参与式预算的地方还是比较少,而且是零星的。所以要改善前面讨论的问题,我们必须系统设计具体的制度,推动我国参与式预算的发展。一方面通过完善政府绩效管理和绩效预算,建立公众参与绩效前评估和绩效后评价制度,促进公众对政府部门、政策和项目绩效评价的参与;另一方面建立人大和政府预算听证制度,要求各级政府在编制预算前必须先实行预算听证,同时要求各级人大在预算审查前必须实现预算听证,促进预算决策和预算监督的公众参与;另外,也可以借鉴日本的做法,在基层试点由公众直接参与决策的做法,但这个只能是试点,在条件未成熟之前不宜推广。

(四)我国政府预算信息质量的优化

政府预算信息质量包括真实性、可比性、可理解性、及时性和获得的便捷性。

可理解性主要与支出分类有关，我们已经在前一节具体分析了政府支出分类的优化，以期达到透明、效率和公平的目标，所以这里我们不再重复。另外，对及时性而言，我国的《预算法》也已经作出了合理明确的规定，所以这里也不再论述。我们主要的建议集中在真实性、可比性和获得的便捷性。

1. 真实性

从真实性看，我国实行的是独立性较差的横向行政型审计模式。目前，我国每个部门的决算和财务报告并不要求每年审计，而是抽查审计。虽然对政府的决算进行年度审计，但是如果部门的决算和财务报告不真实，又如何能保证政府的决算和财务报告的真实性呢？所以我们在真实性方面应从两个方面进行优化：

(1) 改革审计模式

横向行政型审计模式使得地方审计机构不独立于本级政府，即使对本级政府的决算年年审，也未必能保证其真实性。何况前文提到的部门决算和财务报告年度审计的缺失更降低了政府预算信息的真实度。所以我们建议将横向行政型审计模式改革为纵向行政型审计模式，这种改革难度和阻力相对是最小的，也是最容易操作的。在纵向行政型审计模式下，地方审计部门的人事和财力都由中央政府决定，这样就独立于本级政府，独立性加强。

(2) 建立政府及部门的决算和财务报告年度审计制度

我国现在的实际情况是部门和政府的财务报告没有被审计，更谈不上年审。而部门决算报告一直都有被审计，但也不是年年审计的，而是抽查的，这样无法保证部门决算信息的真实性。为了保证决算报告和财务报告的真实性，我们必须建立政府及部门的决算和财务报告年度审计制度，即不仅对政府决算和财务报告年年审计，而且要对部门决算和财务报告年年审计，这样才能确保政府预算信息的真实性。

另外，审计完成后，要对那些提供虚假信息的公共部门进行问责。公共财政责任要求的问责是政府对公众的负责，要对没有达到目标、完成公共财政责任的公共组织及其公职人员进行惩罚性问责。而政府部门内部的问责还是会受到独立性的影响，要从本质上解决问题，还是需要完善立法机构和司法机构的问责机制，尤其是立法机构的问责机制。所以，我国人大应加强按照审计报告对本级政府的问责机制。

2. 可比性

从横向可比性看，我国功能支出分类中的支出科目是按照 IMF1986 年版 GFSM 制定的，但很多发达国家都按 IMF2001 年版 GFSM 制定，如美国。所以，为了与国际接轨，便于横向比较，建议我国也将功能支出科目升级为IMF2001年版的GFSM标准。

从纵向可比性看，2007年的收支分类改革时我国只对2006年的数字进行了调整，之前年份都没调整，造成了断层。不仅如此，我国现在每年也不会对以前年度的支出数进行调整（因为每年都会对支出口径做或大或小的调整），而且我国预算报告只提供上年数和本年数，上年数和本年数的口径会统一，但前年的数据，甚至更前年的数据都没有按照当年的口径调整，所以不具有可比性。另外，我们既没有像美国那样用GDP占比来表示详细的各年预算信息，又没有如英国那样用剔除通货膨胀的真实货币来表示详细的各年预算信息，这样使得纵向可比性进一步降低。所以，在纵向可比性上我们应该做两件事：(1)应该与美国、英国、日本三国一样每年至少对前30年的数据按照当年的口径进行调整；(2)应该借鉴美国提供政府各年"各支出占当年GDP的比例"（GDP用不可比价格体现），从而来剔除通货膨胀的因素，使得各年的数字真正具有可比性。只有这样才能提高我国政府预算信息的纵向可比性。

3. 获得的便捷性

我国政府的预决算在政府网站上公开有三种情况：在政府信息公开网站或者人民政府网站的预决算专栏公开、在财政部门网站的预决算信息公开平台公开、在单独建立的预决算信息公开平台公开。只有第三种，不仅公开本级预决算，还公开下级预决算；其他两种都只公开本级预决算。公开时，有些地方对预决算按照四大预算进行了分类，大部分地方则没有分类。我们建议，按省份单独建设政府预算信息公开网站，将本区域内本级与下级所有政府预决算和部门预决算相关信息集中公开在这一网站上，并且按照四大预算分类公开。以后，政府财务报告和绩效报告也可以在这个平台集中公开。这样预算信息获得的便捷性将大大提高，从而有利于财政透明度的提升。

总之：(1)从政府预算体系范围的优化看，我们应将财政专户资金、所有政府投资到经营性企业的资本金产生的收益、包括税收支出在内的各类准财政活动都应该包括在政府预算体系中；我国资产与负债的信息也应该进一步全面化；还应该提供本级政府各类预算合并信息。(2)从政府预算报告内容的优化看，通过各类收付实现制的预决算报告和预算执行报告反映收支预测和执行信息；通过各类权责发生制的财务报告反映财务状况和运营情况信息；通过各类权责发生制的财务报告和绩效报告提供成本绩效信息。非财务信息需要从微观运营信息的全面提供和宏观运营信息的详细化两个途径来完善。我们还应该提供中央与地方（上下级）政府预决算合并报告和财务合并报告。(3)从政府预算体系管理过程的透明度优化看,我们不仅应公开预算文本,更应该通过立法保障预算程序的公开;通过完善绩效预算、预算听证制度等完善公众参与预算管理活动的制度保障。(4)从政府预算信息质量的优化看,通过采用纵向行政型审计模式,建立政府和部门的预决算报告和财务报告年度审计制度、加强立法机构问责制度这三种方式来保障预算信息的真实性;通过将功能支出分类的支出科目升级为IMF2001年版的GFSM标准、通过每年对前30年数据口径的调整、通过用GDP占比反映各种支出来加强可比性;最后通过单独建设预决算公开网站,分类提供预决算报告、财务报告和其他预算信息,来提升获得的便捷性。

二、我国政府预算体系的效率和公平的优化

前文分析政府预算体系的效率和公平都是从政府预算体系的种类、预算分类模式和支出分类模式三个方面进行的。而本章的第一节和第二节就是从这三个方面进行的优化,而且优化的目标就是实现公共财政责任,以透明度、效率和公平为终极目标,所以这里不再重复。

(一)我国政府预算体系的效率优化

通过我们前文设计的政府本级预算具体架构、部门预算具体架构和政府收支分类的优化,解决了原来我国政府预算体系在效率方面的缺陷:(1)一方面通过对政府本级各类预算的合并(我们设计的政府预算体系是需要从低到高地层层合并各类预算,最后形成统一预算),另一方面通过对中央政府与地方政府(上下级政府)预决算报告和财务报告的合并,提高整体性,解决我国之前整体性弱、宏观政策效率不高等问题。(2)厘清预算分类,建立补充预算提供流动性分类的预算、各种准财政活动的预算及报告,并扩大正式预算的范围,实现真正意义上的全口径预算,解决之前预算分类存在的缺陷。(3)通过完善现有政府收支分类,引入新的按时间期限分类和按流动性分类的支出分类,使得支出分类更加多元化,解决资金使用效率不高的问题。具体分析见本章第一节。

绩效预算的完善既可以提高政府预算体系的效率,又可以提升政府预算体系的透明度。我国2018年9月虽然已经发布了《关于全面实施预算绩效管理的意见》,但还需要适合绩效预算的制度环境,才能使得绩效预算深入。例如绩效问责制度的缺失,使得很多地方财政认为即使绩效评价了,评价结果也无法问责、无法落实。只有通过立法才能彻底解决这一问题。通过立法建立绩效问责制度,才能使绩效评价结果得到真正的应用。再比如,绩效预算需要行政事业单位的内控制度的配合,但由于行政事业单位的内控制度建立与否的主动权在单

位手上,使得内控制度的建设举步维艰。而内控制度的不完善,绩效预算就没办法达到预期的理想状况。所以必须完善这些配套制度,才能使得绩效预算起到提高资金效率和提升透明度的作用。

(二)我国政府预算体系的公平优化

通过建立社会保障基金预算,将具有信托性质的特殊社会保障基金例如欠薪保障金和住房公积金等纳入社会保障基金预算,进一步推动代内公平。通过引入按流动性分类的预算分类,可以进一步达到代际公平。将经营性国有资本金预算纳入政府公共预算,有利于代内公平。归类非经营性特殊政府基金预算既提高资金营运效率,又可以更有效地达到特殊公平的目标。最后通过引入社会性别预算促进我国的性别公平。具体分析见本章第一节。

总之,我们前文设计的政府本级预算具体架构、部门预算具体架构和政府收支分类能够很好地优化我国政府预算体系的效率和公平。

附 录

财政干部调查问卷

1. 您所在的财政局是哪一级的？
   A. 省级　　　　B. 地区级市级　　C. 县级　　　　D. 其他
2. 您是哪个省的？ _____
3. 您所在的财政局有财政专户资金吗？
   A. 有　　　　　B. 没有　　　　　C. 不知道

   如有财政专户资金，其是一般公共预算的____分之____，有____个财政专户？

   从一般公共预算中转入的有_____（金额）？
4. 当地公立学校非义务制阶段的学费是怎么处理的？
   A. 不纳入四大预算，并将资金存入财政专户，按时返还原学校
   B. 纳入四大预算中的一般公共预算，并将资金存入国库，统一安排学校经费
   C. 纳入一般公共预算，但资金存入财政专户，并统一安排学校经费
   D. 其他处理方式
5. 当地事业单位"其他收入"中的投资收益、出租收入是怎么处理的？
   A. 不纳入四大预算，并将资金存入财政专户，按时返还原单位
   B. 纳入四大预算，并将资金存入国库，同级财政统筹使用
   C. 不纳入四大预算，资金也没有存入财政专户，而是保留在各单位的银行账户中
   D. 其他处理方式
6. 当地有没有编制国有资本经营预算？
   A. 编制　　　　B. 不编制　　　　C. 不知道
7. 当地是不是所有的国有企业都上缴利润？
   A. 是　　　　　B. 不是　　　　　C. 不知道
8. 当地有没有试编权责发生制的政府综合财务报告？
   A. 有　　　　　B. 没有　　　　　C. 不知道
9. 当地有没有试编权责发生制的政府部门财务报告？

A. 有　　　　B. 没有　　　C. 不知道
10. 当地有没有国发基金?
A. 有　　　　B. 没有　　　C. 不知道
11. 有没将国发基金作为或有负债管理?
A. 有　　　　B. 没有　　　C. 不知道
12. 当地有没有试点要求部门编制部门绩效目标?
A. 有　　　　B. 没有　　　C. 不知道
13. 当地有没有试行项目绩效前评估?
A. 有　　　　B. 没有　　　C. 不知道
14. 当地有没有试点要求部门编制项目目标?
A. 有　　　　B. 没有　　　C. 不知道
15. 当地有没有试点部门后评价?
A. 有　　　　B. 没有　　　C. 不知道
16. 当地有没有试行项目绩效后评价?
A. 有　　　　B. 没有　　　C. 不知道
17. 当地有没有公开地方预决算报告?
A. 公开　　　B. 不公开　　C. 不知道
18. 当地有没有公开部门预决算报告?
A. 公开　　　B. 部分公开　　C. 不公开　　　D. 不知道
19. 当地有没有开展预算听证活动?
A. 有　　　　B. 没有　　　C. 不知道
20. 当地财政预算决策会议允许公众观摩或者旁听吗?
A. 允许　　　B. 不允许　　C. 不知道
21. 当地人大进行预算审查时允许公众观摩或者旁听吗?
A. 允许　　　B. 不允许　　C. 不知道
22. 当地所有部门的预决算报告公开都链接在一个网上吗?
A. 是　　　　B. 不是　　　C. 不知道
23. 如果所有部门的预决算报告公开都链接在一个网上,是:
A. 按专栏链接　　　　　　B. 按部门链接
C. 既有按专栏又有按部门链接　　D. 不知道
24. 当地审计部门每年对预算执行情况进行审计吗?
A. 有　　　　B. 没有　　　C. 不知道
25. 当地有没有每年对每个部门的决算进行审计?

A. 有　　　　　B. 没有　　　　　C. 不知道

如果没有每年对每个部门决算进行审计,那么每年部门决算审计的面是多少? ＿＿分之＿＿

财政干部访谈大纲

1. 你们财政专户资金的来源有哪些? 用在哪里? 财政专户资金的规模如何? 你们是如何管理财政专户资金的?

2. 当地四大预算资金有没有被调入财政专户,原因是什么? 财政专户资金会被调入政府预算内吗?

3. 当地国有资本经营预算的范围是什么? 哪些国企没有纳入国有资本经营预算? 您是否赞成建立一个包括所有国企的所有利润的国有资本经营基金预算?

4. 当地有没有特殊的一些行政收费没有纳入四大预算?

5. 有没有不是国家规定收取的,而是贵省或者贵市或者贵县自行收取的行政事业收费? 如有,你们是纳入四大预算放入国库,还是不纳入四大预算放在财政专户?

6. 当地有没有试编政府综合财务报告? 在试编的过程中有哪些阻碍? 您认为应该如何计量政府的自然资产? 自然资产、公共基础设施等有没有编入政府综合财务报告? 在试编的政府综合财务报告中,你们当地政府的负债口径是什么样的?

7. 当地有没有试编政府部门财务报告? 在试编的过程中如何计量不容易计量的资产和负债? 对于应核销的往来款,贵局(厅)有没有定期核销? 有核销制度吗?

8. 请谈谈当地的国发基金的使用情况和人大担保的情况。

9. 当地预算的绩效管理情况如何? 绩效管理工作是如何开展的? 公众在绩效管理工作中起什么样的作用? 你们如何应用绩效评价结果?

10. 当地有没有预算听证等关于预算民主活动的开展? 如有,是怎么开展的?

11. 您觉得有没有必要建立一个统一预算,包括所有四大预算的内容? 我们认为政府预算体系应该包括正式预算和补充预算,正式预算第一层是统一预算,第二层是在统一预算下再细分政府公共预算、社会保障基金预算,第三层是在政府公共预算下再细分一般政府基金预算和特殊政府基金预算,第四层在特殊政府基金预算下再分为经营性国有资本金预算和非经营性特殊政府基金预算,正式预算这样设置可行吗?

12. 我们认为补充预算中应包括按流动性分类的经常性预算和资本性预算、国有企业财务预算、政策性银行财务预算、财政投融资预算、税收支出预算、一份准财政活动报告、债务预算和社会性别预算，您认为可行吗？

13. 我们把现行的25个政府性基金归为10种非经营性特殊政府基金：交通发展基金、土地收支基金、农业发展基金、水利建设基金、环保基金、文化旅游发展基金、水库移民扶助基金、城市建设基金、彩票基金、其他非经营性特殊政府基金，是否可行？

行政事业单位财务人员调查问卷

1. 请问您所在的单位是：
   A. 省级　　　　B. 地区市级　　　C. 县级　　　　D. 其他
2. 您是哪个省的？_____
3. 您所在的单位是：
   A. 行政单位　　B. 事业单位　　　C. 其他
4. 贵单位如果有公共基础设施，是否在会计上核算"公共基础设施"？
   A. 核算　　　　B. 不核算　　　　C. 不知道
5. 贵单位如果有政府储备物资，是否在会计上核算"政府储备物资"？
   A. 核算　　　　B. 不核算　　　　C. 不知道
6. 贵单位有没将基建会计合并进入财务大账？
   A. 合并　　　　B. 没合并　　　　C. 不知道
7. 贵单位有没有已经报废，但还挂在账上的资产？
   A. 有　　　　　B. 没有　　　　　C. 不知道
8. 贵单位有没有没有入账的资产？
   A. 有　　　　　B. 没有　　　　　C. 不知道
9. 贵单位有没有实行按名义金额入账的资产？
   A. 有　　　　　B. 没有　　　　　C. 不知道
10. 贵单位有没有存在已经投入使用但还未转入固定资产的情况？
    A. 有　　　　　B. 没有　　　　　C. 不知道
11. 贵单位整笔款项应付未付时有没有作为负债核算？
    A. 有　　　　　B. 没有　　　　　C. 不知道
12. 贵单位有没有区分长期应付款和应付账款？
    A. 有　　　　　B. 没有　　　　　C. 不知道
13. 贵单位有没有该核销而没核销预收款和应付款？

A. 有　　　　B. 没有　　　　C. 不知道

14. 本部门的预决算报告公开吗？

A. 公开　　　B. 不公开　　　C. 不知道

15. 贵单位的决算报告每年都会被审计吗？

A. 是　　　　B. 不是　　　　C. 不知道

16. 如果贵单位的决算报告不是每年审计的，大概多少年审计一次？

行政事业单位财务人员的访谈提纲

1. 贵单位资产核算和管理过程中有没有不规范的地方？

2. 贵单位固定资产折旧计提了吗？如果计提了，怎么补提的？如果没有，准备怎么开展？

3. 贵单位无形资产摊销了吗？如果摊销，是用什么方法摊销的？

4. 您觉得有必要将"公共基础设施"和"政府储备资产"纳入部门财务大账？你们纳入了吗？

5. 贵单位负债有没有按规定区分流动负债和非流动负债，有没有及时核算应付未付款？有没有将应缴款做成收入的情况？

6. 贵单位有没有编制部门战略目标、政策目标、项目目标？有没有开展项目前评估？有没有项目中评估？有没有项目、政策、部门后评价？评价结果是如何应用的？

7. 贵单位建立内控制度了吗？如建立了，能否介绍一下具体内容？

8. 对我国现行的基本支出标准您怎么看？我国现在正在研究项目支出标准，您如何看这件事情？

9. 请您谈谈对我国新的《政府会计准则》和新的《政府会计制度》的看法。

10. 贵单位审计情况如何？什么情况下被审计？决算报告每年都会被审计吗？

11. 贵单位有没有试编政府部门财务报告？如有，有什么困难和疑惑？

12. 对于现行的基本支出和项目支出的分类您怎么看？项目支出能准确核算项目成本吗？

参考文献

[1]A. Gray, W. I. Jenkins. Accountable Management in British Central Government: Some Reflections on Financial Management Initiative[J]. Financial Accountability and Management, 1986.

[2]Allen Schick. The Changing Role of the Central Budget Office. OECD[J]. Journal on Budgeting. 2001.

[3]Aman Khan and W. Bartley Hildreth, Budget Theory in the Public Sector[M]. Quorun, Westport, CT, USA, 2002.

[4]Barry E. Hicks. The Cash Flow Basis of Accounting: paper of the International Conference on Cash Flow Accounting Held in August 1980[M]. Edited by Barry E. Hicks and Etc. Laurentian University, Sudbury, Ontario, Canada, 1981.

[5]Benito, B, F. Bastida. Budget Transparency, Fiscal Performance, and Political Turnout: An International Approach[J]. Public Administration Review, 2009.

[6]Bevan and Brazier. Signaling and monitoring in public-sector accounting[J]. Journal of Accounting Research, 1985.

[7]B. Guy Peter. Handbook of Public Administration[M]. SAGE Publications, 2003.

[8]Bill Heniff Jr. Coordinator, Megan Suzanne Lynch, Jessica Tollestrup. Introduction to the Federal Budget Process[J]. Congressional Research Service, 2012.

[9]Carl Joachim Frederick, Public Policy and the Nature of Administrative Responsibility[M]. Cambridge: Harvard University Press, 1940.

[10] Coase, R. H. The Nature of the Firm[J]. Economica, 1937, (4).

[11]Cavalluzzo, K. S. , C. D. Ittner. Implementing performance measurement innovations: evidence from government[J]. Accounting, Organization and Society, 2004.

[12]Delmer D. Dunn. Accountability, democratic theory, and higher education[J]. Educational Policy, 2003.

[13]Fulton, Lord. The Report of the Committee on the Civil Service[M]. London: HMSO,1968.

[14]G. W. Jones. The Search for Local Accountability[M]. In S. Leach(eds.), Strengthening Local Government in the 1990s, Harlow, Es2sex: Longman,1992.

[15]Herman Finer. Administrative Responsibility in Democratic Government[J]. Public Administration Review,1941.

[16]Jay M. shafritz. The Facts on the File Dictionary of Public Administration[M]. New York: Facts on File Publication,1985.

[17]Jonathan GS Koppell. Pathologies of Accountability: ICANN and the Challenge of "Multiple Accountabilities Disorder"[J]. Public Administration Review,2005.

[18]Jacobs, Davina F. A review of capital budgeting practices[J]. IMF Working Paper, 2008.

[19]Kevin P. Kearns. Accountability in a Seamless Economy[M]//B. Guy Peter. Handbook of Public Administration[M]. SAGE Publications,2003.

[20]Klaus Luder. State and Perspectives of Governmental Accounting Reform in Noel Hepworth, Preconditions for Successful Implementation of Accrual Accounting in Central Government[J]. Public Money and Management,2003.

[21]McCaffery, Jerry L., and L. R. Jones., Budgeting and Financial Management in the Federal Government[M]. Greenwich, CT: Information Age press,2001.

[22]Laughlin, R. C. A model of financial accountability and the church of England[J]. Financial Accountability and Management,1990.

[23]Lawton, Alan and Rose, Aidan. Organization and Management in the Public Sector [M]. London: Pitman,1991.

[24]Laughlin, R. C. A model of financial accountability and the church of England[J]. Financial Accountability and Management, 1990, Summer, 6(2).

[25]OECD Public Management Committee. Best Practices for Budget Transparency[J]. OECD Journal on Budgeting,2002.

[26]Patashnik, Eric. The contractual nature of budgeting[J]. Policy Science. 1996. Vol. 29.

[27]Wildavsky A. The Politics of the Budgetary Reform[M]. New York: Harper Collins Publisher Inc,1988.

[28]Roberts, John, Trust and control in Anglo-American systems of corporate governance: The individualizing and socializing effects of processes of accountability[J]. Human Relations, Vol54. No. 3,(2001).

[29] R. Gray, D. Owen and K. Maunders. Corporate Social Reporting Accounting and Accountability[M]. Prentice Hall,1987.

[30]W. W. Cooper,Yuji Ijiri. Kohler's Dictionary for Accountants(6th Edition)[M]. Prentice—Hall,1983.

[31]Robert D. Behn. Rethinking Democratic Accountability[M]. Brookings Institution Press,2001.

[32] Robert D. Behn. Rethinking Democratic Accountability[M]. Brookings Institution Press,2001.

[33]Schick,Allen. The Federal Budget:Politics,Policy and Process,3ed[M]. Washington,D. C. :The Brollkings Institution,2007.

[34]Stewart Symth. Public Accountability:A critical approach[J]. Journal of Finance and Management in Public Service,2010.

[35]Schick,A. Post-Crisis Fiscal Rules:Stabilizing Public Finance while Responding to Economic Aftershocks[J]. OECD Journal on Budgeting,2010.

[36]Jun Ma. If you can't budget,how can you govern? ——A study of China's state capacity[J]. Public Administration and Development,2009.

[37] Uhr,John. Redesigning Accountability:From Muddles to Maps[J]. Australian Quarterly,Winter,1993.

[38]Terry L. Cooper,The Responsible Administrator An Approach to Ethics for Administrative Role[M]. San Francisco:Oxford,1990.

[39]〔德〕马克斯·韦伯. 学术与政治[M]. 冯克利,译. 北京:生活·读书·新知三联书店,1998.

[40]〔德〕罗伯特·黑勒. 德国公共预算管理[M]. 赵阳,译. 北京:中国政法大学出版社,2013.

[41]〔法〕伊夫·辛多默,鲁道夫·特劳普—梅茨. 亚欧参与式预算[M].张俊华,译,上海:上海人民出版社,2012.

[42]〔法〕卢梭. 社会契约论[J/OL]. http://www. 360doc. com/content/11/0227/13/4021_96556951. shtml.

[43]〔澳〕欧文.E.休斯.公共管理导论(第二版)[M]. 彭和平,译,北京:中国人民大学出版社,2001.

[44]世界银行专家组.公共部门的社会问责:理念探讨及模式分析[M]. 宋涛,译,北京:中国人民大学出版社,2007.

[45]〔美〕哈维·S.罗森,特德·盖亚. 财政学(第八版)[M]. 郭庆旺,赵志耘,等译,北京:中国人民大学出版社,2009.

[46]〔美〕康芒斯. 制度经济学[M]. 赵睿,译,北京:华夏出版社,2009.

[47]〔美〕艾伦·希克. 当代公共支出管理方法[M]. 王卫星,译,北京:经济管理出版社,2000.

[48]〔美〕埃里克.M.佩塔斯尼克.美国预算中的信托基金[M]. 郭小东,等译,上海:格致

出版社,上海人民出版社,2009.

[49]〔美〕麦蒂亚·克莱默.联邦预算——美国政府怎样花钱[M].赵阳,译.北京:生活·读书·新知三联书店,2013.

[50]〔美〕奥利弗.E.威廉姆森.资本主义经济制度:论企业签约与市场签约[M].北京:商务印书馆,2002.

[51]〔美〕埃里克·弗鲁博顿,鲁道夫.芮切特.新制度经济学——一个交易费用分析范式[M].上海:上海三联书店、上海人民出版社,2006.

[52]〔美〕阿维纳什·K.迪克西特.经济政策的制定:交易成本政治学的视角[M].北京:中国人民大学出版社,2004.

[53]〔美〕罗伯特·D.李.公共预算体系(第八版)[M].北京:中国财政经济出版社,2011.

[54]〔英〕约翰·伊特韦尔.新帕尔格雷夫经济学大辞典[M].北京:经济科学出版社,1996.

[55]〔南非〕C.B.维萨.公共财政管理学[M].北京:经济科学出版社,2006.

[56]柯林斯高阶英汉双解学习词典[EB/OL].http://www.iciba.com/accountability.

[57]安秀梅.论我国政府公共财政受托责任[J].中共南京市委党校南京市行政学院学报,2005.

[58]毕泗锋.经济效率理论研究述评[J].经济评论,2008(6).

[59]蔡成平.日本启示录:日本让预算在阳光下运行[J/OL].http://finance.sina.com.cn/review/hgds/20120806/164412770721.shtml,2012.

[60]财政部财政制度国际比较课题组.日本财政制度[M].北京:中国财政经济出版社,1998.

[61]财政部.政府综合财务报告编制操作指南(试行)[EB/OL].www.mof.gov.cn,2015.

[62]财政部国际司.美国财政预算公开情况介绍[EB/OL].(2013-09-27)[2020-09-02].http://gjs.mof.gov.cn/pindaoliebiao/cjgj/201309/t20130927_994354.html.

[63]财政部国际司.财政新视角:外国财政管理与改革[M].北京:经济科学出版社,2003.

[64]财政部国际司.英国公共财政管理[EB/OL].(2014-06-25)[2020-09-02].http://www.mof.gov.cn/mofhome/guojisi/pindaoliebiao/cjgj/201406/t20140625_1104296.html.

[65]财政部财政制度比较课题组编.美国财政制度[M].北京:中国财政经济出版社,1998.

[66]财政部财政制度比较课题组编.法国财政制度[M].北京:中国财政经济出版社,1998.

[67]财政部财政制度比较课题组编.日本财政制度[M].北京:中国财政经济出版社,1998.

[68]辞海.语词分册.下册(修订稿)[M].上海:上海人民出版社,1977.

[69]常丽.公共绩效管理框架下的政府财务绩效报告体系构建研究[J].会计研究,2013(8).

[70]陈敦源.透明与课责:行政过程控制的信息经济分析[EB/OL]. http://eppm.shu.edu.tw.

[71]陈鼎.预算改革背景下的社会性别预算与妇女参政研究——基于温岭市温峤镇"性别预算恳谈"的实证调查[J].中华女子学院学报,2012(1).

[72]程东峰.责任伦理导论[M].北京:人民出版社,2010.

[73]陈党.行政问责法律制度研究[D].苏州:苏州大学博士论文,2007.

[74]丛树海.建立分类管理的国家预算体系[J].财经研究,2000(6).

[75]丛树海.中国预算体制重构:理论分析与制度设计[M].上海:上海财经大学出版社,2000.

[76]董云虎.论权力的制约和监督[J].人权,2006(6).

[77]谭静.论国有资本经营预算管理改革的着力点[J].中央财经大学学报,2014(3).

[78]邓子基.略论国有资本经营预算[J].地方财政研究,2006(1).

[79]杜坤.预算法现代化的法治逻辑[J].华东政法大学学报,2015(2).

[80]高培勇.实行全口径预算管理[M].北京:中国财政经济出版社,2009.

[81]葛守中.国际货币基金组织2001版政府财政统计再研究[J].统计研究,2011(4).

[82]国际货币基金组织.财政透明度[M].北京:人民出版社,2001.

[83]郭夏娟,吕晓敏.参与式性别预算:来自温岭的探索[J].妇女研究论丛,2012(1).

[84]顾功耘,胡改蓉.国有资本经营预算的"公共性"解读及制度完善[J].法商研究,2013(1).

[85]胡春艳,李贵.西方问责制研究及其借鉴[J].中南大学学报(社会科学版),2012(3).

[86]汉语大词典编辑委员会.汉语大词典.第十卷[M].上海:汉语大辞典出版社,1992.

[87]华国庆.全口径预算:政府财政收支行为的立法控制[J].法学论坛,2014(3).

[88]华国庆.预算民主原则与我国预算法完善[J].江西财经大学学报,2011(4).

[89]籍吉生.国家审计推进全口径预算管理制度的路径探析[J].审计研究,2013(5).

[90]贾康,苏明.部门预算编制问题研究[M].北京:经济科学出版社,2004.

[91]景宏军,张磊.绩效视阈下公众参与预算监督程序与评价系统研究[J].山东财经大学学报,2016(3).

[92]蒋洪.公共经济学[M].上海:上海财经大学出版社,2011.

[93]寇铁军,高巍.建立政府全口径预算与完善政府复式预算体系的思考[J].中国财政,2013(21).

[94]李军鹏.责任政府与政府问责制[M].北京:人民出版社,2009.

[95]李燕.我国全口径预算报告体系构建研究——制约和监督权力运行视角[J].财政研究,2014(2).

[96]李燕,王威.民主文化下的财政监督:从参与到治理[J].教学与研究,2013(4).

[97]李燕.财政预算透明度提升的环境基础研究报告[M].北京:中国社会科学出版社,2011.

[98]李冬妍.打造公共财政框架下全口径预算管理体系[J].财政研究,2010(3).

[99]李冬妍.全口径预算管理:制度演进与框架构建[J].郑州大学学报(哲学社会科学版),2010(1).

[100]李兰英,郭彦卿.社会性别预算:一个独特视角的思考[J].当代财经,2008(5).

[101]路军伟.基于公共受托责任的双轨制政府会计体系研究[D].厦门:厦门大学博士论文,2007.

[102]卢真,陈莹.澳大利亚政府预算制度[M].北京:经济科学出版社,2015.

[103]卢洪友.国家治理体系与治理能力现代化的内涵及特征[J].经济研究参考,2014(8).

[104]刘秋明.基于公共受托责任的政府绩效审计研究[D].厦门:厦门大学博士论文,2006.

[105]刘有宝.政府部门预算管理[M].北京:中国财政经济出版社,2006.

[106]刘春华.政府财政责任研究[D].北京:中国政法大学硕士论文,2005.

[107]刘尚希.我国预决算体系基本实现全口径[J].中国经济周刊,2013(9).

[108]刘尚希.论非税收入的几个基本问题[J].湖南财政经济学院学报,2013(6).

[109]刘剑文.论财政法定原则——一种权力法治化的现代探索[J].法学家,2014(4).

[110]刘剑文,熊伟.预算审批制度改革与中国预算法的完善[J].法学家,2001(6).

[111]刘健.基于社会公平的公共政策研究[D].北京:中共中央党校研究生院博士论文,2008.

[112]刘昊,张月友,刘华伟.地方政府融资平台的债务特点及其风险分析——以东部S省为例[J].财经研究,2013(5).

[113]刘艳华,洪功翔.地方政府融资平台实现机制研究述评[J].财政研究,2011(6).

[114]林治芬.中国社会保障预算前行方向与路径[J].中国社会保障,2013(3).

[115]林治芬,高文敏.社会保障预算管理[M].北京:中国财政经济出版社,2006.

[116]麻宝斌,郭蕊.权责一致与权责背离:在理论与现实之间[J].政治学研究,2010(1).

[117]马骏,罗万平.公民参与预算:美国地方政府的经验及其借鉴[J].华中师范大学学报(人文社会科学版),2006(7).

[118]马骏.国家治理与公共预算[M].北京:中国财政经济出版社,2007.

[119]马骏.公共预算:比较研究[M].北京:中央编译出版社,2011.

[120]马骏.交易费用政治学:现状与前景[J].经济研究,2003(1).

[121]马海涛,刘斌.参与式预算:国家治理和公共财政建设的"参与"之路[J].探索,2016(3).

[122]马蔡琛.社会性别预算:理论与实践[M].北京:经济科学出版社,2009.

[123]马蔡琛,李红梅.社会性别预算中的公民参与——基于社会性别预算和参与式预算

的考察[J].学术论坛,2010(12).

[124]马蔡琛.社会性别预算的焦作试验——三论社会性别预算在中国的推广[J].中央财经大学学报,2012(9).

[125]马蔡琛,王思.社会性别预算:制度含义、基本特征与行动策略[J].中国行政管理,2010(10)

[126]马蔡琛.再论社会性别预算在中国的推广——基于焦作和张家口项目试点的考察[J].中央财经大学学报,2010(8).

[127]牛美丽.政府预算信息公开的国际经验[J].公共行政管理,2014(7).

[128]欧阳宗书,狄恺,张娟,米传军,邱颖.美国、加拿大政府会计改革的有关情况及启示[J].会计研究,2013(11).

[129]上海财经大学公共政策研究中心.中国财政透明度报告[M].上海:上海财经大学出版社,2009.

[130]上海财经大学公共政策研究中心.中国财政透明度报告[M].上海:上海财经大学出版社,2010.

[131]上海财经大学公共政策研究中心.中国财政透明度报告[M].上海:上海财经大学出版社,2011.

[132]上海财经大学公共政策研究中心.中国财政透明度报告[M].上海:上海财经大学出版社,2012.

[133]上海财经大学公共政策研究中心.中国财政透明度报告[M].上海:上海财经大学出版社,2013.

[134]上海财经大学公共政策研究中心.中国财政透明度报告[M].上海:上海财经大学出版社,2014.

[135]上海财经大学公共政策研究中心.中国财政透明度报告[M].上海:上海财经大学出版社,2015.

[136]王光远.管理审计理论[M].北京:中国人民大学出版社,1996.

[137]孙继华.关于建立健全我国政府预算体系的研究[J].财会研究,2011(16).

[138]孙凤仪."绩效合法性"、制度公正性和公共财政责任——基于改革战略的思考[J].财政研究,2008(7).

[139]田侠.行政问责制研究[D].北京:中共中央党校博士论文,2009.

[140]王玉明.论政府的责任伦理[J].岭南学刊,2005(3).

[141]童伟.俄罗斯政府预算制度[M].经济科学出版社.2013.

[142]王丹槐.我国政府财务报告概念框架构建[D].长沙:湖南大学硕士论文,2014.

[143]王绍光,马骏.走向"预算国家"——财政转型与国家建设[J].公共行政评论,2008(1).

[144]王淑杰.英国政府预算制度[M].北京:经济科学出版社,2014.

[145]王淑杰.加强我国全口径预算管理的思考[J].财政研究,2013(1).

[146]王雍君."全口径预算"改革探讨[J].中国财政,2013(6).

[147]王雍君.全口径预算:解读与改革[J].地方财政研究,2014(8).

[148]万平.试论公民参与预算及政府治理变革[J].经济研究参考,2013(14).

[149]吴惠萍.新时期完善我国政府预算体系的思考[J].中国经济问题,2010(4).

[150]文宗瑜.国有资本经营预算管理改革的继续深化[J].地方财政研究,2011(4).

[151]文宗瑜,刘微.国有资本经营预算管理[M].北京:经济科学出版社,2007.

[152]文宗瑜.政府全口径预算决算的积极推进及其监督[J].北京人大,2013(7).

[153]文小才.中国开展社会性别预算的障碍与对策[J].河南工程学院学报(社会科学版),2011(1).

[154]外国政府预算编制研究课题组.美国政府预算编制[M].北京:中国财政经济出版社,2002.

[155]吴美华.区别性公共预算模式及其适用性研究[M].南京:南京大学出版社,2013.

[156]新英汉词典.第四版[M].上海:上海译文出版社,2009.

[157]徐曙娜.我国预算体系创新研究[M]//公共财政评论2011.2.杭州:浙江大学出版社,2011.

[158]徐曙娜,史婷婷.我国政府财务报告研究——基于公共受托责任视角的分析[M]//公共治理评论第1辑.上海:上海财经大学出版社,2011.

[159]徐曙娜.2015中国财政发展报告:中国政府综合财务报告制度研究[M].北京:北京大学出版社,2015.

[160]徐曙娜.从我国的预算体系建设看全口径预算监督[J].财政监督,2013(15).

[161]徐曙娜.《预算法》修改后预算监督与管理[J].改革内参,2015(6).

[162]徐曙娜.论责任、政府责任与公共财政责任[M]//公共治理评论2014.1.上海:上海财经大学出版社,2014.

[163]徐曙娜.编制权责发生制政府综合财务报告[J].中国财政,2015(1).

[164]徐曙娜."预算调整"决策权配置[J].上海财经大学学报,2011(3).

[165]徐曙娜.走向绩效导向型的地方人大预算监督制度研究[M].上海:上海财经大学出版社,2010.

[166]徐曙娜.公共支出过程中的信息不对称与制度约束[M].北京:中国财政经济出版社,2005.

[167]徐曙娜:中国《预算法修正案》实施的"瓶颈"和突破[M]//公共治理评论2015.2.上海:上海财经大学出版社,2016.

[168]刘小川,徐曙娜.中国财政发展报告2010——国家预算的管理及法制化进程[M].上海:上海财经大学出版社,2010.

[169]胡怡健,曾军平,徐曙娜.深化改革 构建公平、正义现代财税体制研究[M].北京:经济科学出版社,2015.

[170]廖晓军,曾军平,徐曙娜.国外政府预算管理概览[M].北京:经济科学出版社,

2016.

[171]许峰. 巴西阿雷格里参与式预算的民主意蕴[J]. 当代世界,2010(9).

[172]徐旭川,罗旭. 论全口径政府预算范围的合理构建[J]. 江西社会科学,2013(4)

[173]肖鹏. 美国政府预算制度[M]. 北京:经济科学出版社,2014.

[174]熊伟. 认真对待权力:公共预算的法律要义[J]. 政法论坛,2011(5).

[175]杨志勇. 健全政府预算体系问题研究[J]. 地方财政研究,2011(4).

[176]杨时展. 审计的基本概念[J]. 财会探索,1990(2).

[177]闫坤. 我国社会性别预算的发展状况考察——以焦作市性别反应预算为例[J]. 经济研究参考,2015(38).

[178]闫东玲. 浅论社会性别主流化与社会性别预算[J]. 妇女研究论丛,2007(1).

[179]袁星侯. 中西政府预算比较研究[D]. 厦门:厦门大学博士论文,2002.

[180]张五常. 交易费用的范式[J]. 社会科学战线,1999(1).

[181]张成福. 责任政府论[J]. 中国人民学报,2000(02).

[182]周菲. X效率理论与政府行为[J]. 辽宁大学学报,1996(4).

[183]中国发展研究基金会. 中国跨部门性别预算理论、工具与实践高级研修班. 培训手册,2009.

[184]中华人民共和国预算法(2014 修正)[EB/OL]. (2014-09-01)[2020-09-02]. http://www. mof. gov. cn/mofhome/fujian/lanmudaohang/zhengcefagui/201501/t20150108_1177747. html.

[185]财政透明度守则2007[EB/OL]. (2014-12-22)[2020-09-02]. http://www. imf. org/external/np/pp/2007/eng/101907m. pdf.

[186]财政透明度守则2014[EB/OL]. (2014-12-22)[2020-09-02]. http://blog—pfm. imf. org/files/ft—code. pdf.

[187]财政透明度守则2019[EB/OL]. (2014-12-22)[2020-09-02]. https://www. imf. org/external/np/fad/trans/Code2019. pdf.

[188]政府财政统计手册2001版[EB/OL]. (2014-12-22)[2020-08-02]. http://www. imf. org/external/pubs/ft/gfs/manual/chi/pdf/all. pdf.

[189]香港政府预算网站[EB/OL]. [2020-08-02]. https://www. budget. gov. hk/2020/sim/estimates. html.

[190]英国的预算文件[EB/OL]. [2020-08-03]. https://www. gov. uk/government/publications/budget—2020—documents.

[191]河北政府信息公开专栏. 河北省社会保障预算编制管理暂行办法[EB/OL]. [2016-04-15]. http://info. hebei. gov. cn/hbszfxxgk/329975/329988/330092/3376773/index. html.

[192]日本令和二年度特别会计预算[EB/OL]. [2020-08-05]. https://www. bb. mof. go. jp/server/2020/dlpdf/DL202012001. pdf.

[193]美国联邦政府预算范围. 美国联邦政府2020年预算文件[EB/OL]. [2020-08-05].

https://www.whitehouse.gov/wp-content/uploads/2020/02/ap_9_coverage_fy21.pdf.

[194]张亚凯.政府预算体系研究综述[J].合作经济与科技,2015(9).

[195]中国发展研究基金会.中国跨部门性别预算理论、工具与实践高级研修班培训手册.2009.

[196]朱圣明.国外参与式预算的实践与探索[J/OL].(2010-10-07)[2020-09-02].http://www.chinareform.org.cn/gov/service/Experience/201007/t20100712_35882.htm.

[197]张世福.当前地方政府融资平台存在的问题及对策探讨[J].经济,2011(12).

[198]赵早早.全口径预算管理:理论探讨与实践评估[J].地方财政研究,2014(8).

[199]赵敏.对税式支出纳入预算编制的思考[J].中国经贸导刊,2016(7).

[200]赵棠.人大代表和公众参与预算审查监督面临的问题、成因及思考[J].人大研究,2013(11).

[201]张璐源.政府综合财务报告研究[D].北京:财政部财政科学研究所博士论文,2014.